数字化制造系统与智能决策丛书

资源—环境双重约束下高端制造业生态系统数智化融合机制研究

单子丹 著

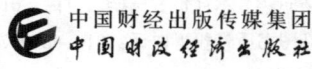

中国财政经济出版社

北京

图书在版编目（CIP）数据

资源—环境双重约束下高端制造业生态系统数智化融合机制研究 / 单子丹著 . -- 北京：中国财政经济出版社，2024.4

ISBN 978-7-5223-2835-5

Ⅰ.①资… Ⅱ.①单… Ⅲ.①制造工业–关系–生态系–研究–中国 Ⅳ.①F426.4 ②X322.2

中国国家版本馆CIP数据核字（2024）第045060号

责任编辑：彭　波
责任印制：史大鹏
封面设计：卜建辰
责任校对：徐艳丽

资源—环境双重约束下高端制造业生态系统数智化融合机制研究
ZIYUAN—HUANJING SHUANGCHONG YUESHUXIA GAODUAN ZHIZAOYE SHENGTAI XITONG SHUZHIHUA RONGHE JIZHI YANJIU

中国财政经济出版社 出版

URL：http://www.cfeph.cn

E-mail：cfeph@cfemg.cn

（版权所有　翻印必究）

社址：北京市海淀区阜成路甲28号　邮政编码：100142
营销中心电话：010-88191522
天猫网店：中国财政经济出版社旗舰店
网址：https://zgczjjcbs.tmall.com
中煤（北京）印务有限公司印刷　各地新华书店经销
成品尺寸：170mm×240mm　16开　16.75印张　280 000字
2024年4月第1版　2024年4月北京第1次印刷
定价：78.00元
ISBN 978-7-5223-2835-5
（图书出现印装问题，本社负责调换，电话：010-88190548）
本社图书质量投诉电话：010-88190744
打击盗版举报热线：010-88191661　QQ：2242791300

国家社会科学基金资助项目：数智创新生态系统下跨界融合行为与服务复合治理研究（编号：23BGL057）

国家自然科学基金面上项目：新兴产业颠覆性技术创新形成机理、实现路径与激励政策：创新生态系统视角（编号：72074061）

黑龙江省哲学社科研究规划项目：资源–环境双重约束下黑龙江省高端制造业数智化创新融合机制及实现路径（编号：22JYB230）

黑龙江省哲学社科研究规划项目：数字经济驱动黑龙江省产业转型升级的机理与路径研究（编号：21JLB085）

黑龙江省经济社会发展重点研究项目：促进黑龙江省专精特新企业实现关键技术突破的路径研究（编号：23347）

黑龙江省高等院校智库开放项目：黑龙江省现代产业体系建设中人才队伍建设的创新路径研究（编号：ZKKF2022072）

前言

自进入21世纪以来,全球科技创新进入了空前密集活跃的阶段,新一轮的科技革命和产业变革正在重塑全球创新版图并重塑全球经济结构。在这场新一轮的科技革命和产业变革中,高端制造业生态系统的发展壮大对于实现经济高质量发展具有重要的意义。高端制造业生态系统的转型也对转型环境、转型模式与转型方法提出了更高要求。作为宏观经济的微观载体,高端制造业生态系统与数智化跨界融合已成为高端制造业生态系统承载新发展理念,构建新发展格局的必经之路。随着我国综合国力及国际地位的不断提升,一些发达国家如德国、美国、日本等开始封锁高端制造领域的核心技术。面对严峻的国际形势,在资源—环境的双重约束下对高端制造业生态系统数智化融合机制进行研究,增强高端制造业生态系统融合交叉,多点突破新态势,减轻中美贸易争端和"卡脖子"领域桎梏带来的冲击力成为具有重大研究意义的课题。

伴随高端制造业生态系统逐步与数智化融合,从产业经济角度看,随着云制造、信息融合等技术的成熟应用,创新驱动新增长与高端制造业价值链数智化延伸的发展模式是高端制造业发展的新动能,也是其转型升级的方向。与此同时,重视高端制造业生态系统数智化融合也是实现高端制造业升级,逐步实现由对标跟随向自主创新转变的关键环节。然而,高端制造业服务生态系统中的基本构成因素以何种视角进行划分,从何种角度明确主体关系特征,如何刻画服务生态系统共生演化因素,构建开放式创新下服务生态系统共生演化的影响因素体系,如何对组织韧性进行提升,数智化信息融合过程是怎样的,如何对考虑消费者偏好和政府补贴的双渠道供应链进行定价决策。高端制造业生态系统如何将有限的研发资源在各技术路径之间合理分配，如何在需求不确定下重新配置现有资源，如何通过跨职能网络设计降低业务需求的不确定性，如何为业务流程运行主体提供及时有效的战略决策，以及怎样的网络创新资源配置流程能更好地融入新兴技术创新网络中等尚未明确，这也势必成为高端制造业生态系统数智化融合的核心问题。因此，在资源—环境的约束下，对高端制造业生态系统数智化融合机制进行研究具有重大意义。

  本书共分为6章。第1章分析高端制造业生态系统数智化融合的产生背景，明确高端制造业生态系统构成要素，从高端制造业生态系统在进行跨越式发展时所面临的资源环境约束，到高端制造业生态系统进行数智化融合的必要性，给出了本书的研究内容，研究方法以及主要创新点，并对创新生态系统、云制造和信息融合的国内外研究进展进行分析。第2章对双重约束下高端制造生态系统共生进行了系统性的分析，阐述了双重约束下高端制造生态系统数智化创新体系共生的内涵，以及区别于其他生态系统共生的特征。依据主体共生关系强弱，将主体间关系划分为知识主导型与交易主导型协同共生两类，在此基础上，设计了主体共生行为演化的博弈模型，进行了主导式、合作式和嵌入式的数智化创新协同研究。第3章以高端制造业生态系统平台为依托，分析高端制造业生态系统平台中信息的特征和分类，对信息融合的要素、要素关系及要素融合过程进行研究，在此基础上，设计出高端制造业生态系统平台信息融合的机制框架，明确系统韧性的演化过程和提升策略。第4章在考虑制造商溯源努力、消费者双重偏好的基础上，构建了纯线下实体渠道以及"线下+线上直销""线下+线上分销"双渠道下的定价博弈模型，并以纯实体渠道为基准设计了两种双渠道结构下的利润协调策略以及考虑及时交货和平台荣誉的供应链融合动态决策。第5章分析了制造网络的构成要素与体系要素，给出了高端制造业生产任务与制造资源匹配的优化具体框架，分析了双重约束下系统资源选取的目标与原则，建立了可以制造资源的指标体系。根据评价指标的选取聚合评价指标，构建任务——系统资源选择优化模型，引入优化目标函数以及模型约束，结合资源需求方的偏好性和模糊性，引入三角模糊及GIOWA算子的区间型供应算法，进而得到最优任务——资源匹配方案。第6章以智慧城市数字创新生态系统和航天云

前言

网INDICS平台为实证研究对象，依据理论研究，对主体竞合关系演化动因与重塑策略进行实证检验，并给出对策与建议，基于信息收集和处理，建立相应的本体模型，根据行业的经验知识和关联聚类结果建立推理规则，并在Jena数据库中实现信息的推理和检索。在资源环境双重约束下，对高端制造业生态系统数智化创新体系进行分析、对高端制造业生态系统数字化融合机制进行设计、对高端制造业生态系统实现路径进行决策、对高端制造业生态系统制造资源动态调度进行优化以及对高端制造业生态系统数字化发展策略进行选择。

本书在双重约束环境下重新配置现有资源，从资源——环境双重约束的视角探析高端制造业生态系统共生运行架构、主体竞合关系、创新驱动、组织韧性以及资源动态调度等方面特征，基于考虑消费者偏好和政府补贴方面提供高端制造业生态系统数智化融合实现路径，为生态系统数智化发展提供策略选择体系，扩展了对双重约束下高端制造业生态系统数智化融合机制的研究，降低了高端制造业生态系统与数智化跨界融合的不确定性，积极贯彻习近平总书记提出的"以智能制造为主攻方向，推动产业技术变革和优化升级，推动制造业产业模式和企业形态根本性转变"的战略擘画，积极践行新发展理念，以"鼎新"带动"革故"，为高端制造业生态系统提供及时有效的战略决策，腾挪空间，探索高端制造业生态系统数智化融合在双重约束下的高质量发展之路。

本书的出版得到了中国财政经济出版社和诸多专家的支持和帮助，在此向他们表示衷心的感谢，也向参考文献的作者表示衷心的感谢！由于水平有限，书中不妥之处在所难免，恳请广大读者批评指正。

单子丹

2023年10月

目录

壹 第1章 绪 论 ………………………………………………… 1
1.1 研究背景与意义 …………………………………………… 1
1.2 国内外研究现状 …………………………………………… 10
1.3 研究内容与研究方法 ……………………………………… 19
1.4 研究主要创新点 …………………………………………… 27

贰 第2章 双重约束下高端制造生态系统数智化创新体系 …… 29
2.1 高端制造生态系统共生运行架构 ………………………… 29
2.2 高端制造生态系统数智化行为分析 ……………………… 43
2.3 高端制造生态系统数智化网络分析 ……………………… 55
2.4 高端制造生态系统主体竞合关系 ………………………… 63
2.5 高端制造生态系统数智化创新驱动 ……………………… 70
2.6 本章小结 …………………………………………………… 82

叁 第3章 高端制造业生态系统平台的数智化融合机制设计 ……………………………………………………… 84
3.1 数智化信息融合过程与框架 ……………………………… 84
3.2 数智化融合方案与机制设计 ……………………………… 92
3.3 双重约束下数智化融合组织韧性提升 …………………… 124
3.4 本章小结 …………………………………………………… 138

第4章 高端制造业生态系统数智化融合的实现路径 …… 140

4.1 考虑消费者偏好及政府补贴制造供应链结构分析 …… 140

4.2 考虑消费者双重偏好供应链定价决策 …… 150

4.3 不同政府补贴下考虑消费者双重偏好供应链定价决策 …… 161

4.4 考虑及时交货和平台商誉的供应链融合动态决策 …… 167

4.5 本章小结 …… 174

第5章 高端制造业生态系统制造资源动态调整 …… 175

5.1 系统生产任务与制造资源匹配框架设计 …… 175

5.2 双重约束下系统生产任务分解优化 …… 180

5.3 双重约束下系统资源选择优化 …… 194

5.4 本章小结 …… 210

第6章 高端制造业生态系统数智化发展实证研究与策略选择 …… 212

6.1 智慧城市电通信数字创新生态系统 …… 212

6.2 航天云网INDICS创新生态系统 …… 223

6.3 生态系统数智化发展策略选择体系 …… 230

6.4 本章小结 …… 240

参考文献 …… 242

第1章
绪 论

1.1 研究背景与意义

1.1.1 研究背景

制造业是国民经济之根本,是兴国之器、强国之基。2010年,中国制造业总产值占全球总产值的20%,超过美国成为全球第一制造大国,自此世界经济格局经历又一次重大改变。随着产业结构不断地转型升级,制造业的动力逐渐转向创新驱动和效率驱动。近年来,美国政府实行的"再工业化"、德国政府提出的工业4.0战略都瞄准了制造产业升级所带来的机遇,在高端制造领域进行前沿技术创新扶持,在全球范围掀起了以智能化为主导的第四次工业革命。目前,全球工业化的发展趋势已经由传统化向智能化、信息化模式迈进。在这样的全球大背景下,许多发达强国为提升自身竞争力都纷纷开始注重发展实体经济,在高端装备制造领域进行大力投入,将大数据、互联网、物流网、智能制造与工业相结合,提出低碳经济、再工业化等一系列发展路线。中国制造业在参与国际分工的过程中,一直存在技术和市场两头在外的情况,长期被锁定在价值链微笑曲线的底部。随着全球经济发生转折性变化,自主研发的重要性日益凸显。只有掌握核心技术,才能在开放的国际环境下构建自主可控的创新体系,摆脱被"卡脖子"的制约。随着我国综合国力及国际地位的不断提升,一些发达国家如德国、美国、日本等开始封锁高端制造领域的核心技术,如德国西门子、马勒、博世等近百家在华合资企业采取独资及控股的方式经营。面对严峻的国际形势,我国也进行了积极应对。我国出台了"中国制造2025"战略,以智能制造为核心,结合互联网、大数据、云计算技术,全面推进高端制造产业的发展、加速传统制造产业的转型升级。党的十九大提出要"推动互联网、大数据、人工智能与实体经济的深度融合。"2021年3月1日,党的十三届全国人大四次会议通过了《中华人民共和国国民经济和社会发展十四个五年规划和2035远景目标纲要》(简称"十四五"规划),决议明确指出:"我国发展仍然处于重要战略机遇期"。党中央对影响我国经济命脉的重点领域进行战略布局,针对重点领域尤其是高端制造业的"卡脖子"技术进行重点规划,加快高端制造业的发展,明晰高端制造业的战略地位,打造世界级高端制造业集群[1]。

新形势、新发展、新业态背景下,利益相关主体间的思考方式与协作模式已发生改变。高端制造业的转型也对转型环境、转型模式与转型方法提出了更高要求。高端制造业生态系统正是为适应当前经济工作的重心和现代化产业体系建设,催生出的一种由高端制造业中各群落以及环境共同构成的以资源整合进行价值共创的自组织、自修复的开放、复杂的大系统[2]。高端制造业生态系统包括产业生态系统、制造业、高端企业及集群三个研究领域的交叉与融合[3]。随着云计算、物联网、虚拟技术等新兴信息技术在高端制造业的广泛应用与发展,高端制造业生态系统有了日新月异的进步与变革,形成新的生产方式和产业形态。产业生态系统数智化融合技术为世界各国提供了产业升级的机会窗口,同时也为我国提供了实现经济赶超和弯道超车的机遇期。新一代信息技术的发展也推动了社会分工深化和产业融合,催生了新的商业模式和产业业态,使制造业与服务业融合发展成为一种重要趋势,推动着产业结构转型和经济高质量发展[4]。2021年,科大讯飞发布开放平台2.0战略,以系统性创新赋能产业新生态系统,开放已有优势市场,与行业的合作伙伴共享生态,解决在相关领域的重大问题。在智慧城市领域,预计未来5年内该公司在这一领域的产值会达到500亿元,其中300亿元将与未来的合作伙伴共享。位于北京亦庄的国家信创园已落地240余家信创领域企业，集聚起全国多家信创产业头部企业，形成覆盖高性能芯片、操作系统、数据库、整机终端、系统集成、网络安全服务等全产业链的信创产业生态。预计到2025年，亦庄信创产业规模将突破1000亿元。随着"大智移云物"等新技术逐渐向制造业转移，制造业将成为数字经济发挥创新驱动的重要战场。我国制造业面临转型新机遇，需要适应数字经济发展的趋势和要求，突破制造业数智化转型的困境和阻碍，寻找短板，培育优势，不断增强制造业核心竞争力。作为制造业的龙头老大，海尔的智能产品结构也进行了数智化融合，在海尔智能家居生态系统中，冰箱、空调等海尔智能家电搭载"U+"操作系统实现了海尔品牌产品的互联和用户交互。产品之间存在互为补偿的独有资源、产品特征以及相互作用的发展关系，不同智能产品之间开展了功能间协同合作的关系，使得同类智能产品之间互相独立，互补智能产品之间互惠共生。此外，海尔积极与美的、小米、阿里小智等行业内外企业展开合作，使得其他品牌的家电产品以及窗帘、灯具等非家电类产品通过智能控制连接海尔家庭控制系统，从而实现产品物种、系统运作的智能化以及跨品类产品的联动。在这一过程中，作为高端制造业生态系统中的最重要的宏观表现要素，我国高端制造业上市公司发生了飞跃发展。截至2023年9月7日，中国上市公司协会发布《中国高端制造业上市公司发展报告2023》，我国A股制造业上市公司数量达到3537家，占A股全部上市公司总数的67%。其中，高端制造业上市公司数量达到2021家，占A股制造业上市公司总数的57%。《报告》显示，近年来，高端制造业上市公司受益于政策支持和我国产业结构转型升级的历史机遇，数量持续增加。半导体、高端机械制造行业蓬勃发展，风电、光伏、储能、新能源智能汽车、交通装备电气化等行业上市公司迎来高速发展。在融资规模方面，2022年我国高端制造业上市公司IPO及再融资总规模达到5799.01亿元，其中IPO融资金额达到2112.15亿元，再融资金额达到3686.86亿元。注册制带来了融资市场的高度活跃和快速增长。2022年，高端制造业上市公司融资类型以再融资为主，其数量和金额占比分别达到59%和64%，占据资本运作的半数以上，体现了高端制造业上市公司投资需求较强，产业产能持续扩张，亦体现了我国资本市场对于上市公司发展的全方位支持。2022年，高端制造业上市公司研发支出达到7611.49亿元，过去5年复合增长率为22.81%，年度增速均保持在15%以上的较高水平；研发支出占收入的比重快速增长，由2018年的4.44%上升到2022年的5.78%，研发投入持续快速增加。随着行业规模增大，2022年我国高端制造业上市公司税收贡献达到2147.98亿元，过去5年复合增长率为10.55%，为社会作出了重大贡献。与此同时，高端制造业上市公司员工人数达到885万人，过去5年复合增长率为9.83%，吸纳了大量技术人才。2022年我国高端制造业上市公司收入规模达到13.16万亿元，过去5年复合增长率为14.97%，收入增速显著高于GDP增速，表明高端制造业公司正处于快速发展的上升期，同时也成为拉动我国经济增长的新动力之一。2022年，高端制造业上市公司实现净利润8750.81亿元，同比增长7.49%，过去5年复合增长率为25.52%，盈利水平快速提升。过去5年高端制造业上市公司整体净利润率由4.68%增至6.65%，盈利能力整体有较大提升，体现出我国高端制造业的核心竞争力不断增强，行业展现较强发展活力[5]。

伴随近年来新冠疫情的肆虐传播和俄乌冲突的全球阴霾，当今世界面临竞争冲突和经济制衡大变局，新冠疫情加速全球经济和竞争变化，国际上单边主义、保护主义甚嚣尘上，世界经济继续萧条，新兴市场资本大量外流，全球产业链因多种综合因素受到影响，与此同时，国际政治、文化、能源、安全、技术等模式也正发生着深刻变化，全球开始步入纷繁动荡的发展阶段。面对当今世界复杂的经济局面，数智化经济转型近年来表现出激情的韧性和优势，数智化融合技术引领和带动传统产业向高端制造化、产业绿色化、数智化升级，催生了新业态新行业新产业转型发展，开辟出高端制造业的新赛道。作为国内工程机械龙头企业之一，山河智能以"中国制造2025"为未来发展的重大战略方向，以提质增效为中心，努力推动新一代信息技术与制造业的深度融合，满足经济社会发展和国防建设对重大技术装备的需求。山河智能大力发展技术含量高的高端装备产品，围绕管理、研发、制造、产品、服务、施工等重点环节，建立高效柔性、敏捷响应、人机协同和动态调度的工程机械智能制造示范工厂，探索应用知识工程、AR/VR、数字孪生、可重构生产、人工智能等新技术和网络协同制造、柔性制造、预测性维护、基于数字孪生的制造等新模式，实现设计制造一体化协同、全流程透明生产和供应链高效弹性管控，从而实现运营管理优质高效、产品设计快速高质、计划精准调度、资源动态配置、制造柔性高效、质量一致可靠、安全实时可控、能源绿色低耗、供应链共创共赢等，促进了全流程的数字化、智能化转型升级，将数字化贯穿6大领域，从研发、管理、制造到产品，进而辐射到服务及施工全链条，构建高端装备生态体系，促进"中国制造"向"中国智造"与"中国创造"的转型[6]。同时，数智化的底层架构在核工业生产、安全、发展方面承担重要角色，全面支撑起企业可持续发展和应用创新、迭代，降低核工业信息化总体设计、建设、运营成本。中核集团计划打造先进的数字核工业体系，通过信创硬件及云平台架构，提高企业信息化和安全运营管理水平，实现降本增效。同方有云信创云平台以超融合一体机的形式交付，通过将国产化基础硬件与同方UOS信创云管理平台、UDS信创分布式存储软件、同方备份存储及安全系统深度融合，能够高效支撑多场景业务系统运行[7]。自平台部署以来，有效增强了中核集团云资源管理及运维能力，显著提升了中核集团数字化智能化建设水平，加速了IT系统国产化替代进程。数智化融合所催生的新赛道，将会有效推动制造业的生产变革，组织效率变革和生产方式转变等方面的发展，切实支持社会主义强国和制造强国的建设。高端制造业应不断紧抓新赛道、新行业领域的转型升级契机，助力中国经济的发展建设。

　　进入高质量发展阶段，高端制造业生态系统数智化融合发展还面临着资源与环境的双重约束。近年来，美国制造业出现"大回流"现象，但即便是美国经济面临通货膨胀、供应链瓶颈等情况，由于美国有低于欧洲的资源价格，以及美联储为抑制通货膨胀进行加息，仍然刺激了部分投资转入美国。三星、现代汽车、SK和LG纷纷在美国投资建厂，韩国LG与美国汽车达成合作，花费70多亿美元在美国投资新能源汽车，现代在2022年5月决定投资6.3万亿韩元在美国佐治亚州建立年产30万辆电动汽车的整车工厂，还提出了在附近建立与电池公司进行战略合作的电池电芯工厂的计划。大众集团2022年年中在其位于田纳西州的工厂启动电池实验室，并决定至2027年将在北美总共投资71亿美元。德国特种化工企业赢创工业集团日前在宾夕法尼亚州新设创新中心，在印第安纳州建立生产基地投资2亿多美元。欧洲的钢铁、化肥等制造业企业也有把业务向美国转移的情况，总部设在阿姆斯特丹的氨和氮产品制造商OCINV将在美国得克萨斯州扩建一座氨气工厂。并且，美国推出了芯片法案和通货削减法案，给予4300亿美元吸引芯片半导体厂商建厂[8]。在复杂的国际形势下，"去中国化"的资源——环境约束现象给我国带来了一定的风险和挑战，各国纷纷意识到具有快速应对各种风险的能力是进行国际循环的前提，需要提升自身的基础设施建设，构建预警平台，及时预知风险并快速采取应对措施。目前，我国制造业正处于从高速增长向高质量发展转型阶段，高质量发展不仅局限于绿色低碳发展，进行质量变革、效率变革、动能变革，更是中高端制造业高质量发展的重要策略手段。通过打通关键核心技术领域的堵点为双循环战略的推进提供技术保障。新发展格局在于优化中高端制造业尤其是传统制造产业发展格局，提高区块链、数字经济、人工智能等新兴产业在产业结构中的比例，弥补中高端制造业结构性缺陷；利用各区域自身优势，发展区域优势产业，增强核心竞争力，构建国内国际兼容、安全稳定的新发展格局。虽然国内国际双循环以国内大循环为主体，但其目的在于强化国内制造业供应链存在的短板，进而以高水平开放形态参与国际循环，明确双循环战略是长期策略而非短期策略，做好长期应对国际各种不确定性风险的准备[9]。此外，环境规制对具有行政色彩垄断性质的高端制造业进行规制会使其实施内部成本调整，由于这类行业的企业大多数是规模以上企业具有一定成本承担能力，因而环境规制促使这类行业采用相应的设备、资金和人才来换取技术，使得制造业内部的要素和资源利用效率得到提高，并能够提高相应就业岗位，从而使制造业产业结构整体合理化程度提高。但是，这类行业大多为带有行政色彩的国有垄断企业，故其通常使用过度人财物等资本替代技术，导致企业以高投资换取利润而并非技术创新和技术进步，对技术创新产生负面影响，从而不利于制造业产业结构高级化方向发展[10]。

有鉴于此，在资源—环境的约束下，高端制造业生态系统如何进行数智化融合，将有限的研发资源在各技术路径之间合理分配，通过构建适宜的融合机制，为高端制造业打好关键核心技术攻坚战，迈向高质量发展提供有力的支撑值得进一步深入探究。中国经济发展进入新的阶段，原有的引进模仿的融合机制将不可持续，只有通过加强自主研发和科技创新，才能实现经济发展方式的转变和可持续增长。因此，为了积极应对外部环境变化以及冲击带来的机遇和挑战，有必要在高质量发展提出的时代背景下，对中国高端制造业的数智化融合机制问题做出新的思考。在立足于内在要素禀赋的同时结合外部资源环境变化特征，深入解析适宜机制的构建依据，从而提升核心技术能力和质量效益，实现由制造业大国向制造业强国的转变，推动经济整体向高质量方向发展。

1.1.2 研究意义

这里从资源—环境双重约束的视角探析高端制造业生态系统共生运行架构、主体竞合关系、创新驱动，组织韧性以及资源动态调度等方面特征，基于考虑消费者偏好和政府补贴方面提供高端制造业生态系统数智化融合实现路径，为生态系统数智化发展提供策略选择体系，扩展了对双重约束下高端制造业生态系统数智化融合机制的研究，为高端制造业生态系统打好关键核心技术攻坚战，迈向高质量发展提供有力的支撑。

1.1.2.1 理论意义

（1）丰富双重约束下高端制造业生态系统数智化融合的理论方法。随着我国国际国内面临的资源环境约束加大，学术界普遍认可的是，忽视能源投入和环境约束研究经济增长绩效是不准确的。传统的资源匹配方案在面对复杂生产环境时，常出现资源种类不足、资源调度困难、执行任务不达标等情况，导致出产的需求产品无法满足消费者的期望。本书以云制造平台为依托，通过资源匹配优化框架的构建、任务分解、制造资源评价指标的建立、制造资源选择模型的构建对资源匹配进行优化设计。同时，基于高端制造生态系统理论、资源基础理论、资源依赖理论和竞合理论，对高端制造生态系统主体竞合关系形成要素、演化动因及重塑策略进行探究，弥补了现有研究对竞合关系定性分析的不足，促进了竞合关系相关研究向更深层次迈进，丰富了资源环境双约束基础理论与资源环境双约束依赖理论。

（2）提供双重约束下高端制造业生态系统数智化融合的理论支撑。在归纳和总结国内外关于高端制造业生态系统、数智化融合、双重约束与共生演化等研究基础上，发现多数学者常常基于单一理论对企业进行探讨，较少综合考虑双重约束下高端制造业生态系统如何进行数智化融合发展。本书将本体技术引入平台信息管理领域，通过建立系统化、结构化的信息本体，解决信息异构问题，帮助高端制造业更有效地组织并管理相关知识，提高高端制造业信息的管理和应用水平。通过研究平台中信息数据的结构、类型、特点等，探讨数智化融合的方法和过程，设计融合机制，丰富信息管理相关的跨学科理论体系，为高端制造生态系统的信息组织和管理提供理论支撑。

（3）拓展双重约束下高端制造业生态系统数智化融合的理论应用。目前国内外学者对高端制造业双渠道供应链系统中的定价问题、协调契约等问题进行研究的较多，综合考虑政府补贴、消费者双重偏好的研究较少。通过建立"线下+线上直销"双渠道和"线下+线上分销"两种双渠道供应链结构模型，即在双渠道供应链中同时考虑"消费者渠道偏好""消费者溯源偏好""制造商溯源努力"以及"政府补贴"等因素，更贴近供应链的现实运营过程，对制造商渠道选择和政府补贴供应链领域的理论进行延展和补充。运用数据分析与仿真模拟相结合的方法，探索了高端制造生态系统主体竞合关系演进动力与演化趋势，丰富了高端制造生态系统在竞合领域的研究内容，深化了高端制造生态系统竞合理论的演进方向。同时，引入共生理论对高端制造业生态系统内创新主体间共生行为进行描述，对于微观层面的主体共生行为与宏观层面的系统共生网络相关理论分析，不仅拓展了共生理论的内涵，也丰富了演化博弈理论、社会网络分析等理论分析方法在高端制造业生态系统数智化融合领域的应用。

1.1.2.2 实践意义

（1）描绘双重约束下高端制造业生态系统数智化融合的规划蓝图。在面临国际国内资源约束趋紧、环境压力增大、生态系统退化的严峻形势下，高端制造业如何进行数智化融合，对我国实施区域经济协调发展、可持续发展战略具有重要的实践意义。中国高端制造业如何在要素禀赋和环境现状的基础上优化研发资源的分配结构,通过选择适宜的融合机制提升技术创新能力,突破关键核心技术,对促进高质量发展具有深刻意义。基于此,本书以高端制造业高质量发展为导向,通过厘清全球制造业格局演变与我国制造业全球站位,做好兼顾短中长期、产业内外、国内国际的顶层设计,结合当前经济发展的阶段性特点以及发展的环境趋势,从全新的研究视角出发,探析高端制造业生态系统数智化融合机制构建依据,为中国高端制造业实现提质增效和转型升级的数智化融合提供有益的经验建议。

(2)关注双重约束下高端制造业生态系统数智化融合的价值提升。针对数智融合视角下高端制造生态系统主体竞合关系,帮助高端制造企业解决竞合关系定位模糊、竞合关系演化动力不足、竞合关系重塑策略效率低下等问题,为充分促进企业合作共享、加快数据资源流动互通清除了障碍,为推进产业内部交互深入化、发展同步化,促进产业向更高阶段跃进提供了竞合战略指导。对于高端制造生态系统共生演化机理的研究,有助于挖掘各产业链上游、中游、下游主体以及跨界主体的价值创造能力,对于释放社会经济参与者的市场活力有重要作用。通过云制造平台分解复杂的生产任务,优化匹配制造资源,形成云制造网络,能有效降低服务成本、减少闲置资源、调度稀缺资源,不仅高效经济地完成复杂生产任务,同时能够推动企业拓展产品服务能力、增加服务性收入。同时,为高端制造业进行信息融合提供一定的参考价值。实现平台中信息资源的价值提升,助力高端制造业的持续健康发展。提高对信息资源的有效利用。信息融合的研究为制造企业提供专业产品服务提供了新的发展思路,有助于利用已有的信息创造价值、获得竞争优势,提高对信息资源的有效利用率,减少决策失误。

(3)聚焦双重约束下高端制造业生态系统数智化融合的机制创新。在资源—环境的双重约束之下,为弥补高端制造业生态系统组织韧性提升策略的不足,提出四维的韧性提升策略,分别为系统资源冗余策略、系统结构重构策略、系统安全监管策略、系统服务升级策略。考虑到高端制造业生态系统的生产运营是以用户为中心,故着重对服务方式进化策略进行探讨,基于已有的服务组合方式提出服务重组方式,并利用改进型生物地理学优化算法对两种方式进行求解来验证服务重组方式的有效性,以期增强高端制造业生态系统的四维韧性特征，从而为提升系统韧性提供新的思路和路径选择。本书根据研究结论，对双重约束下高端制造生态系统数智化创新体系进行分析、对高端制造业生态系统数字化融合机制进行设计、对高端制造业生态系统实现路径进行决策、对高端制造业生态系统制造资源动态调度进行优化以及对高端制造业生态系统数字化发展策略进行选择，从而推动高端制造业生态系统在双重约束下进行数智化融合。

1.2 国内外研究现状

1.2.1 创新生态系统

开放式创新（Open Innovation，OI）最早起源于科学研究机构之间的学术交流与合作。2003年，Chesbrough教授针对企业创新能力疲乏、研发成果转化率低的现象，首次提出"开放式创新"这一概念，并将其定义为：企业有目的地对外部流入或内部流出的有价值的知识进行创新性整合，并通过内部或外部路径实现商业化目的的一种全新的创新管理范式[11]。Chesbrough和Crowther（2006）从知识流向视角，将开放式创新划分为由外而内流程（Outside-in Process）由内而外流程（Inside-out Process）和双向流程（Coupled Process）三种类型[12]。由内而外的开放式创新模式是指企业从外部获取创新技术以及互补性知识，包括协同合作、网络结构嵌入、技术购买以及技术外包等形式；由外而内的开放式创新模式是指企业将内部技术通过外部途径实现价值创造，包括技术衍生企业、技术的外部授权以及技术服务；而双向流程则具备两者的特征[13]。蔡剑等（2021）指出以组织方式划分可将开放式创新划分为裂变模式与聚变模式，裂变模式是创新知识产权从高技术源头流向市场，而聚变模式是微小的创新个体集聚并发生本质变化[14]。陶小龙等（2021）依据行业属性及企业自身条件限制，将大数据应用与开放式创新模式协同,并将其划分为数据驱动型与创新驱动型[15]。Ye和Kankanhalli(2013)认为开放式创新包含联盟、开放式网络、用户社群以及内向许可四种模式[16]。开放式创新模式引导行业在开放格局下的服务创新与技术创新,创新模式的发展为服务生态系统内部共生关系的发展提供参考路径。了解开放式创新的特性,并有效整合服务生态系统发展特征,能够从理念内涵层面深化服务生态系统内主体间的共生关系。目前,对于开放式创新的研究多集中于技术创新与知识流动方面的研究。张林等(2021)指出企业开放式创新在要素获取、结构协同、功能提升以及环境适应四个方面表现出创新亮点[17]。开放式创新深度、广度以及"竞合关系"将影响企业的开放式创新绩效[18],并且开放式创新模式的应用情景决定影响创新发展的因素。在突发事件下,Obradovi 等(2021)指出研究管理能力、员工培训与发展以及奖励制度对制造企业开放文化的影响比以往任何时候都更加重要[19]。开放式创新具有较高的融合性,能应用于多场景中,主要应用于开放式创新平台、开放式创新网络、开放式创新社区以及开放式创新生态系统中。王莉等(2018)提出,开放式创新社区内物质、社区认可等激励机制能够对消费者产生正向的激励作用[20],且在网络环境下领先用户对于开放式创新社区的发展起到重要作用[21]。关于开放式创新平台的相关研究,Cavallo等(2021)研究指出,在网络经济发展中,通过选择合适的伙伴,小型企业可以通过开发平台依附于大型的科研中心来实现战略调整,扮演更为重要的核心角色[22],企业间的开放性对于创建开放式创新生态系统至关重要[23]。服务生态系统区别于其他系统的特性在于,它从服务体系发展而来,范围却更为宏观、复杂,涉及社会经济的各方参与者,而不仅限于企业组织内部。Barile等(2016)总结出服务生态系统的特性包括:服务生态系统是相对独立的、有模糊的边界;强调参与主体之间是相对自我调节的,价值共创主体间存在共生合作;参与者通过共享的制度逻辑而连接;服务生态系统通过服务交换进行价值共创[24]。Vargo和Lusch(2011)认为服务生态系统具有以下八个关键特征:一是自发感知和响应的;二是具有时空结构;三是具有松散耦合的相互关系;四是价值主张者,挖掘潜在价值;五是沟通工具是语言、符号、制度和技术;六是价值共创单元合作生产服务提供商；七是以服务交换服务；八是服务受益者间进行价值共创[25]。服务生态系统是生态系统的子系统，在继承了父类系统特征的同时，服务生态系统也有自身独具的特点，由于两种范式的非线性叠加，开放式创新下服务生态系统具备增益特性。互联网经济的发展，加速了服务生态系统间的业务融合，促使一切社会资源参与到价值共创的过程中，能够为组织共生关系的发生提供场所。Polese等（2021）指出服务生态系统的出现（emergence）以及相变（phase transition）为服务生态系统中主体间的动态资源整合提供了相关背景[26]。部分学者采用Logistic模型描述服务生态系统价值共创过程，如黄定轩等（2017）提出服务生态系统中价值共创单元间的共生演化结果取决于共生作用系数[27]。孙凤娇等（2021）研究表明互惠共生是服务生态系统内价值共创主体的最佳模式[28]。对于服务生态系统中价值共创主体的研究，陈菊红等（2019）基于服务生态系统视角，将利益相关者划分为服务提供者、服务促进者以及服务接受者，并研究利益相关者的价值共创关系[29]。王昊等（2021）依据行动者网络理论，将价值共创单元划分为生物行动者与非生物行动者，并指出核心行动者的可持续发展需要借助非生物行动者实现，价值共创具有时序性特征，不同的价值共创阶段单元间的期望、行为都将发生转变[30]。苏昕等（2021）从服务生态系统视角出发，指出消费者需求驱动与利益相关者间的多元互动驱动是价值共创的核心，会产生倍增效应[31]。服务生态系统的最终目标是通过制度协调参与者行为，在社会情境中实现价值共创与服务创新[32]。在服务生态系统内价值共创的形式包括建立联盟关系或形成产学研协同关系等，价值共创的最终目的是各主体间形成互惠共生的关联关系。共生影响因素会对主体间共生关系形成、共生行为发展产生影响，现有研究多从主体或主体关系视角出发，对共生的影响因素进行分析。如彭建仿等（2012）指出主体间的互动程度与依赖性、伙伴特质、利益分配方式、合作内在动机以及合作的外部环境会对共生行为产生影响[33]。同时，社会价值偏好可以鼓励更多的共生联系产生[34]。王发明等（2016）研究表明综合效益转移机制的构建是主体间共生关系形成的主要动因[35]。Thomas等（2014）研究表明主体的专业性、互补性以及共同逻辑是共生形成的基本条件[36]。Hengstler等（2016）指出技术交流以及信任是共生关系建立的基础[37]。仉瑞等（2020）指出企业间价值观与文化相匹配能够建立更加稳定的共生关系[38]。薛伟贤等（2010）发现共生主体间的知识、资源、文化与信任是影响共生关系建立的重要因素，且共生关系是否合理、利益分配是否均衡和组织形式是否灵活，同样是共生伙伴选择过程中主要考虑的因素[39]。朱秀梅等（2020）指出，数字技术与用户数字需求是系统内主体共生关系形成的核心动力因素[40]。高素英等（2021）指出突破性技术与价值共创行为涌现会促进服务生态系统向高阶协同共生状态演化[41]。现有共生网络的发展受到多方面因素的影响。鲁圣鹏等（2020）指出资源匹配度、节点适应度能够很好地模拟共生网络的演化过程，同时共生网络的发展受机会成本的影响[42]。张司飞等（2021）通过FSQCA方法对31份案例进行组态分析，指出互联网发展与共生网络是提高区域创新发展水平的必要条件[43]。张雷勇等（2013）研究表明产学研共生网络在整体上具备小世界特征[44]。Schlüter指出共生网络的互联程度与网络的内外主体的协作、知识传播能力等水平有关[45]。Zhang等（2019）基于社会网络分析法，采用网络结构测量度，如中心性、平均聚类系数、平均路径长度等，表明工业共生网络在不同的发展阶段具有差异化的网络结构特征[46]。Fraccascia等（2019）指出缺乏信息共享是工业共生网络可持续发展的障碍，服务平台的接入能够加速信息循环与渗透，提升产业共生环境与经济效益[47]。

1.2.2 云制造

云制造最早由中国工程院院士李伯虎（2011）提出，国际上有关云制造的研究较少。20世纪90年代后期，制造业信息化催生了网络化制造模式。网络化制造的各参与方的性质不同，通过运用计算机网络技术，联通若干参与方，进而集中使用、调度参与方资源，高效满足制造需求[48]。随着学者的大量研究、论证与实践，网络化制造在实际应用方面得到了进一步的发展，取得了现实的成果，比如较为典型的Web（1996）[49]、应用服务提供商（ASP）（2001）[50]以及网格式制造（MGrid）（2004）[51]等多种以网络化制造思想发展而来的制造模式。其中，MGrid和ASP已经初现了云制造服务的思想，结合MGrid的资源共享理念和ASP的企业信息化模式即形成了面向服务的新型网络制造模式——云制造。Mohsen等（2015）建立了一种基于本体的需求产品发现模型，在产品生产中引入云制造网络生产模式，为知识模型设计数据交换标准[52]。Davide等（2015）认为云制造网络生产模式可使用户在产品生命周期内任一阶段提出的服务请求得到满足，结合蜂窝制造的思想构建了一个面向云制造（CMFG）网络制造服务的新平台，通过协作方式组织孤立的制造资源，提供高效、智能的制造服务[53]。Lane等（2016）认为需求产品具有多样性且制造复杂度和难度高，借助云计算阐述了云制造的产生背景和技术架构，明确划分了云制造体系，建立了由制造资源层、云制造平台服务层和服务需求层组成的，一种面向服务的云制造网络生产系统框架，该系统可依据工作负载调度生产任务[54]。Oliver等（2018）认为随着科学技术的进步，客户期望在合理的时间和价位内获得个性化产品，产品需求的多样化使得产品的生产需要更高的成本和更多的时间，传统的标准大规模生产已经不足以应对现代产品，云制造网络生产模式能有效应对制造业转型与需求产品优化生产，并阐述和构建了云制造网络生产模式的基本理论框架和体系结构[55]。

李伯虎等（2011）最早提出云制造的概念，定义云制造是基于云计算、网络化制造、虚拟技术和物联网等发展起来的先进制造技术与模式，体现"制造即服务"的理念，促进制造业向服务化、智能化方向发展[56]。其后各专家学者对云制造进行了更加深入的分析和研究，云制造的概念和体系逐渐清晰和完善。李伯虎等（2012）在云制造概念的基础上，分析了云制造的典型特征，将虚拟技术将制造资源或能力进行标准化封装，优化制造资源和能力的提取与应用，增强了物联网与云计算的关联度，提出云计算有效解决了网络化制造模式存在的服务效率、资源匹配等问题，能够快速响应用户的动态需求[57]。赵道致等（2015）深入分析物联网，认为物联网令所有的物体与通信网、互联网相连，使用户对产品生产的任一阶段都可以进行管理和监控，通过云制造网络下的制造资源虚拟化封装、互联网接入与物联网，提出一种基于网络服务的云制造设备[58]。黄海松等（2017），深入分析物联网，认为物联网令所有的物体与通信网、互联网相连，使用户对产品生产的任一阶段都可以进行管理和监控,提出云制造的实质是一种非实体的定制化供应链线上到线下模式[59]。孙晓琳等(2018)针对单一服务商无法有效解决客户需求多样性的问题,提出了面向互联网的云网络服务合作机制,在提高云供应商合作效率的同时,合理满足客户个性化需求[60]。可见,云制造模式能较好地平衡企业与用户的供求关系,解决需求多样化导致的生产矛盾问题。在云制造体系架构方面,盛磊(2012)考虑了云制造平台之间的交互性和动态性,基于协同模式构建了云制造集成体系架构,有效识别和解决云制造系统实时的变化,提出了基于汽车开发的云制造体系结构和服务模式[61]。盛步云(2015)应用云制造思想,从企业模式、云制造平台、信息技术角度,提出区域云制造平台及云安全策略,开发了面向中小企业云制造平台供需智能匹配引擎[62]。杜兰(2019)建立了云制造环境下新产品开发知识管理系统,提出了基于双链架构的云制造平台系统架构,并初步证明了其适用性[63]。

在云制造资源方面,程臻(2015)分析了云制造网络下的制造资源按特点和供给需求等可分为软制造资源和硬制造资源,对云制造资源的封装和虚拟化进行了研究,云制造资源按特点和供给需求等可分为软制造资源和硬制造资源,提出了包含五层的云制造资源虚拟化框架,认为云制造平台应以总成本最小,质量最优的原则进行资源匹配[64]。汪勇等(2016)结合互联网技术,利用语义相似性及资源间属性关系,针对制造资源的接入和封装提出云制造设备服务,针对产品定制提出了一种基于改进遗传算法的资源匹配方案,满足客户重点需求的同时,提高资源利用效率[65]。吴启迪等(2017)针对信息化时代特点,在数据挖掘技术的基础上,提出制造资源管理方式,为优化制造资源匹配和组合,构建了双层规划模型,有效解决了多目标优化问题[66]。吴燕霞(2018)对云制造平台制造资源相关性、剩余资源整合进行了有针对性的研究,对云制造平台制造资源相关性、剩余资源整合进行了有针对性的研究,提出云制造能够集中分散的资源和分散集中的资源[67]。

在云制造搜索匹配与组合服务优选方面,肖莹莹等(2015)提出了面向生产任务的全局优化框架,构建了基于云制造的多目标生产运输优化调度模型,并改进了混合蛙跳算法,以求解模型,解决了因任务请求过多造成的云制造系统匹配不佳等问题[68]。郑炜等（2017）针对子任务较多情况下，云服务组合缺乏灵活性、解空间限制等问题，构建了以时间、成本、能耗和可靠性为目标的多目标优选模型，并应用双层蚁群算法求解[69]。章振杰等（2018）为使用户获得最优的服务体验，根据云制造服务特性，构建服务数据输入、分解、组合和输出模型，采用语义概念相似度和循环递归设计结构匹配算法实现所构模型，提出了一种基于局部搜索离散蜂群算法求解最优的服务组合执行路径[70]。任磊等（2018）考虑云制造平台资源动态性，阐释了云制造模式，并分析了相关联云制造资源之间约束关系，构建了非稳态云制造服务过程管理框架，将云制造资源匹配和组合化转为多目标优化问题，应用混沌控制优化算法求解该问题[71]。

1.2.3 信息融合

信息融合在20世纪70年代起源于美国，当时主要应用于军事领域来进行实时识别、跟踪、估计战场状态和威胁等，直到20世纪90年代，随着信息源的扩大、信息形式的多样化，信息融合这一概念开始被广泛应用，随后信息融合的概念进入我国，当时被称为数据融合，许多高校和相关机构对其进行了深入研究，取得了丰富的成果。

关于信息融合的概念，国内外学者都提出过定义。JDL（1991）对数据融合的定义是处理来自单一和多个来源的数据和信息的关联的多层次过程，以实现重新定位，并完善及时地对其形势、风险及重要性进行评估[72]。Hall等（1997）认为信息融合是将来自多个传感器的数据和信息自动或半自动地转换成能够为人或为自动决策提供支持的表现形式[73]。Valet（2001）通过对当时信息融合文献的研究梳理，提出信息融合的目标包括降维、提高精度、确定性和稳健性，融合的数学工具包括概率论、证据理论、模糊集、神经网络等[74]。

潘泉（2012）等认为信息融合是对按时序获取的传感器信息数据，应用计算机技术，根据一定的准则进行自动分析、优化综合的信息处理过程[75]。化柏林（2015）从逻辑语义、形式表示、语法结构对多源信息融合的理论展开讨论,指出大数据环境下的多源信息融合理论包括多元表示原理、相关性原理以及意义建构理论等,其中多元表示是表现形式,相关性原理反映结构与关系,意义建构反映内在逻辑[76]。

为了解决现实应用中的问题,国内外学者提出了大量的信息融合方法。Li等(2009)针对WSN网络节点数量多、信息冗余等问题,提出一种基于粗糙集的信息融合算法[77]。Rato等(2019)提出了一种适用于多分辨率数据融合的卡尔曼滤波方法,提高数据处理能力[78]。Che等(2018)利用证据理论、概率论和信息熵来解决多源信息系统中不确定数据的信息融合和数值表征问题[79]。Huang等(2018)提出了一种基于模糊信息粒化的数据融合方法,将多源区间值数据转化为梯形模糊粒,这种增量融合算法能够在添加和删除数据源时提高计算效率[80]。Sza B等(2021)提出了一种基于张量网络的数据融合方法和一个用于CPSS大数据表示、约简和融合的大数据融合框架,其中张量分解能够从异构数据中提取潜在有用的信息[81]。Meng等(2020)认为基于深度学习的数据融合能够激发新的思路,在涉及大量数据的场景中,深度学习算法能够获得更好的性能和预测精度[82]。Xu等(2020)提出了一种基于深度学习和多传感器特征融合的智能监测诊断模型,充分利用PCNN、DRN、Bi-LSTM的集成来实现状态检测和故障诊断等[83]。

黄漫国等(2010)从数据级、特征级和决策级三个不同层级概括融合方法[84]。由于信息存在形式的多样性,多模态信息融合也成为多个领域面临的新挑战,任泽裕等(2021)将多模态融合方法分为模型无关和基于模型的融合方法两类,常用的方法包括神经网络方法、多核学习方法、图像模型方法等[85]。陈英等(2020)提出一种改进的基于可信度小波神经网络的数据融合方法,该方法对数据预处理以及融合的稳定性、有效性具有较好的效果[86]。吴会会等(2019)提出一种自适应模糊C均值聚类的数据融合算法,通过运用改进的模糊聚类、卡尔曼滤波、神经网络等方法,提高融合的精确度和可信度[87]。李政等(2016)提出一种基于领域本体的信息融合方法,利用本体理论构建能跨越不同系统的统一的概念模型,解决不同电子目标情报系统之间信息共享和信息融合的问题[88]。唐旭丽等(2018)提出一种综合环境情境、个人情境以及领域本体的多源知识融合框架[89]。

信息融合的应用由军事领域逐渐扩展到医疗健康、电子商务、智能交通、公共管理、应急决策、金融、制造业、服务业等诸多领域。Jiang等（2021）针对现有的能源需求预测模型信息来源有限，不能充分、真实、准确反映能源互联网需求趋势变化的问题，建立了基于内外部信息融合的能源互联网需求预测理论框架，通过融合能源互联网中不同情况下内部和外部的信息，增加模型信息量，从而提高预测的准确性[90]。Xue（2021）分析了基于物联网的企业共享数据信息的需求和特点，提出一种基于数据融合机制的工业泛在物联网低能耗传输方法[91]。操玉杰等（2018）构建面向应急决策的信息融合模型，从数据层、语义层和服务层深入分析信息融合中的具体问题，实现应急大数据向应急决策需求信息转化[92]。郑晓敏等（2021）研究了基于事前预防、事中处置、事后恢复全过程的有关食品安全应急管理的多源信息融合治理框架[93]。化柏林等（2015）从国家战略、城市管理和企业运营方面探究了多源信息融合的应用[94]，通过剖析大数据环境下竞争情报的数据环境、业务需求和流程对比的特点，提出多源信息融合在竞争情报领域的应用[95]。覃松涛等（2021）根据电网大数据的特性，提出一种基于映射的数据融合方法，以实现对描述同一对象不同来源数据的融合[96]。曹佳钰等（2020）针对独立车辆信息感知范围有限制约自动驾驶应用数据采集的有效性问题，提出一种多维度感知的信息融合机制，以提升信息融合对自动驾驶任务的增益[97]。

信息融合在制造业领域也具有广泛应用。Zhang等（2021）设计了一种基于信息融合的高效联邦卷积神经网络滚动轴承故障诊断方法，允许不同的行业参与者在不共享局部数据的情况下协同训练全局故障诊断模型，相较于传统的故障诊断方法具有更高的准确率[98]。Wu等（2019）提出一种基于深度长短期记忆（DLSTM）网络的基于多传感器时间序列信号的剩余使用寿命（RUL）预测方法，该模型具有多传感器数据融合的能力，能实现精确的 RUL 预测，可广泛应用于工业领域的不同类型设备[99]。由于多传感器数据融合可以提供丰富互补的故障信息，Zhang等（2021）提出了一种基于多级信息融合和层次自适应卷积神经网络的离心鼓风机故障诊断方法，多层次信息融合能够从多传感器信号中获取全面、有代表性的故障信息，所构建的HACNN大大提高了网络的特征学习能力，并通过自适应扩展避免了不必要的计算消耗[100]。陶鹏等（2021）提出一种改进的基于D-S证据理论的多源信息融合电气设备故障诊断方法[101]。胡启国等（2021）为预测航空发动机的剩余寿命，提出了基于核主成分分析和双向长短时记忆神经网络的多信息融合模型，利用KPCA对多源信息进行降维与融合，然后搭建BLSTM神经网络预测模型[102]。黄林等（2021）基于多源信息融合与隐马尔可夫模型对设备剩余使用寿命进行预测[103]。

1.3 研究内容与研究方法

1.3.1 研究内容

在整理和分析了国内外关于创新生态系统、云制造和信息融合等研究成果的基础上，对双重约束下高端制造生态系统数智化创新体系、高端制造业生态系统数智化融合机制、高端制造业生态系统数智化融合的实现路径、高端制造业生态系统制造资源动态调度、高端制造业生态系统数智化发展实证研究与策略选择进行深入研究，主要研究内容如下。

（1）双重约束下高端制造生态系统数智化创新体系。揭示开放式创新下服务生态系统共生的内涵，将服务生态系统中的基本构成因素划分为共生主体、共生环境与共生特征进行理论描述。明确主体关系特征，分别从微观个体共生行为与宏观系统共生网络两个维度，系统性地刻画服务生态系统共生演化因素，构建出开放式创新下服务生态系统共生演化的影响因素体系。采用模糊集理论——决策实验室法对创新主体共生行为的关键影响因素进行识别与分析，指出影响主体共生行为发生的关键影响因素包括企业开放度、知识互补性、机会主义、业务协同度与激励制度等五大因素。采用三方演化博弈模型构建出了主体共生行为关系模型，并进行模型求解、稳定性分析。采用MATLAB进行数值仿真分析，并提出不同情境下主体共生行为的最佳演化路径。采用社会网络分析法对服务生态系统内共生网络的网络结构特征进行描述，依据网络节点与连边关系类型，提出共生网络内存在星形网络、连通型网络以及多级嵌套网络的拓扑结构。并依据服务生态系统共生网络演化符合Logistic模型发展规律，服务生态系统共生网络演化具有阶段性特征，故将系统共生网络演化划分为起始阶段、成长阶段以及成熟阶段。采用Lotka-Volterra模型对创新主体在各演化阶段具备的共生关系，如寄生共生、偏利共生与互惠共生关系进行描述性分析后，结合创新主体阶段化特性对模型仿真分析。同时，基于数字创新生态系统下数据资源对主体竞合关系的解构与重组作用，依据"竞合关系要素——竞合关系演化动因——竞合关系重塑策略"的理论逻辑，构建数字创新生态系统主体竞合关系研究框架。首先，引进复杂动态视角解析了数字创新生态系统主体竞合关系要素，划分了主导式、合作式及嵌入式三类竞合主体，以及孤立型、冲突型、友好型以及协同型四类竞合关系。其次，构建演化博弈模型研究了数字创新生态系统主体竞合关系演化动因，从主导式主体、合作式主体和嵌入式主体三个层面，探索了竞合收益、竞合成本、创新补贴与违约惩罚对竞合关系的扰动程度，揭示了主体竞合关系演化的内在动力。最后，运用数据分析与仿真模拟相结合的方式，明晰竞合关系重塑策略对三类竞合主体在四种竞合关系下个体发展的影响作用，形成"数据资源增值增效"与"竞合关系健康发展"的双维度重塑策略。

（2）高端制造业生态系统数智化融合机制。分析了高端制造业生态系统平台的构成，了解高端制造业生态系统平台的概况，然后分析高端制造业生态系统平台中信息的特征和分类，再对信息融合的要素、要素关系及融合过程进行研究，在此基础上，基于科学性、系统性、有序性、完整性的设计原则设计出高端制造业生态系统平台信息融合的机制框架。依据信息融合机制框架进行高端制造业生态系统平台信息的获取处理研究，首先，分析信息需求，进行领域概念的获取和概念关系的识别，对于数据库结构的信息源，概念可以直接根据数据库结构抽取，对于文本等类型的信息源，进行文本处理之后采用基于统计的方法获取概念词汇。其次，建立高端制造业生态系统内各领域平台信息本体，来提供领域内公共知识的语义描述和样本标准，方便后续研究中与其他本体的整合，通过OntoQA方法对本体进行评价，并提出本体模型完善措施。最后，对高端制造业生态系统提出组织韧性的概念，并针对组织韧性的四个特征，做出四个方面韧性提升策略。

（3）高端制造业生态系统数智化融合的实现路径。在考虑制造商溯源努力、消费者双重偏好的基础上，构建了纯线下实体渠道以及"线下+线上直销""线下+线上分销"双渠道下的定价博弈模型，并以纯实体渠道为基准设计了两种双渠道结构下的利润协调策略。研究表明：相比纯线下实体渠道，双渠道结构下的制造商在进行区块链溯源技术投入时存在更大的优势；由于新渠道的引入，双渠道中的零售商受到较大的竞争冲击，其利润总是在不断地降低；线上直销双渠道中制造商相比其他渠道存在明显的利润优势，而线上分销双渠道中制造商并不总是存在利润优势；以纯线下实体渠道为基准，可以通过设计相应的协调策略实现制造商和零售商的利润改善。针对制造商对溯源技术的投入动力不足问题，在两种双渠道供应链中，构建了两种政府补贴方式下制造商和零售商之间的博弈模型，在相同的政府补贴支出下对比两种政府补贴方式的效果。研究表明：两种政府补贴策略均能有效提高产品的溯源水平以及供应链成员利润；在相同政府补贴支出下，政府对区块链溯源技术投入成本补贴情形下产品的溯源水平更优，制造商利润处于偏低水平。另外，政府对技术投入的补贴系数等于50%是零售商利润在两种补贴方式下同时占优的阈值；消费者双重偏好系数的变化不会影响政府补贴方式优劣的排序。此外，产品的溯源水平与消费者线上偏好系数呈负相关，与消费者溯源偏好系数呈正相关，但是制造商受研发成本的限制，不会无节制满足消费者的溯源偏好。研究丰富了双渠道供应链的运作理论，也为考虑消费者双重偏好及政府补贴的双渠道供应链定价决策提供了理论参考。

（4）高端制造业生态系统制造资源动态调度。以云制造平台为依托，针对生产任务与制造资源匹配问题，通过资源匹配优化框架的构建、任务分解、制造资源评价指标的建立、制造资源选择模型的构建对资源匹配进行优化设计。首先，分析了制造网络的构成要素与体系要素，设计出高端制造业生产任务与制造资源匹配的优化具体框架，然后分析了双重约束下系统资源选取的目标与原则，分析出在资源需求方需求不确定的情况之下可以通过制造网络平台得到完全满足资源需求方的理想匹配方案，在此基础上，建立可以制造资源的指标体系，对所选取的3个一级资源评价指标进行分析解释，并对指标体系中运用到的符号进行定义。其次，根据评价指标的选取聚合评价指标，针对不同的任务结构给出了在该任务结构下的资源评价指标计算公式，据此构建任务系统资源选择优化模型，引入优化目标函数以及模型约束。最后，结合资源需求方的偏好性和模糊性，引入三角模糊、GIOWA算子针对资源需求方的模糊需求给出区间型组合供应算法，求取资源需求方模糊需求下系统资源的理想值，筛选系统资源的供应区间，确定最优的任务系统资源的匹配方案。

（5）高端制造业生态系统数智化发展实证研究与策略选择。以智慧城市数字创新生态系统为实证研究对象，对主体竞合关系演化动因与重塑策略进行实证检验，并给出对策与建议。在此基础上，采用数据分析与仿真模拟相结合的方法对智慧城市数字创新生态系统主体竞合关系重塑策略进行分析，验证了"协同型竞合关系"与"激励共享型"重塑策略能有效促进主体间数据资源深度融合与产出，对数字创新生态系统主体竞合关系研究具有现实指导意义。选取航天云网INDICS平台作为信息融合的实证研究对象，进行平台信息获取处理、信息融合以及挖掘推理的实例验证和分析，构建相应的信息库。实践表明，上面所提的信息融合机制和方法能实现平台多源异构信息的有效融合，基于信息本体的融合能够实现平台信息资源的规范化、结构化和有序化呈现，有利于为数智融合提供更全面、更丰富、更精准的知识服务，提高信息供需匹配、数据组织重用的利用价值，生态系统数字化发展策略选择提供有力支撑。

本书具体的研究框架如图1-1所示。

第1章 绪 论

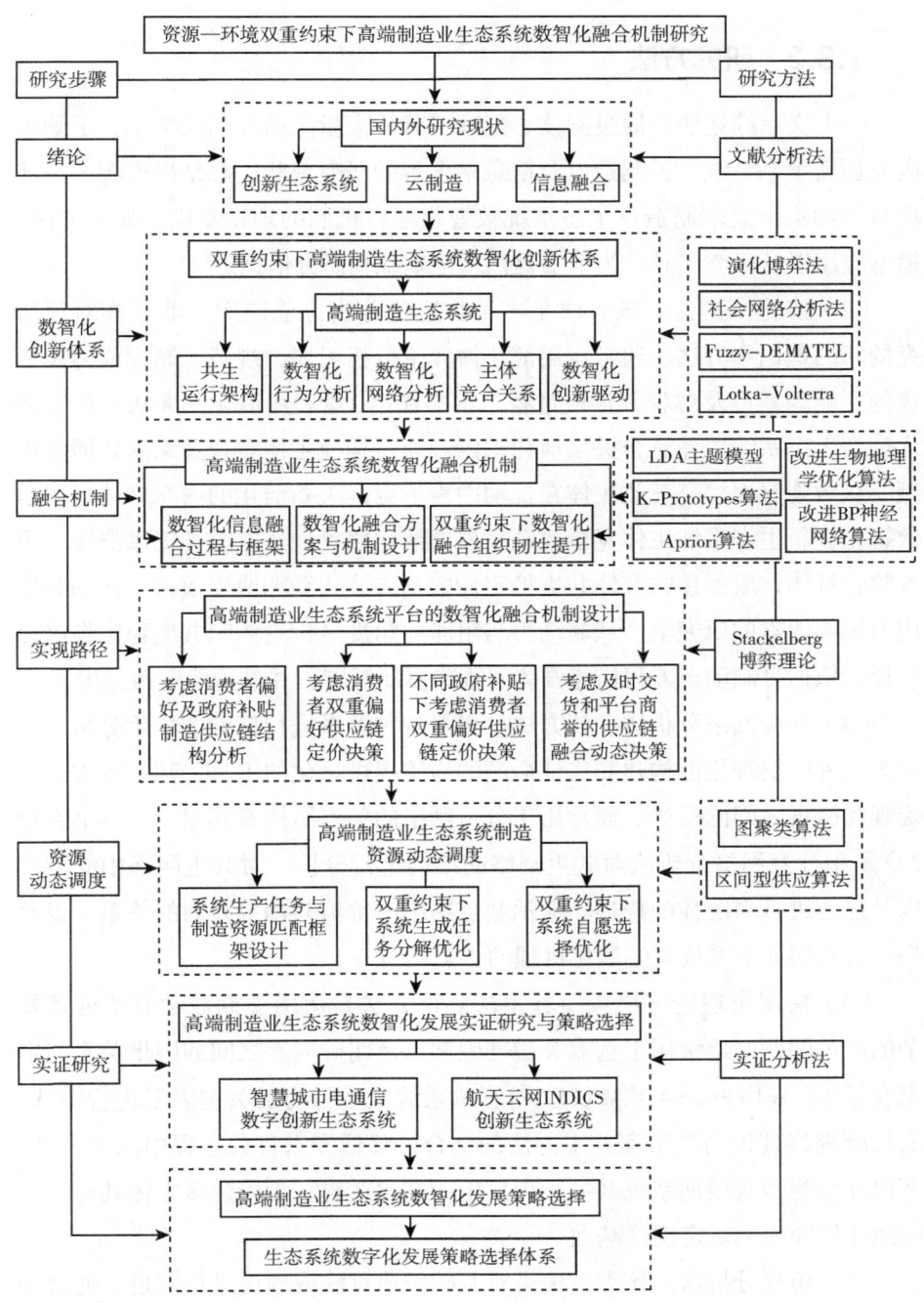

图1-1 技术路线

1.3.2 研究方法

（1）文献综述法。通过阅读、整理与分析大量国内外相关文献，了解国内外创新生态系统、云制造以及信息融合等的研究现状，总结出资源——环境双重约束下高端制造业生态系统数智化融合机制的理论基础、研究方法、模型应用以及研究工具，为本书提供理论基础和研究依据。

（2）演化博弈法。该方法是一种将进化分析方法应用于非合作对策研究的新的理论和方法。通常运用演化博弈论分析习惯、规范、制度或体制形成的影响因素以及解释其形成过程，本书在第2章利用演化博弈法分析数智化创新生态系统主体竞合关系演化动因。通过构建主体竞合关系演化博弈模型，从微观层面探究三类主体在扰动因素下竞合关系演化的内在规律，揭示数智化创新生态系统主体竞合关系发展的演化路径。建立服务提供群体、服务整合群体、服务接收群体共生稳定性的三方演化动态博弈模型。在划分作用力影响因素的研究上，从驱动力与阻滞力角度分析主体间共生稳定性路径选择，依据复制动态方程描述群体间策略更新规则，并进行稳定性分析。

（3）社会网络分析法。该方法可以对各种关系进行精确的量化分析，从而为某种中层理论的构建和实证命题的检验提供量化的工具，甚至可以建立宏观和微观之间的桥梁。通常用于分析网络的关系结构及其属性，本书在第2章采用社会网络分析法对共生网络的结构进行分析，对共生网络中的节点以及连边进行系统性的描述。揭示共生网络中价值共创单元间的关系，以此揭示宏观层面上系统共生演化机理的"黑箱"。

（4）模糊集理论—决策实验室法。该方法是运用模糊数学方法处理复杂的决策问题。通常用于选取关键性因素以及明确因素之间的因果关系，本书在第2章采用Fuzzy-DEMATEL对影响系统共生行为的关键因素进行筛选，通过模糊集理论与决策实验室方法的结合，降低专家打分过程中的主观性，并以此作为微观层面系统共生行为发生的底层逻辑，为构建多主体共生行为的演化博弈模型奠定理论基础。

（5）仿真分析法。该类方法是对基础经典算法或理论进行改进。通常用于解决一些复杂的工程问题。本书在第2章利用仿真分析法构建基于Lotka-Volterra模型的数字创新生态系统主体竞合关系重塑策略演化模型，结合实证检验与数值仿真的方法，探究数字创新系统主体竞合关系重塑策略的影响路径以及主体竞合关系的最佳组合。本书在第3章采用改进的生物地理学优化算法求解面向数字创新生态系统的服务重组模型，改进的核心即增加阈值，在考虑微扰动因子的趋优迁移算子与微扰动因子改进的迁移算子之间做出判断，在趋优变异与原BBO算法的变异操作之间进行选择、利用基于模拟退火和遗传算法混合改进的BP神经网络算法计算本体映射综合相似度、应用典型的Apriori算法发现频繁项集和关联规则、采用K-Prototypes算法对平台中混合型数据进行聚类分析、LDA主题模型进行文本主题的抽取和挖掘，实现对信息资源的主题识别和表达。

（6）本体理论的相关方法与技术。该方法是共享概念模型的明确的形式化规范说明。通常用于捕获相关领域的知识，提供对该领域知识的共同理解，本书在第3章基于本体理论对平台中的信息进行语义分析，通过爬虫软件爬取平台中的数据信息，利用自然语言处理技术抽取相关的概念，并结合已有的标准和本体，建立相关本体模型，解决信息表示异构问题。利用本体映射技术，对本体元素进行相似度计算，基于一定规则实现本体间的初步融合。

（7）信息推理和比较分析法。信息推理是利用信息本体、信息库制定相应的规则库，从已存在的信息和事实中推理出隐性的知识。推理规则需要建立在行业知识、积累的经验或国家标准要求的基础上，因此，可基于高端制造业生态系统平台中的产品和服务的不同属性信息以及企业用户的供需和交易信息，本书在第3章根据经验知识、关联聚类结果定义相关推理规则，扩展规则库，使用基于规则的信息推理方法，能更好地提取领域中隐含的知识并以合适的语言形式将其进行描述；比较分析法是基于相同的数据标准下，把两个及以上相互联系的指标数据进行比较，准确、量化地分析差异。通常是为了找到差异产生的原因，从而找到优化的方法，本书在第4章将同一双渠道供应链中两种不同政府补贴情形下的成员定价、区块链溯源技术投入水平以及成员利润等方面进行比较，得到不同政府补贴情形下双渠道供应链成员的最优决策，从而分析两种政府补贴方式的优劣性。

（8）Stackelberg博弈理论。该方法是一个两阶段的完全信息动态博弈，博弈论主要研究主体要素之间的冲突问题，互动问题以及最终的决策问题，参与主体（个人或者团体组织）通过自己的行为对每一个参与主体或者整体产生影响，这些主体之间相互关联，互相依存，博弈过程中参与者的决策相互影响。通常用于同时考虑领导者和跟随者策略的情况下，最大化领导者收益的策略方法，本书在第4章主要运用Stackelberg博弈理论，构建了制造商主导的"线下+线上直销"双渠道供应链和"线下+线上分销"双渠道供应链两种不同结构下的决策模型。利用逆向求解法以及归纳法求得两种双渠道结构下各个决策者的均衡解，包括成员定价、渠道销售量、区块链溯源技术投入以及利润决策。

（9）图聚类算法。该方法是通过对网络顶点的划分完成聚类，通常用于将元任务进行聚类重组形成若干个子任务。本书在第5章根据任务间的交互关系和约束关系，以及任务粒度的大小对任务重组的影响，应用图聚类算法聚合元任务，将生产任务分解为可执行的子任务，降低资源匹配的难度。

（10）模糊综合评价法。该方法是基于模糊数学的综合评价方法。该综合评价法根据模糊数学的隶属度理论把定性评价转化为定量评价，用模糊数学对受到多种因素制约的事物或对象进行总体评价。通常用于解决模糊的、难以量化的问题。本书在第5章考虑资源需求方动态模糊需求对云制造资源匹配结果的影响，给出基于三角模糊及GIOWA算子的区间型供应算法，对资源需求方的模糊评价进行处理，结合评价指标以及模糊评价值对云制造资源进行综合评选。

（11）实证研究法。该方法超越或排斥价值判断，只揭示客观现象的内在构成因素及因素的普遍联系，归纳概括现象的本质及其运行规律，通常用于研究现象本身"是什么"。本书在第6章选取智慧城市电通信数字创新生态系统为实证研究对象，通过查阅大量文献与行业研究资料、查找系统主体专利发明情况，将理论研究应用到实际案例，对智慧城市数字创新生态系统竞合概况、竞合关系演化动因以及竞合关系重塑策略进行深入探索。同时，选取航天云网INDICS平台作为信息融合的实证研究对象。首先根据平台中不同模块的数据建立相应的局部本体模型，然后基于GA-SA-BP算法计算平台信息本体与不同的局部本体间的概念综合相似度，根据映射结果进行本体的整合，并完成平台实例数据与整合后本体的融合，最后对平台信息进行关联聚类分析和推理，完善信息库，实现平台信息的深度融合。

1.4 研究主要创新点

本书在双重约束环境下重新配置现有资源，基于新维度、新视角、新模型对高端制造业生态系统数智化融合机制进行设计，降低高端制造业生态系统与数智化跨界融合的不确定性，积极贯彻习近平总书记提出的"以智能制造为主攻方向，推动产业技术变革和优化升级，推动制造业产业模式和企业形态根本性转变"的战略擘画，积极践行新发展理念，以"鼎新"带动"革故"，为高端制造业生态系统提供及时有效的战略决策，腾挪空间，探索高端制造业生态系统数智化融合在双重约束下的高质量发展之路。

（1）基于新维度分析相关因素。从微观与宏观两个维度对服务生态系统共生演化因素分析。指出微观层面的共生演化主要受主体共生行为影响，宏观层面的共生演化受系统自组织涌现、内外涨落特性、多元网络结构以及国家政策的影响。从复杂与动态两个视角提出数字创新生态系统主体竞合关系的构成要素。在分析数字创新生态系统主体竞合关系内涵与特征的基础上，以微观与宏观相结合、内部与外部相呼应的研究方法，进一步分析主体竞合关系形成要素与驱动要素。从数据资源相似性和数据资源归属性两个竞合维度，将主体竞合关系划分为孤立型、冲突型、友好型以及协同型四类竞合关系。从信息不对称性、主体发展阶段以及主体竞合环境三个方面，提炼出竞合关系演化影响因素中的关键因素，建立主体竞合关系演化博弈模型，从主导式主体、合作式主体与嵌入式主体三个层面深入探究各影响因素对数字创新生态系统主体竞合关系的扰动程度，揭示主体竞合关系演化规律。

（2）基于新视角揭示相关机理。从服务生态系统共生行为演化视角揭示系统微观层面共生演化机理。从服务生态系统共生网络演化视角揭示系统宏观层面共生演化机理。着眼于促进数据资源的开放共享与开发利用，从数字技术与竞合主体、数据资源与价值产出的基本要素出发，形成了竞争控制、偏好合作与激励共享三类竞合关系重塑策略。依据Logistic模型和Lotka-Volterra模型构建了主体竞合关系重塑策略演化模型，探索了各竞合关系重塑策略对三类竞合主体在四种竞合关系下个体发展的影响作用，从微观个体视角揭示数字创新生态系统竞合关系演化机理。

（3）基于新模型构建相关策略。本书从创新体系、实现路径、动态调度和策略选择四个方面构建了"钻石模型"，如图1-2所示，提出了资源环境双重约束下高端制造业生态系统数智化的融合机制。通过信息关联、信息聚类等方法将具有潜在关联关系的信息资源以关联聚类的形式呈现出来，为平台进行信息服务和决策提供更完整的领域信息。根据关联和聚类结果，并基于行业和领域内的经验知识定义推理规则，实现基于规则的推理，便于信息的深层挖掘，提高平台对信息资源的利用能力。利用数据分析与仿真模拟相结合的方式，设计了"数据资源增值增效"与"竞合关系健康发展"的双维度竞合关系重塑策略。根据任务结构和约束条件给出了任务属性聚合计算公式，分析完全满足资源需求方的理想匹配结果，以及资源需求方关注的需求，在此基础上，建立能有效评价云制造资源的指标体系，构建云制造资源选择优化模型，结合资源需求方的偏好性和模糊性，引入三角模糊及GIOWA算子针对资源需求方的模糊需求给出区间型组合供应算法求解模型，任务与云制造资源进行一对一映射，以此得到最优的任务—云制造资源匹配方案。改进本体映射的关键技术，运用演化博弈模型揭示数智创新生态系统主体竞合关系演化动因，设计了平台信息挖掘推理机制。

第2章 双重约束下高端制造生态系统数智化创新体系

本章主要对资源与环境双重约束下高端制造生态系统共生因素进行分析。首先，对于双重约束下高端制造生态系统共生演化的内涵进行分析，从边界开放化、主体多元化、服务平台化与结构网络化四个方面描述系统共生特征。从共生主体、共生模式与共生环境三个层面对共生构成的基本因素进行分析。在上述共生因素描述的基础上，从微观个体层面与宏观系统共生网络层面对共生演化因素进行分析，揭示共生演化的过程。从而能够更好地了解资源与环境双重约束下高端制造生态系统数智化创新体系。

2.1 高端制造生态系统共生运行架构

"十四五"规划和2035年远景目标纲要提出"坚持把发展经济着力点放在实体经济上，加快推进制造强国、质量强国建设"，要求"保持制造业比重基本稳定，增强制造业竞争优势，推动制造业高质量发展"。对此，我们需将制造业高质量发展作为一个系统工程来推进。

推动高端制造生态系统创新发展，不是仅靠某一行业、某一领域的"单兵突进"就能实现的，它需要联系而非割裂、全面而非局部、动态而非静态地研究制造业发展问题，营造有利于高端制造生态系统创新发展的良好生态。

2.1.1 系统共生内涵与特征

共生就是指共同生存、进化或者抑制相同或不同物种之间的一种关系，随着人类的进步发展，共生理论应用已不局限于生物界，就当今经济环境与可获得资源的情况而言，高端制造生态系统同自然生态系统存在极大的相似性，为了更好地理解高端制造生态系统数智化创新体系，我们首先要先了解系统共生的内涵与特征。

2.1.1.1 高端制造生态系统共生内涵

高端制造生态系统共生，是指高端制造业生态系统中的企业彼此联系、相互作用、共同演化的过程和方式。从系统结构的视角看，高端制造生态系统中的企业因相互联系、相互作用而形成共生关系，共生关系是动态变化的，共生关系的变动推动系统结构的演化。高端制造生态系统中的制造企业、学研机构、消费者、数智化平台及其他创新主体基于数字资源和数值技术，在一定环境下，相互依赖，协同合作，共同开发新产品、提供新服务、发展新模式、催生新生态，在此过程中实现价值共创和收益共享。各类创新主体在高端制造生态系统中占据不同的生态位，发挥不同的作用或功能，彼此联系，共同演化，推动整个系统的发展。在资源与环境的双重约束下，高端制造生态系统关注内部创新资源的交流互动以及主体与环境间的多级联动，是一个开放性、多元化动态演进的复杂系统。它具有生物学中自然物种共生演化的特征，也遵循社会学领域中非自然物种演化的规律与稳态法则，是自然系统的升级与发展。此时的系统更加注重主体间共生能量的生成与流动，从集中群体分工转变为离散群体的共生耦合模式，以此形成以用户需求价值为指引的共生纽带。互联网、大数据、云计算、数字孪生等数字技术迅猛发展，跨行业的结合促使高端制造过程向数智化、差异化、场景化方向发展。可见高端制造业的发展离不开技术的支撑，技术的创新离不开产品需求的促动，两者的适配会促进高端制造生态系统的整体性共生。

高端制造生态系统为共生参与主体进行资源整合与价值共创活动提供

了发生场所，资源共享的创新模式解决了创新主体内部资源、技术短缺的问题，实现了多领域跨界协同。共生并不是主体间的简单合作，而是基于各自的技术和知识在共同的愿景下，进行资源的互补、知识的共享与技术的研发，是维护和促进高端制造生态系统健康发展的一个重要特征。共生关系发展能够促进多主体间共同识别新机会、开发新产品、提供新服务、拓展新市场与创新知识的循环流动。在此过程中，技术创新与产品创新作为系统共生发展的主动脉，激发各共生演化状态形成高端制造生态系统的共生特征。

2.1.1.2 高端制造生态系统共生特征

高端制造生态系统的发展离不开资源的约束和环境的影响。高端制造业通过汲取内外部资源和适应环境变化来提升企业服务创新能力，企业会投入大量资源用于产品的生产中，生产高质量、高产量的产品，但随着不同企业之间产品同质化严重，各企业不再敌对竞争，相反更加趋向于合作共生，企业间的边界逐渐模糊，产品更加多样，服务不再仅局限于线下，内外部结构联系越发紧密。所以在资源与环境的双重约束下，高端制造生态系统共生具有边界开放化、主体多元化、服务平台化和结构网络化四个特征。

（1）边界开放化。当代经济快速发展，数智化思维融入各行各业中，需要上层逻辑思维的转变，数智化平台使企业可以以较低的成本与外部组织建立连接，进而使企业的组织结构柔性化。柔性化的组织边界有利于打破企业内部各部门之间以及企业与外部组织之间的信息壁垒，促进企业内外部的交互协同，提高管理效率。双重约束创新模式引导多领域协同创新行为的发生，这种边界开放的特征表现在行业边界、企业边界与业务边界等方面，通过开放边界适应外部环境的改变，同时也可以收获更多的资源来用于自身产品的开发创新。开放的行业边界促进多领域技术的交叉融合，以外部技术创新带动内部产品创新发展。开放的企业边界指不同领域内共生企业跨越组织边界进行资源的有效配置。开放的业务边界是企业内部与外部在资源整合基础上实现业务间的关联。边界开放作为双重约束创新模式下高端制造生态系统共生的重要特性，为共生关系的进一步深化提供良好的发展背景。

（2）主体多元化。Chandler和Vargo（2011）指出高端制造生态系统由三个层次的参与者构成，包括二元关系、三元关系以及复杂网络级别关系[104]。且在资源与环境的双重约束创新模式下，这种复杂网络级别关系不再受行业与领域的限制，不同行业之间的资源传递和信息共享更加快速准确，大大提高了企业创新升级的速度，适应外部环境的变化。高端制造生态系统的主体范围逐渐扩大，被定义为参与价值共创的整个经济社会参与者。

（3）服务平台化。双重约束下高端制造生态系统中的服务平台具有"连接"与"赋能"的特性。服务平台作为共生关系连接的核心，能够促进主体跨越时间与空间的界限，在系统内形成多层次、立体化的共生网络结构，带动服务资源在参与主体间的循环流动，为高端制造生态系统建立更广泛的连接。

（4）结构网络化。根据资源依赖观，企业生存发展的过程中需要大量知识与技术的支撑，仅依靠企业自身资源是无法满足创新发展的需求。企业可通过市场交换或者收购等方式来获取资源，但从企业的成本角度考虑，构建外部合作网络能够有效降低成本、实现资源的有效利用。双重约束创新模式下，企业边界存在模糊性，共生主体行为发生在系统的多层级间，为适应当下环境的发展，主体间的结构关系将向更复杂的网络化方向发展。

2.1.2　系统构成基本要素

双重约束下高端制造生态系统由共生主体、共生环境与共生模式三种基本因素构成。其中，共生主体是指参与共生演化的各类主体，是演化的基础；共生环境是共生主体依存的外部环境，是演化的外部核心条件；共生模式是共生主体相互作用的形式，是演化的关键。共生模式既反映了共生主体之间、共生主体与共生环境之间的相互作用关系，又反映了共生关系对共生主体和共生环境的影响。各要素间相互作用，共同决定高端制造生态系统的动态发展及规律。共生基本要素间相互作用关系框架，如图2-1所示。

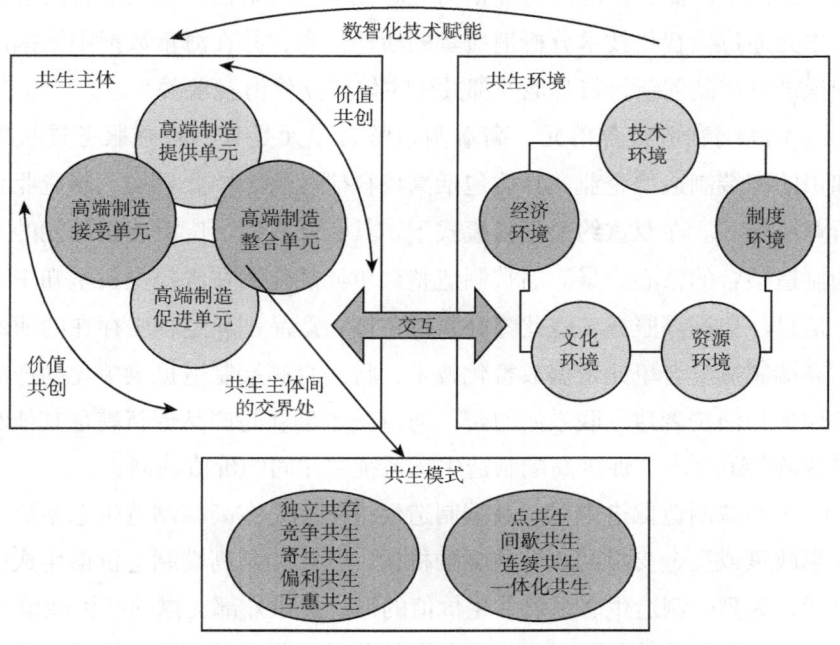

图 2-1 高端制造生态系统共生要素框架

2.1.2.1 共生主体

高端制造生态系统中共生主体又称为共生单元,是共生行动中基本的能量生成与交换单元。高端制造生态系统内主体围绕价值活动,逐渐形成自身的核心优势,依据高端制造业的分类不同,系统内群体会自发集聚并形成角色分化。将高端制造生态系统内的供需主体,依据高端制造业性质划分为高端制造提供单元、高端制造整合单元、高端制造促进单元与高端制造接收单元。且在各共生单元中,依据主体所占生态位可划分为核心企业与边缘企业。核心企业是具有行业风向标、处于核心地位的引领者,而边缘企业是指技术研发与产品创新能力较弱的跟随者。

(1)高端制造提供单元。高端制造提供单元聚焦于产品的生产与使用性能,依靠产品所衍生出来的附加服务进行价值凝聚,进行集一系列产品研发、生产和运营等制造与服务于一体的价值活动。具体包括供应链上游、中游与下游的生产商、供应商与经销商等。在双重约束创新模式下,高端制造提供单元通过数智化技术分析消费者的活动信息,并在海量数据中挖掘出隐性知识进行产品创新,与其他外部共生主体建立价值互求关系。

(2)高端制造整合单元。高端制造整合单元是具有较强服务连接能力与知识的高端制造型企业,具体包括高校科研院所、中介机构、制造业企业与行业协会等。在双重约束创新模式下,具有开放性、广泛连接性能的平台成为制造整合的核心力量。高端制造整合单元的作用在于提供科学知识与技术、信息、咨询等服务,以此弥补系统主体在产品创新过程中存在的薄弱之处。高端制造整合单元依据数智化技术,将来自高端制造提供单元的产品或服务作为与消费者建立联系的纽带,通过技术创新与产品创新满足其他利益相关者的价值诉求,促进高端制造生态系统主体间的价值共创。

(3)高端制造促进单元。高端制造促进单元是在高端制造生态系统中提供优惠政策或资金支撑的政府或金融机构,其作用是高端制造价值生成的促进单元,为高端制造生态系统共生价值的形成提供外部支撑的结构性单元。

(4)高端制造接收单元。高端制造接收单元指高端制造生态系统中的顾客、终端消费者等群体,是高端制造价值的最终流向。但在双重约束创新模式下,高端制造生态系统中的高端制造接收单元不再仅仅作为高端制造的接收者与产品价值的使用者,高端制造接收单元拥有的个人资源,如技术、知识存量与需求信息能够实现与其他利益相关主体间的价值共创。

2.1.2.2 共生环境

高端制造生态系统共生环境指共生单元进行价值共创活动过程中的外部条件,是由共生单元以外的环境要素构成的,主要包括技术、制度、资源、文化与经济环境五个方面。

(1)技术环境方面。互联网、大数据、云计算等数智化技术的快速发展,拓展了企业间的业务类型与交互渠道。双重约束下高端制造生态系统所具有的特性,使其更加依靠技术创新带动高端制造生态系统的产品创新与价值共创行为的发展。具体可从数智化技术对高端制造生态系统共生主体赋能、共生界面赋能与共生关系赋能三方面体现。共生主体赋能,在一定意义上强调的是内部员工权力下放与外部消费者权利提升双重赋能。共生关系赋能体现在共生单元连接形式上，数智化技术通过降低跨界搜索成本，不仅加强了主体间关系建设，也拓宽了主体共生的交互渠道。共生界面赋能体现在依靠创新技术搭建的数据平台、业务平台以及技术平台上。多维子平台间的交叉联动不仅扩充了共生能量在空间上的流动范围，也提升了共生能量在时间上的流动速率。

（2）制度环境方面。技术环境的发展带动企业间数据的产生、流动、存储与转化，数据带来的红利生成会诱发共生主体对数据价值的竞争，这将会带来数据泄露等一系列的安全隐患。所以制度的制定显得尤为重要，不仅能够约束系统内社会经济参与者的价值共创行为，同样可以引导主体向共生关系演化。高端制造生态系统中制度具有更广泛化的概念，包括制度、制度逻辑以及制度化三个核心概念[105]，且制度环境的完善是高端制造生态系统共生发展走向成熟的标志。

（3）资源环境方面。在双重约束创新模式下，企业资源得到了充分的利用和调配，高端制造生态系统中价值共创主体都具有自身的资源储备，且系统内的每个主体都有权力参与资源集成的过程，与其他利益相关主体间形成资源互补的关系，并以此获得所需资源。高端制造生态系统中的资源不再被企业边界所桎梏，而是融入更大的系统环境中，在社会或经济参与者间构建资源共享池，作为整个高端制造生态系统健康有效运行的基础保障。

（4）文化环境方面。文化作为意识形态领域的主要内容，指引高端制造生态系统共生演化的方向，决定了整个高端制造生态系统演化的共同愿景，作为整个系统中最为宝贵的财富，是系统发展的主旋律。在双重约束创新模式下，为促进高端制造生态系统有序、高效地发展应增强主体的责任感与使命感，加强利益相关体与系统文化的融合程度。

（5）经济环境方面。经济环境包括数字经济、服务经济、互联网经济等多方面经济的共同发展，为双重约束创新下高端制造生态系统共生发展提供了肥沃的经济土壤，有利于制造业行业转型升级并扎根于当下环境。其中的经济制度与经济结构都支持开放式的连接，例如高端制造业主导逻辑表明行业发展根基在于用户，科学与技术的进步使用户思维发生质的变化。各经济体系间保持独立但又共同发展。制造业经济发展的同时也带动了数字经济发展，以用户价值为导向，会产生大量的数据资源，从海量的数据中提取出产品信息，标志着数据将成为促进产品创新的全新要素。良好的经济环境将推动开放式创新的发生以及高端制造生态系统共生关系形成。

2.1.2.3 共生模式

共生模式又称为共生关系，指共生单元相互作用的方式以及相互结合的形式，体现出共生单元的信息交互方式和能量流动方向[106]，它既反映共生主体之间作用的方式和强度，也反映共生单元之间的物质、信息和能量的交换关系。共生模式可以划分为共生行为模式与共生组织模式。

（1）共生行为模式。共生行为模式是共生单元之间相互作用的表现形态，反映共生单元之间能量生产与分配特征[106]。从共生理论角度出发，结合高端制造生态系统自身的特性，可以将共生行为模式划分为独立共生关系、寄生共生关系、偏利共生关系、竞争共生关系与互惠共生关系，其概念及特征如表2-1所示。

表2-1　　　　　　　　　　共生行为关系模式

行为模式	概念	特征
独立共生	在独立共生关系下，主体彼此之间不存在影响，处于相对独立的状态	不存在共生能量的传递
竞争共生	竞争共生关系下各共生单元存在资源存量、专利技术与价值之争，彼此之间存在抑制性关系，竞争共生模式并不一定带来利益损失	适度的竞争会刺激共生主体产生新的技术创新或服务创新，形成新的商业模式，增加系统整体的共生效益
寄生共生	在寄生共生关系下，系统内不产生新的利益，一方的利益增加，是建立在另一方利益损失的基础之上，利益是单一流向某一方	共生能量存在单方向上的流动，仅有利于寄生主体的发展，而不利于被寄生者的生存
偏利共生	偏利共生关系下，会产生新的收益，伴随着一方利益增加，另一方利益保持不变	系统内能量既不增加也不减少
互惠共生	互惠共生包括对称性互惠共生与非对称性互惠共生，互惠共生模式下利益存在双向增长	在非对称互惠共生关系下，共生双方都存在共生能量增加，但增量不同，在对称性互惠共生模式下，双方增量相同

（2）共生组织模式。依据主体共生界面的特性,可将共生组织模式划分为点共生、间歇共生、连续性共生和一体化共生四种模式。随着共生单元间联系紧密性的增加,主体共生的组织模式发生了转变,其组织模式概念及特征,如表2-2所示。随着共生单元间的信息丰富程度和信任度日益增强,共生组织模式便逐渐由间歇共生向连续性共生演变,最后形成紧密性较高的一体化共生。

表 2-2 共生组织关系模式

组织模式	概念	特征
点共生	共生单元间发生偶然的一次性连接,且连接的过程具有不确定性与随机性	存在单方交流,共生程度弱
间歇共生	共生单元间发生多次相互联系作用,且在单元连接的过程中,具有不确定性和不稳定性	存在多方交流,共生程度较弱
连续共生	共生单元存在连续发生的相互联系作用,共生关系具有连续性、稳定性及较大程度的必然性	存在多方交流,主导共生界面关系较不稳定,共生程度较强
一体化共生	共生单元形成了具有新特性、功能的共生体,且具有共生关系稳定与内在联系的必然性	存在全方面交流,具有稳定的主导共生界面,共生关系强

2.1.3 系统数智化演化过程

在数智化时代,数字技术和智能技术驱动的快速发展使企业间价值共创的方式发生重大变化。在高端制造业领域,在数字技术和智能技术的驱动下,无论是高端制造业企业与消费者之间的互动,还是高端制造业企业与研发伙伴之间的协同都变得更加高效。数智化平台是由一系列能够提供互补性产品、技术或服务的,使企业、消费者和其他利益相关者协同进行价值创造的数字资源组合体。通过数智化平台,在高端制造业企业之间架起协同研发的桥梁,形成产品研发的网络化协同模式,实现产品数据协同、设计业务协同和知识协同创新。在资源和环境的双重约束下高端制造生态系统共生的数智化演化过程受到微观与宏观因素的调控。

2.1.3.1 微观层面

在资源与环境的双重约束创新环境下,社会经济参与主体通过协同共生调动系统内高端制造业主体的主观能动性与创新积极性,推动整个高端制造生态系统向最佳的方向演进。高端制造业企业基于消费者需求提出价值主张,在数智化平台的支撑下,联合系统内的消费者、供应商、经销商、学研机构等利益相关者进行知识创新和产品创新,从而满足用户需求,并与利益相关者共享价值、共同发展,进而推动整个高端制造生态系统实现整体价值优化的动态演进过程。这种演化动力来源于系统内的多方协同,包括高端制造生态系统中供应链企业的协同共生、跨职能领域企业的协同共生以及企业与消费者间的协同共生关系。不同层面的社会经济参与主体之间存在多重交互关系,且微观层面的个体行为关系互动可以触动宏观层面的系统共生网络发展。

(1)供应链上企业协同共生。协同共生的企业主要指在高端制造生态系统中价值链上关联企业和跨领域企业。企业间的协同共生方式包括业务外包与建立契约关系等,供应链企业想要提升自身的产品创新能力与技术创新能力,需依靠与相关企业建立协同共生关系,从而获取更广泛的业务连接以及对市场环境的洞察力和响应能力。在双重约束创新环境下,供应链企业间的协同共生可以通过数智化平台实现共生主体在资源、技术、用户数据领域的叠加、聚合与倍增效应,也就是说高端制造生态系统中企业在数智化平台的赋能下实现研究开发、生产制造、营销服务等价值创造环节的数智化运营。在数智化运营过程中,制造业企业与利益相关者基于消费者的需求达成价值共识,企业在消费者需求升级的推动下,自身产生了创新的需求,由于企业自身资源、技术与能力的限制,需与供应链上其他企业在业务、技术领域协同创新,形成资源整合、优势互补的共生体。高端制造业企业通过数智化平台赋能,一方面实现与供应链上合作伙伴的网络化协同;另一方面实现生产制造过程的透明化、柔性化、智能化、可视化。协同企业融合高端制造生态系统中其他利益相关者的创新优势,通过扬长避短,拓宽共生体的发展空间,并在协同共生的过程中产生共生能量,正向促进整个高端制造生态系统的演进。

（2）跨职能领域企业协同共生。除供应链企业协同外，结合双重约束创新特性，系统内还存在跨职能领域的协同共生模式，如企业与产品创新平台的协同，如图2-2所示。

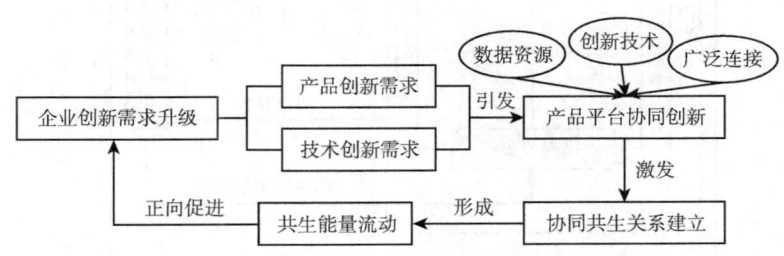

图2-2　企业与产品平台共生驱动关系

在企业与制造业组织之间存在跨领域的协同关系，且数智化产品平台作为制造业组织的核心，与企业共生交互过程中存在两种主要的行为模式，可分别为知识导向型协同共生与交易导向型协同共生。多主体所构成的知识导向型与交易导向型协同共生模式分别如图2-3所示。

知识导向型协同共生关系强调数智化产品平台的中介功能，利用数智化技术建立开放式架构，不仅支持业务数据在内部环境、私有云和多云环境间的迁移，同样支持按需在不同供应商的云环境间迁移。平台可对用户已有网络痕迹进行深度挖掘，将用户数据传递给制造型企业，以共享合作方式形成知识流动、知识转移与知识融合，提升企业对消费者的感知度，形成以消费者价值为核心的协同共生模式。这种模式更强调的是资源在主体间的流动，而非结构式的嵌入。如IBM所构建的数智化平台解决方案，帮助一汽集团实现了前端业务共享与快速迭代，支撑全面数据贯通，以开放式的架构实现了跨项目组织的协作，提升了用户产品体验，这种依靠平台形成共享资源的形式定义为知识导向型协同共生模式。

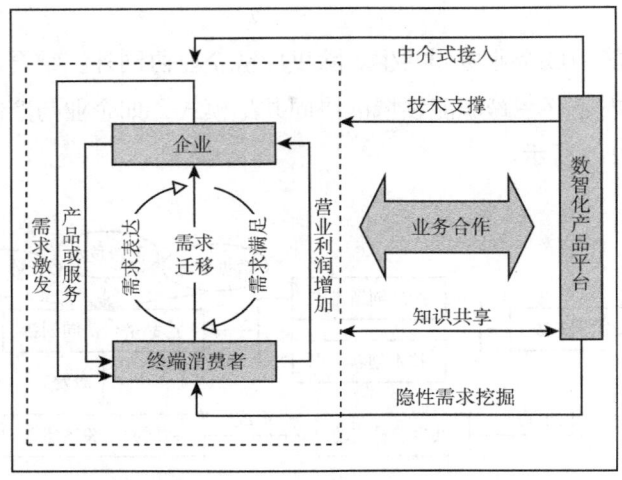

（a）知识导向型

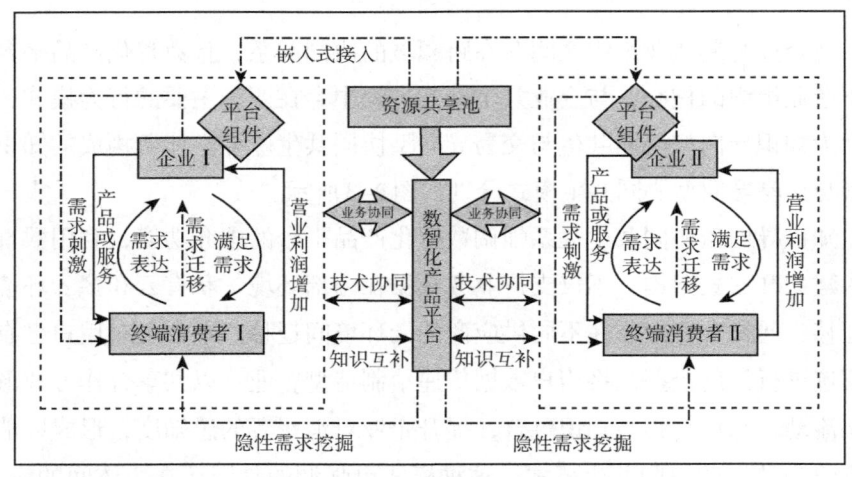

（b）交易导向型

图2-3 供给侧子系统内主体协同共生模式

  交易导向型协同共生关系指数智化产品平台不仅扮演知识的咨询者，更是作为一种业务的参与者参与到企业组织结构中。数智化产品平台将依靠大数据、云服务、人工智能等技术将原有的资源竞争者转变为现有的产品合作者，并帮助企业建立数智化的运营体系，以提升企业的运行效率。以此实现资源的有效配置与技术研发的有效升级，加深了主体间协同发展。如IBM协助长兴集团建立ERP平台SAP S/4 HANA，并提供上线后无缝接轨的系统运营（AMS）作为后援。这种软件系统的嵌入，可表现为主体间依靠交易建立了深度协同关系。

（3）企业与消费者间的协同共生。在高端制造生态系统中，如图2-4所示，企业与消费者之间不再是简单的供需关系，而是建立了良性的双向共生关系，是相互依存、价值共创的共生体。

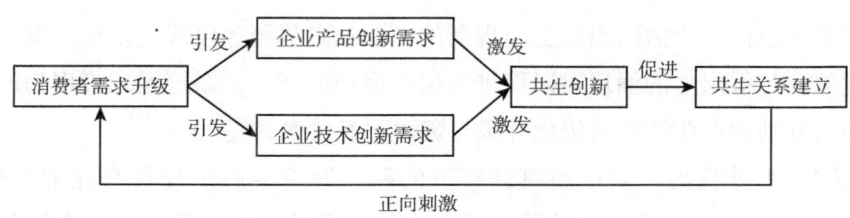

图2-4　企业与消费者共生驱动关系

企业与消费者共生驱动关系主要包含两方面因素。一是需求侧的消费观念的改变，消费者不再是企业产品的追随者，而是产品或服务性能的监督者与引领者。消费者需要将高端制造提供单元提供的嵌入式知识和技能与自身认知、能力相结合，提升自身对于新鲜事物的接受能力和学习能力，这种高端制造提供单元与高端制造接收单元间的可持续发展关系，催生了共生体系的形成。二是在双重约束创新环境下，企业传统观念上的产品主导逻辑已经不再适用，除自身产品创新外，产品异质性在影响消费者购买过程中起了决定性作用。高端制造提供单元的需求升级，刺激了供给侧产品创新与技术创新的迭代速度，以此加速了与利益相关主体间的共生创新。需求拉动了供给侧主体对于需求侧的反应力与敏捷度，促进高端制造生态系统共生发展形成良性循环。例如在制造型企业与终端消费者协同共生的过程中，主体间存在多重协同关系，终端消费者对所选择企业的忠诚度与黏度决定了终端消费者对制造型企业的依赖程度。若消费者对制造型企业提供的产品或服务产生深度信任，消费者授权的程度会加大，从而减少协同阻力，反之协同效果会下降。

2.1.3.2　宏观层面

在资源与环境的双重约束创新环境下，高端制造生态系统共生演化的宏观因素主要体现在系统内在属性、结构特性与国家政策的宏观调控。内在属性主要包括系统的自组织涌现与内外涨落现象,结构特性主要体现在多元共生网络结构的发展,以及我国现有行业政策与税收政策等。

(1)自组织涌现。自组织理论发展源于20世纪60年代末期,被用于描述复杂系统内部非线性的相互作用关系。在双重约束创新模式下,高端制造生态系统中创新主体围绕共同的价值主张,进行复杂的交互关系。由于社会经济参与主体对价值的追求会出现新的创新技术或服务模式;系统会发生涌现现象,且低层次的涌现可以促进高层次涌现的产生。系统涌现表现为两个方面,分别为产业结构的优化升级与资源配置效率的提升。

(2)内外涨落。双重约束创新下的高端制造生态系统具有耗散结构,系统内共生主体在发展的过程中存在内外涨落的属性。涨落是对系统内稳定状态偏离的描述,系统内不同程度或形式的涨落会导致系统内共生结构与功能不断地调整与适应。当系统内发生的涨落程度较小时,且在系统的一定承受范围内,这种冲击将会被系统自我修复,高端制造生态系统仍处于稳定状态。但当涨落程度超出系统的抵御所能承受的范围时,系统会偏离稳态,要么无法抵抗冲击而发生解构,要么不断成长形成更高级的结构形态。涨落的存在为高端制造生态系统向更高层次的演进提供了着力点。

(3)多元网络结构化演化。高端制造生态系统由多种异构共生网络构成,多元网络结构的发展能够从宏观层面表征高端制造生态系统的演化。价值共创主体在技术、知识与资源上形成了多种形式的互补关系,依据共生网络节点在不同阶段的网络结构特性,能够反映出双重约束创新下,高端制造生态系统在某一时间窗口的共生状态。

(4)国家政策。基于权变理论分析,企业的内在环境与外在环境的匹配程度越高,可获取资源的能力越高,技术创新与产品创新能力越强,这种外在的环境建设主要依靠国家宏观经济发展与政策的实施。政府颁布具有倾向性的优惠政策能够降低企业发展门槛,激发市场活力,促进经济市场健康有序的发展。

2.2 高端制造生态系统数智化行为分析

基于Fuzzy-DEMATEL法,对高端制造生态系统数智化行为关键因素进行识别和分析,从而判断主体共生行为产生的关键原因。基于三方演化博弈的行为演化模型,对高端制造生态系统数智化共生行为进行分析,从而使得高端制造业企业的管理机构可以采取相对应的措施,为高端制造业企业共生营造一个良好的数智化环境,提高高端制造生态系统的运行效率,最终达到实现其多赢效益的目标。

2.2.1 数智化行为关键因素识别

2.2.1.1 共生行为影响因素体系构建

高端制造生态系统内主体共生行为的影响因素主要包括主体因素与主体间关系因素。第一要明确影响多主体共生行为的关键因素以及各个因素之间的相互关系,第二构建主体间共生行为演化博弈模型。在分析高端制造生态系统共生因素后,以此为基础可构建主体共生行为的因素清单,并由此构建出高端制造生态系统共生行为演化影响因素指标体系,如表2-3所示。结合双重约束创新模式与高端制造生态系统的特性,将其划分为意识、关系、资源与环境四个层面,具体包括共同理念、共同目标、企业品牌、机会主义、利益分配、人才互补、技术互补、知识互补、专业优势、业务能力、消费者需求升级与政策,并分别用F_1-F_{12}表示这12个影响因素。

表2-3 高端制造生态系统共生行为影响因素体系

意识层面	F_1共同理念、F_2共同目标
关系层面	F_3企业品牌、F_4机会主义、F_5利益分配
资源层面	F_6人才互补、F_7技术互补、F_8知识互补、F_9专业优势、F_{10}业务能力
环境层面	F_{11}消费者需求升级、F_{12}政策

2.2.1.2 基于Fuzzy-DEMATEL法的关键影响因素识别过程

Wu和Lee于2007年提出了模糊集理论-决策实验室法（Fuzzy-DEMATEL）法[107]。目前Fuzzy-DEMATEL可被用于选取关键性因素以及明确因素之间的因果关系，具体实施步骤如图2-5所示。本节采用DEMATEL法，并结合模糊集理论中的三角模糊法对专家评分进行模糊化处理，两种方式的结合能够降低专家打分过程中的主观性。然后，采用Opricovic和Tzeng（2003）提出的CFCS方法（Converting Fuzzy data into Crisp Scores，CFCS）对模糊集进行去模糊化处理，最后对结果进行评价处理分析[108]。

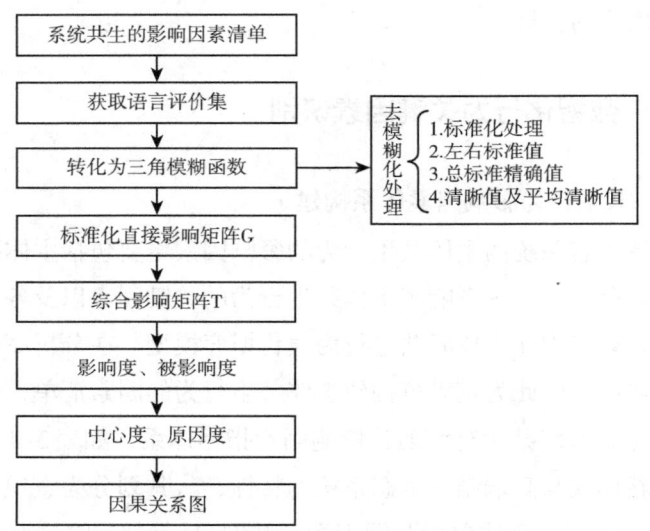

图2-5 Fuzzy-DEMATEL分析步骤

为分析系统共生因素影响的有效性，邀请在高端制造生态系统共生演化领域有研究经验的5位专家，对影响因素间的关系进行打分，然后作出汇总分析。将原始专家评分转化为三角模糊数 $z_{ij}^k = (l_{ij}^k, m_{ij}^k, f_{ij}^k)$，（$i, j=1, 2, \cdots, n$；$k=1, 2, \cdots, K$），代表第$k$位专家人为因素$i$对因素$j$的影响程度，其中，$l$代表保守值，$m$代表最接近现实的值，$r$代表最乐观值，语义转化如表2-4所示。

表 2-4　　　　　　　　　　　语义转化

语义变量	对应的三角模糊数
N 没有影响	(0.0, 0.1, 0.3)
VL 很弱影响	(0.1, 0.3, 0.5)
L 弱影响	(0.3, 0.5, 0.7)
H 强影响	(05, 0.7, 0.9)
VH 强影响	(0.7, 0.9, 1.0)

（1）对三角模糊数标准化处理如式（2-1）、式（2-2）、式（2-3）、式（2-4）所示。

$$\Delta_{\min}^{\max} \max r_{ij}^k - \min l_{ij}^k \tag{2-1}$$

$$\chi l_{ij}^k = \frac{l_{ij}^k - \min l_{ij}^k}{\Delta_{\min}^{\max}} \tag{2-2}$$

$$\chi m_{ij}^k = \frac{m_{ij}^k - \min l_{ij}^k}{\Delta_{\min}^{\max}} \tag{2-3}$$

$$\chi r_{ij}^k = \frac{r_{ij}^k - \min l_{ij}^k}{\Delta_{\min}^{\max}} \tag{2-4}$$

（2）计算左标准值，如式（2-5），右标准值，如式（2-6）所示。

$$\chi ls_{ij}^k = \frac{\chi m_{ij}^k}{1 + \chi m_{ij}^k - \chi l_{ij}^k} \tag{2-5}$$

$$\chi rs_{ij}^k = \frac{\chi r_{ij}^k}{1 + \chi r_{ij}^k - \chi m_{ij}^k} \tag{2-6}$$

（3）计算总标准精确值如式（2-7）所示。

$$\chi_{ij}^k = \frac{\chi ls_{ij}^k (1 - \chi ls_{ij}^k) + (\chi rs_{ij}^k)^2}{1 - \chi ls_{ij}^k + \chi rs_{ij}^k} \tag{2-7}$$

（4）计算专家 k 去模糊化的清晰值及平均清晰值，如式（2-8）和式（2-9）所示。

$$z_{ij}^k = \min l_{ij}^k + \chi_{ij}^k \Delta_{\min}^{\max} \tag{2-8}$$

$$\omega_{ij} = \frac{(z_{ij}^1 + z_{ij}^2 + \cdots + z_{ij}^k)}{K} \quad (2-9)$$

其中：W 为清晰值的直接影响矩阵，是由 ω_{ij} 构成的矩阵。

（5）计算清晰值的直接影响矩阵的标准化矩阵 G，如式（2-10）所示。

$$G = \frac{1}{\max\limits_{1 \leq i \leq n} \sum\limits_{j=1}^{n} \omega_{ij}} W \quad (2-10)$$

（6）确定综合影响矩阵，如式（2-11）所示。

$$T = \frac{G}{1 - G^{-1}} \quad (2-11)$$

（7）计算影响度和被影响度的公式分别为式（2-12）与式（2-13）所示。

$$R_i = \sum_{j=1}^{n} t_{ij}, \forall i \quad (2-12)$$

$$C_j = \sum_{i=1}^{n} t_{ij}, \forall j \quad (2-13)$$

其中：$i, j = 1, 2, \cdots, n$；$k = 1, 2, \cdots, K$，且 R_i 表示矩阵 T 中的第 i 行元素的和，表明第 i 个影响共生行演化的因素对其他影响因素的影响值，称为"影响度"；C_j 表示矩阵 T 中第 j 个影响共生行为演化的因素被其他因素的影响值，将其称为"被影响度"。

（8）计算原因度与结果度分别如式（2-14）与式（2-15）所示。

$$P_i = \{R_i + C_i \mid i = j\} \quad (2-14)$$

$$E_i = \{R_i - C_i \mid i = j\} \quad (2-15)$$

其中：P_i 表示中心度，E_i 表示原因度，当 $E_i > 0$ 表示在高端制造生态系统内该共生行为影响因素对其他因素的影响大，被称为"原因因素"；当 $E_i < 0$ 表示该因素受其他因素的影响大，被称为"结果因素"。且原因因素较难被改变，但可以通过相应制度的影响使其发生改变。

2.2.1.3 共生行为关键影响因素识别结果

首先，采用 MATLAB 对专家评分矩阵进行模糊处理后，得到三角模糊矩阵，再采用 CFCS 方法对所求得的模糊矩阵清晰化处理，得到直接影响矩阵，如表2-5所示。再依据直接影响矩阵建立综合影响矩阵，如表2-6所示。

表 2-5 直接影响矩阵

代码	F_1	F_2	F_3	F_4	F_5	F_6	F_7	F_8	F_9	F_{10}	F_{11}	F_{12}
F_1	0.000	0.562	0.325	0.325	0.325	0.266	0.325	0.562	0.473	0.444	0.385	0.000
F_2	0.414	0.000	0.059	0.266	0.296	0.414	0.414	0.444	0.533	0.533	0.533	0.000
F_3	0.118	0.118	0.000	0.592	0.592	0.000	0.000	0.207	0.089	0.089	0.118	0.000
F_4	0.118	0.148	0.444	0.000	0.444	0.325	0.325	0.444	0.207	0.148	0.533	0.000
F_5	0.000	0.000	0.000	0.089	0.325	0.000	0.207	0.148	0.444	0.325	0.385	0.000
F_6	0.000	0.000	0.030	0.355	0.000	0.444	0.444	0.414	0.266	0.148	0.030	0.000
F_7	0.000	0.030	0.000	0.059	0.207	0.148	0.000	0.533	0.533	0.533	0.473	0.000
F_8	0.207	0.118	0.000	0.118	0.059	0.000	0.473	0.000	0.562	0.562	0.444	0.000
F_9	0.059	0.148	0.000	0.562	0.030	0.355	0.385	0.355	0.000	0.592	0.325	0.000
F_{10}	0.059	0.118	0.000	0.592	0.089	0.207	0.503	0.444	0.592	0.000	0.444	0.000
F_{11}	0.592	0.592	0.000	0.000	0.000	0.148	0.148	0.059	0.355	0.296	0.000	0.296
F_{12}	0.562	0.444	0.000	0.000	0.355	0.148	0.266	0.325	0.059	0.059	0.444	0.000

表 2-6 综合影响矩阵

代码	F_1	F_2	F_3	F_4	F_5	F_6	F_7	F_8	F_9	F_{10}	F_{11}	F_{12}
F_1	−0.354	−0.019	0.159	−0.116	0.049	−0.155	−0.294	−0.147	−0.340	−0.326	−0.371	−0.110
F_2	−0.0254	−0.334	−0.073	−0.229	−0.095	−0.066	−0.241	−0.239	−0.252	−0.222	−0.247	−0.073
F_3	−0.169	−0.211	0.090	0.319	0.545	−0.053	−0.178	−0.013	−0.322	−0.357	−0.271	−0.080
F_4	−0.138	−0.171	0.270	−0.285	0.272	−0.017	−0.176	−0.087	−0.353	−0.390	−0.161	−0.048
F_5	−0.154	−0.165	−0.113	−0.122	0.021	−0.161	−0.076	−0.164	0.012	−0.043	−0.030	−0.009
F_6	−0.266	−0.297	−0.066	0.030	−0.161	0.131	0.112	0.053	−0.044	−0.106	0.186	−0.055
F_7	−0.149	−0.151	−0.164	0.227	−0.213	−0.176	−0.330	−0.038	−0.008	0.034	−0.045	−0.013
F_8	−0.034	−0.083	−0.114	−0.202	−0.280	−0.289	−0.069	−0.408	−0.064	−0.010	−0.107	−0.032
F_9	−0.178	−0.154	−0.050	0.049	−0.161	−0.035	−0.117	−0.153	−0.461	−0.068	−0.145	−0.043
F_{10}	−0.167	−0.159	−0.059	0.022	−0.169	−0.148	−0.087	−0.130	−0.123	−0.465	−0.123	−0.037
F_{11}	0.295	0.288	−0.061	−0.382	−0.166	−0.155	−0.379	−0.373	−0.336	−0.321	−0.545	0.135
F_{12}	0.295	0.197	−0.098	−0.466	0.045	−0.166	−0.268	−0.194	−0.465	0.435	−0.250	−0.074

表 2-7　　　　　　　　　　　影响度与被影响度

代码	影响因素	影响度 R	排序	被影响度 C	排序
F_1	共同理念	−2.024	11	−1.045	4
F_2	共同目标	−2.097	12	−1.258	5
F_3	企业品牌	−0.698	1	−0.279	1
F_4	机会主义	−1.284	4	−1.608	7
F_5	利益分配制度	−1.003	3	−1.289	6
F_6	人才互补	−0.855	2	−0.313	2
F_7	技术互补	−1.480	5	−2.101	9
F_8	知识互补	−1.691	8	−1.892	8
F_9	专业优势	−1.516	6	−2.758	12
F_{10}	业务能力	−1.644	7	−2.709	11
F_{11}	消费者需求	−2.001	10	−2.482	10
F_{12}	政策	−1.877	9	−0.438	3

表 2-8　　　　　　　　　　　中心度和原因度

代码	影响因素	中心度 P	排序	原因度 E	排序
F_1	共同理念	−3.069	6	−0.980	11
F_2	共同目标	−3.355	7	−0.839	10
F_3	企业品牌	−0.977	1	−0.419	8
F_4	机会主义	−2.892	5	0.324	5
F_5	利益分配制度	−2.292	3	0.285	6
F_6	人才互补	−1.168	2	−0.542	9
F_7	技术互补	−3.581	8	0.622	3
F_8	知识互补	−3.583	9	0.201	7
F_9	专业优势	−4.274	10	1.241	1
F_{10}	业务能力	−4.353	11	1.064	2
F_{11}	消费者需求	−4.483	12	0.481	4
F_{12}	政策	−2.316	4	−1.439	12

在建立直接影响矩阵与综合影响矩阵后，依据式（2-12）与式（2-13）

计算各因素的影响度与被影响度，如表2-7所示。再依据式（2-14）以及式（2-15），计算各因素的中心度与原因度，如表2-8所示。对制造业共生行为演化的影响因素与影响因素之间的关系进行分析，坐标轴上方表示原因影响因素，坐标轴下方表示结果因素。用点A_1-A_{12}表示各影响因素在坐标系中所处位置，得出因果关系，如图2-6所示。可以观测出共生行为的关键影响因素中，较难改变的原因因素包括F_4、F_5、F_7、F_8、F_9、F_{10}、F_{11}，分别为机会主义、利益分配制度、技术互补、知识互补、专业优势与业务能力以及消费者需求升级。由此可见，这7种影响因素是主体共生行为产生的关键原因。因此，选取指标体系中原因度较高的因素，即较难改变且对共生行为产生根本影响的因素，对高端制造生态系统中主体共生行为的演化博弈模型进行构建。

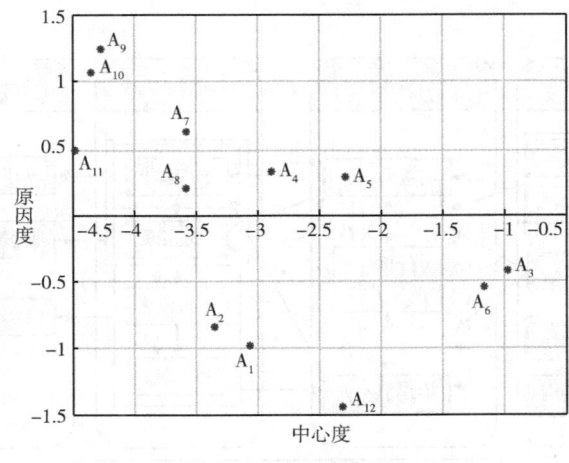

图2-6　因果关系

2.2.2　基于三方演化博弈的行为演化模型

2.2.2.1　问题描述

以制造业服务生态系统为例进行高端制造生态系统共生行为的描述分析。首先，需要明确供需侧的服务周期，一般划分为服务前期、服务中期以及服务后期。进一步可细致化为供需双方服务提出、服务接收、服务应答与服务解决方案四部分。且确认多主体之间的交互关系，制造型企业与终端消费者之间属于直接服务关系，与数智化产品平台属于直接协同关系。数智化产品平台与消费者之间属于间接式服务关系。其次，依据Fuzzy-DEMETAL法筛选出的原因度较高的共生行为关键影响因素并结合高端制造生态系统的实际情况，划分服务流程各环节中影响主体协同共生关系的驱动力与阻滞力。驱动力表示为协同共生行为发生提供内生性与外生性推动的力量。体现在企业内部业务需求表达程度与数字化技术能力，以及外部终端消费者价值创新的涌现力。阻滞力表示对于制造型企业、数智化产品平台以及终端消费者在结构嵌入及业务关系中产生的阻碍力量。具体包括主体间知识互补度、协同开放度、机会主义与协同利益分配四种阻滞因素。协同共生系统中主体关系及作用力因素分析如图2-7所示。

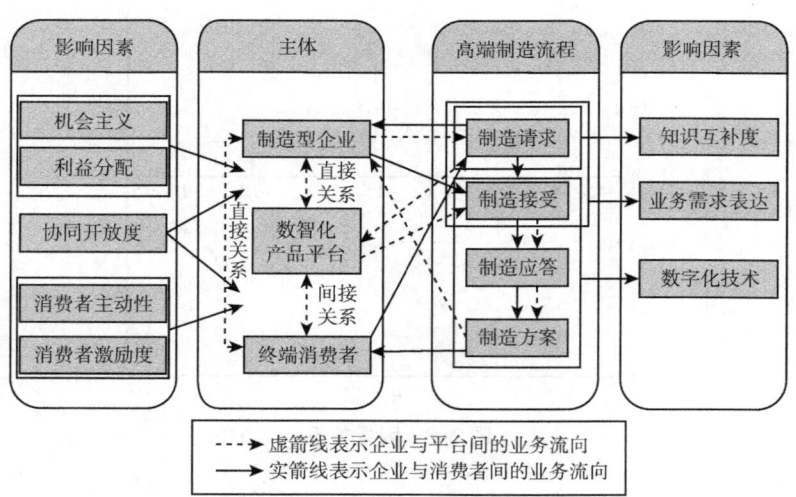

图2-7 影响协同共生主体关系及作用力因素分析

各主体进行协同共生行为过程就是共生关系搭建的过程。制造型企业选择共生后，可以降低成本与资源消耗，实现从大规模批量生产向小规模个性化定制与精准服务模式的过渡。为满足消费者的差异化需求，制造型企业不再向消费者提供单一产品设备，而是提供产品使用价值以及一整套服务解决方案。同时，工业互联网、大数据、5G等技术的应用，使终端消费者授权制造型企业进行产品运行全流程的监控以及设备异常数据反馈的服务。且部分领先用户可作为产品的研发者，参与制造业协同共生过程中，从而使制造型企业获取用户价值与增益。数智化产品平台在得到制造型企业的再度授权后，可依大数据分析消费者所购产品设备的运行状况，并结合消费者的行为数据，预测消费者潜在需求。在多主体协同创新过程中存在需求表达、需求挖掘、需求迁移、需求满足以及需求激发的良性循环，实现了产品与数据的连接、数据与消费者的连接、消费者与服务的连接及服务与产品的连接形式，促进制造型企业"产品+服务"模式的迭代更新。

2.2.2.2 基本假设

依据演化博弈理论的特性作出如下基本假设：

（1）参与主体。双重约束创新下高端制造生态系统协同共生包含三类参与主体，分别为：制造型企业C、数智化产品平台P和终端消费者U。制造型企业主要指制造业内进行服务化转型的部分企业，对于协同创新影响主要体现在业务需求数智化表达能力以及现存的知识势差；数智化产品平台是一个集成化的运作系统，具体包括业务平台、技术平台与数据平台，其依据互联网、大数据、云计算等一系列技术聚集多方异质性资源与知识。对于协同关系的影响体现在互补性协同知识的传递与数字技术能力转化等方面；终端消费者在数字经济背景下被重新定义。最明显的不同在于，制造型企业获取终端消费者的异质性需求数据作为产品或服务创新的外部资源，使终端消费者成为制造型企业协同共生的核心力量，消费者在交易过程中的话语权越来越高。

（2）合作策略。博弈主体C、P和U均采用两种策略。由于数智化产品平台与制造型企业的业务合作模式类别不同，数智化产品平台与制造型企业的合作模式可分为两类：知识导向型协同业务模式与交易导向型协同业务模式，其分别代表主体业务间不同的协同程度。制造型企业采取"参与交易主导型协同共生"和"参与知识主导型协同共生"的两种策略，其集合为{交易主导型协同C_1，知识主导型协同C_2}。数智化产品平台采取"参与交易主导型协同共生"和"参与知识主导型协同共生"两种策略行为，策略集合为{交易主导型协同P_1，知识主导型协同P_2}。终端消费者在参与协同共生过程中，对于主体行为会产生两种策略，即"产生强依赖性"和"产生弱依赖性"两种行为策略，策略集合为{强依赖U_1，弱依赖U_2}。终端消费者选择"建立强依赖"与"建立弱依赖"关系的依据，源于对所选择企业的忠诚度与黏度，若消费者对制造业与数智化产品平台提供的产品或服务产生深度信任，消费者授权的程度会加大，从而减少协同阻力。反之，协同效果会下降。

（3）合作成本。假设制造型企业与数智化产品平台仅进行知识导向型协同业务时，制造型企业相应的成本为C_C，数智化产品平台的基础成本为C_P，制造型企业表达业务需求的成本为ω，数智化产品平台数字协作成本为v。假设终端消费者产生强关系依赖时会投入一定成本为C_U，终端消费者选择形成弱依赖关系时所需消耗的成本较少，这里假设终端消费者与协同创新主体形成弱依赖关系时的成本为零。

（4）合作收益。假设制造型企业与数智化产品平台仅进行知识导向型协同业务时，制造型企业的收益为R_C，数智化产品平台的基础收益为R_P，当企业与平台都选择交易导向型协同业务模式时，通过数智化产品平台形成的协同共生系统的联合收益为R_{CO}，假设制造型企业所获取的协同收益分配系数为$\beta(0<\beta<1)$，由此可得，制造型企业所获得的交易主导关系下的联合协同收益为βR_{CO}。同理可知，数智化产品平台所获取的交易主导下，联合协同收益分配系数为$1-\beta$，联合协同收益为$(1-\beta)R_{CO}$。企业与平台间的知识互补程度为$\theta(0<\theta\leq1)$，并设两者之间的协同开放度为$\alpha(1<\alpha)$，且制造型企业收益受企业与平台间知识互补程度θ与协同开放度α的影响，在企业与平台双方选择交易主导协同共生时，企业收益为$\alpha\theta R_C$与$\alpha\theta\beta R_C$。在制造型企业或数智化产品平台某一方选择参与交易主导型协同共生而另一方选择知识主导型协同策略时，选择知识主导型协同的一方将获得机会主义收益R_O，且机会主义收益受到协同开放度的影响。设终端消费者与企业和平台形成强依赖关系时的收益为R_U，且$\mu(0<\mu<1)$为选择形成弱依赖关系所获收益与选择强依赖关系所获收益的比例，即终端消费者选择形成弱依赖关系时的收益

为 μR_U，μ 值越小说明终端消费者对协同共生系统中主体的忠诚度越高。终端消费者积极参与企业或平台单方面的协同共生时收获为 L，当企业与平台两者都选择交易主导型协同共生关系时，受双方协同度的影响，终端消费者所获得的收益为 αL。

2.2.2.3 模型构建

假设制造型企业选择"交易主导型协同共生"策略的概率为 x（$0 \leq x \leq 1$），选择"知识主导型协同共生"的概率为 $1-x$；数智化产品平台选择"交易主导型协同共生"策略的概率为 y（$0 \leq y \leq 1$），选择"知识主导型协同共生"策略的概率为 $1-y$；终端消费者选择"建立强依赖关系"的行为策略概率为 z（$0 \leq z \leq 1$），选择"建立弱依赖关系"的行为策略概率为 $1-z$。

表 2-9　　　交易主导型协同共生下三方博弈收益矩阵

主体策略		数智化产品平台交易主导型协同 y	
		终端消费者建立强依赖 z	终端消费者建立弱依赖 $1-z$
制造型企业群	交易主导型协同 x	$\alpha\theta(R_C+\beta R_{CO})/\mu+R_O/\alpha-C_C-C_{CO}-\alpha\omega-\alpha L/2$; $\alpha\theta[R_P+(1-\beta)R_{CO}]/\mu+R_O/\alpha-C_P-C_{CO}-\alpha v-\alpha L/2$; $R_U-C_U+\alpha L$	$\alpha\theta(R_C+\beta R_{CO})+R_O/\alpha-C_C-C_{CO}-\alpha\omega-\alpha L/2$; $\alpha\theta[R_P+(1-\beta)R_{CO}]+R_O/\alpha-C_P-C_{CO}-\alpha v-\alpha L/2$; $\mu R_U+\alpha L$
	知识主导型协同 $1-x$	$\theta R_C/\mu+\alpha R_O-C_C-\omega$; $\alpha\theta R_P/\mu-R_O/\alpha-C_P-\alpha v-L$; R_U-C_U+L	$\theta R_C+\alpha R_O-C_C-\omega$; $\alpha\theta R_P-R_O/\alpha-C_P-\alpha v-L$; μR_U+L

表 2-10　　　知识主导型协同共生下三方博弈收益矩阵

主体策略		数智化产品平台知识主导型协同 $1-y$	
		终端消费者建立强依赖 z	终端消费者建立弱依赖 $1-z$
制造型企业群	交易主导型协同 x	$\alpha\theta R_C/\mu-R_O/\alpha-C_C-\alpha\omega-L$; $\theta R_P/\mu+\alpha R_O-C_P-v$; R_U-C_U+L	$\alpha\theta R_C-R_O/\alpha-C_C-\alpha\omega-L$; $\theta R_P+\alpha R_O-C_P-v$; μR_U+L
	知识主导型协同 $1-x$	$\theta R_C/\mu-C_C-\omega$; $\theta R_P/\mu-C_P-v$; R_U-C_U	$\theta R_C-C_C-\omega$; θR_P-C_P-v; μR_U

依据上述基本假设中对于制造型企业、数智化产品平台以及终端消费者间受各种作用力因素影响下的收益与成本关系,构建交易主导型协同共生模式下的收益支付矩阵,如表2-9所示,以及知识主导协同共生模式下的收益支付矩阵,如表2-10所示。根据表2-9和表2-10可知,制造型企业采取"交易主导型协同"策略情况下的期望收益为$E(x)$如式(2-16)所示:

$$E(x) = yz[\alpha\theta(R_C + \beta R_{CO})/\mu + R_O/\alpha - C_C - C_{CO} - \alpha\omega - \alpha L/2] + \\ y(1-z)[\alpha\theta(R_C + \beta R_{CO}) - C_C + R_O/\alpha - C_{CO} - \alpha\omega - \alpha L/2] + \\ (1-y)(1-z)[\alpha\theta R_C - C_C - R_O/\alpha - \alpha\omega - L] + \\ (1-y)z[\alpha\theta R_C/\mu - R_O/\alpha - C_C - \alpha\omega - L] \quad (2-16)$$

制造型企业采取"知识主导型协同"策略的期望收益$E(1-x)$,如式(2-17)所示:

$$E(1-x) = yz[\theta R_C/\mu + \alpha R_O - C_C - \omega] + y(1-z)[\theta R_C + \alpha R_O - C_C - \omega] + \\ [\theta R_C/\mu - C_C - \omega](1-y)z + (1-y)(1-z)[\theta R_C - C_C - \omega] \quad (2-17)$$

制造型企业的平均期望收益分别$\bar{E}_C$,如式(2-18)所示:

$$\bar{E}_C = xE(x) + (1-x)E(1-x) \quad (2-18)$$

数智化产品平台选择"交易主导型协同"的期望收益为$E(y)$,如式(2-19)所示:

$$E(y) = x(1-z)[\alpha\theta(R_P + (1-\beta)R_{CO}) - C_P + R_O/\alpha - C_{CO} - \alpha v - \alpha L/2] + \\ xz[\alpha\theta(R_P + (1-\beta)R_{CO})/\mu + R_O/\alpha - C_P - C_{CO} - \alpha v - \alpha L/2] + \\ (1-x)(1-z)[\alpha\theta R_P - R_O/\alpha - C_P - \alpha v - L] + \\ (1-x)z[\alpha\theta R_P/\mu - R_O/\alpha - C_P - \alpha v - L] \quad (2-19)$$

数智化产品平台选择"知识主导型协同"情况下的期望收益为$E(1-y)$,如式(2-20)所示:

$$E(1-y) = xz[\theta R_P/\mu + \alpha R_O - C_P - v] + x(1-z)[\theta R_P + \alpha R_O - C_P - v] + \\ (1-x)z[-C_P + \theta R_P/\mu - v] + (1-x)(1-z)[\theta R_P - C_P - v] \quad (2-20)$$

数智化产品平台的平均期望收益为$\bar{E}_P$,如式(2-21)所示:

$$\bar{E}_P = yE(y) + (1-y)E(1-y) \quad (2-21)$$

同理,终端消费者选择"形成强依赖"情况下的期望收益为$E(z)$,如式(2-22)所示:

$$E(z) = (1-x)(1-y)(R_U - C_U) + (R_U - C_U + L)(1-x)y + \\ xy(R_U - C_U + \alpha L) + x(1-y)(R_U - C_U + L) \quad (2-22)$$

终端消费者选择"形成弱依赖"下的期望收益为 $E(1-z)$，如式（2-23）所示：

$$E(1-z) = x(1-y)(\mu R_U + L) + (1-x)(1-y)\mu R_U + \\ xy(\mu R_U + \alpha L) + (1-x)y(\mu R_U + L) \quad (2-23)$$

终端消费者的平均期望收益为 $\overline{E}_U$，如式（2-24）所示：

$$\overline{E}_U = zE(z) + (1-z)E(1-z) \quad (2-24)$$

2.3 高端制造生态系统数智化网络分析

高端制造生态系统中的企业进行数智化转型时，不同的制造企业间通过信息技术、资本、贸易等要素紧密相连，这种连边关系使得制造产业表现出复杂网络特征。从探讨网络结构测度和构建出发研究双重约束创新下高端制造生态系统中不同单元之间共生演化结果，从网络演化阶段分析高端制造生态系统主体之间的共生活动转变。

2.3.1 网络结构测度与构建

高端制造生态系统中的企业在双重约束创新模式下开放业务边界，其引进外部先进的技术与知识，实现参与主体间的价值共创，并在此过程中形成复杂的共生网络结构。

2.3.1.1 网络结构测度

对高端制造生态系统网络结构的分析可以通过结构测度分析，共生网络结构测度包括网络密度、网络聚集度、特征路径长度等，用以描述当前共生网络的结构特征。

（1）网络密度。网络密度（Network Density）是网络中各节点之间关联关系紧密性的度量单位。网络密度越大表示节点间的联系越紧密，并且网络密度越大表明节点主体的行为方式受网络的影响程度越高。相反，网络密度越小则表示网络中的节点关系稀疏，网络对于节点行为的影响程度越小。网络密度的计算方式包括有向网络与无向网络，而本节研究的共生网络间的共生关系属于无向网络，其计算如式（2-25）所示。

$$D = \frac{l}{N(N-1)/2} \qquad (2-25)$$

其中：l 为网络中实际存在的各节点联系边数，N 为网络节点数目规模。

（2）聚集系数。集聚系数（Clustering Coefficient）是用来描述与某一节点相连接的其他节点之间相互集结程度的指标，是对网络中节点之间集聚程度的一种测试。集聚系数表示"我们的朋友"之间的相互关联度，集聚系数可以体现共生网络中的"朋友的朋友即是朋友"。计算如式（2-26）所示。

$$C_i = 2M_i / N_i(N_i - 1) \qquad (2-26)$$

其中：C_i 为节点 i 的集聚系数，M_i 为节点 i 连接的节点个数，N_i 所形成的实际存在边数，$N_i(N_i-1)/2$ 为节点 i 与其他 N_i 个节点理论上最多形成的边数。

（3）特征路径长度。特征路径长度（Feature Path Length）是指网络中两个节点之间最短路径集合，其中平均值为特征路径长度。特征路径长度度量了节点间的技术与知识流动所需经过路径的远近，即知识在两个节点间流动所必须途径其他节点的个数，体现知识在网络上流动的深度，如式（2-27）所示。

$$L(G) = \frac{\sum d_{ij}}{N(N-1)/2} \qquad (2-27)$$

其中：$L(G)$ 为特征路径长度，d_{ij} 为节点 (i, j) 之间的最短路径，$N(N-1)/2$ 为节点理论上最多形成的连边。

（4）度数中心度。度数中心度（Degree Centrality）用于测量与节点 i 直接相连接的节点的数目。若节点 i 的度数中心数越高，说明节点 i 在网络越重要。可由式（2-28）表示。

$$C_D(i) = \sum_{j=1}^{g} x_{ij} (i \neq j) \qquad (2-28)$$

其中：$C_D(i)$ 表示节点 i 的度数中心性，g 代表该共生网络中的节点数目。

（5）中介中心度。中介中心度（Betweenness Centrality）是用于衡量网络中节点 i 在多大程度上位于网络中其他节点"中间"的指标，即节点的媒介程度。若节点 i 的中介中心性较大则表明该节点 i 在共生网络中充当中介角色的次数越多，属于网络的枢纽位置，能够借助其中介地位从更多渠道获取技术与知识信息，并且具有控制技术与知识流动方向与流量的优势，如式（2-29）所示。

$$C_B(i) = \sum_{s \neq t \neq i} \delta_{s,t}(i)/\delta_{s,t} \tag{2-29}$$

其中：$C_B(i)$ 表示节点 i 的中介中心性，$\delta_{s,t}$ 表示节点 s 和 t 之间最短路径数量，$\delta_{s,t}(i)$ 表示节点 s 和 t 之间最短路径中经过节点 i 的路径数量。

2.3.1.2 网络结构构建

共生网络是高端制造生态系统中节点与连边互动关系的总和，系统共生网络演化的本质为共生主体间形成以产品主导逻辑为导向的价值共创过程。高端制造生态系统具有动态性、复杂性、自组织性以及适应性等特征，其演化过程与自然生态系统中种群演进相似，因此可借鉴生态学研究方法采用Lotka-Volterra 模型对共生单元的关系模式进行动态测量。Lotka-Volterra 模型是 Logistic 模型的衍生，最初用来模拟生态系统中种群间的捕食与被捕食关系，后被拓展至各种领域，可用于模拟主体间资源整合与产品交换所形成的共生关系。共生主体的资源整合与产品交换行为在系统共生网络中节点的分布具有层级性，是由供应链内的上游、中游、下游不同层级中的高端制造提供单元、高端制造整合单元、高端制造促进单元与供应链外的高端制造接收单元共同构成，在不同的时空作用下，呈现出不同的共生网络状态。本节将从问题描述、基本假设与模型构建三个层面进行分析。

（1）问题描述。高端制造生态系统中的各类共生主体以产品主导逻辑为指引，不断进行着产品交换与资源交流等活动，以共生制度适应着变幻莫测的用户需求以及市场环境。高端制造生态系统中主体对技术、知识与资源的占有量是共生行为发生并持续发展的基础，创新技术的扩散以及知识循环促进了高端制造生态系统共生状态的频繁演进。共生主体间的交互行为促使系统内形成多种形态的共生网络体系，主体间业务在紧密的配合以及松散的耦合关系下有条不紊的进行。

在此过程中，主体规模也会随着共生能量的流转发生改变，随着主体规模扩增，其具有的资源、技术与知识存量增加，使得网络节点属性发生改变，相应的共生网络结构会做调整，主体与主体，主体与环境间一系列的共生交互行为使得更优质的服务模式涌现，推动整个高端制造生态系统向更高阶形态演进。

（2）基本假设。依据以技术、知识及资源作为主体行为交互的核心载体，从价值共创视角出发，选取对共生网络发展有价值导向作用的高端制造提供单元、高端制造整合单元以及高端制造接收单元构建Lotka-Volterra共生演化模型，以此表征双重约束创新下高端制造生态系统共生网络的演化状态，并提出如下假设。

假设1：由i个高端制造提供单元S_i（$i=1, 2, \cdots, l$）与j个高端制造整合单元E_j（$j=1, 2, \cdots, m$）以及k个高端制造接收单元R_k（$k=1, 2, \cdots, n$）组成的不同网络层级间的交互关系，共同进行价值创造活动，主体增长受资源与环境的限制，主体的增长率受共生主体的密度影响，并且规模发展受外部环境与资源的限制，不能无限增长，遵循Logistic模型的增长规律。

假设2：以高端制造提供单元S_i（高端制造整合单元E_j或高端制造接收单元R_k）的规模变化表示高端制造提供单元S_i（高端制造整合单元E_j或高端制造接收单元R_k）的成长过程。主体规模越大，说明主体在共生网络中拥有更多的异质性资源与专业化的知识，具有更高的发展潜力。反之，若主体的规模越小则说明，该主体在共生网络中拥有较少的资源与专业化技术，且主体的技术创新能力较低，发展潜力较弱。

假设3：在高端制造生态系统中，高端制造提供单元S_i、高端制造整合单元E_j与高端制造接收单元R_k间的竞争关系模式是具有同质性资源与能力的企业对于产品资源与产品服务对象的争夺。

假设4：高端制造提供单元S_i（高端制造整合单元E_j或高端制造接收单元R_k）的边际收益等于边际成本时，该高端制造提供单元S_i（高端制造整合单元E_j或高端制造接收单元R_k）规模在系统内会停止增长，处于最大规模的稳定状态。

（3）模型构建。依据共生网络中高端制造提供单元、高端制造整合单元与高端制造接收单元交互关系构建共生网络生态关系模型，动力学方程如式（2-30）所示。设定$r_1(t)$、$r_2(t)$与$r_3(t)$分别是高端制造提供单元S_i、高端制造整合单元E_j与高端制造接收单元R_k的内生增长率，表示单元主体自身的发展速度；$x_1(t)$、$x_2(t)$与$x_3(t)$分别为高端制造提供单元、高端制造整合单元与高端制造接收单元在单位时间内受资源整合与产品交换过程影响下的规模函数；α_{ij}为价值共创主体j对i效益增长的影响系数；K_1、K_2与K_3分别是高端制造提供单元S_i、高端制造整合单元E_j与高端制造接收单元R_k在资源与环境的双重约束下所能达到的规模最大值。

$$\begin{cases} \dfrac{dx_1(t)}{dt} = r_1(t)x_1(t)\left(1 - \dfrac{x_1(t)}{K_1} + \alpha_{12}\dfrac{x_2(t)}{K_2} + \alpha_{13}\dfrac{x_3(t)}{K_3}\right) \\ \dfrac{dx_2(t)}{dt} = r_2(t)x_2(t)\left(1 + \alpha_{21}\dfrac{x_1(t)}{K_1} - \dfrac{x_2(t)}{K_2} + \alpha_{23}\dfrac{x_3(t)}{K_3}\right) \\ \dfrac{dx_3(t)}{dt} = r_3(t)x_3(t)\left(1 + \alpha_{31}\dfrac{x_1(t)}{K_1} + \alpha_{32}\dfrac{x_2(t)}{K_2} - \dfrac{x_3(t)}{K_3}\right) \\ x_1(0) = x_{10}, x_2(0) = x_{20}, x_3(0) = x_{30} \end{cases} \quad (2\text{-}30)$$

为了探讨双重约束创新下高端制造生态系统中高端制造提供单元、高端制造整合单元与高端制造接收单元之间共生演化结果，令方程组（2-30）结果为零，得到方程组，如式（2-31）所示：

$$\begin{cases} r_1(t)x_1(t)\left(1 - \dfrac{x_1(t)}{K_1} + \alpha_{12}\dfrac{x_2(t)}{K_2} + \alpha_{13}\dfrac{x_3(t)}{K_3}\right) = 0 \\ r_2(t)x_2(t)\left(1 + \alpha_{21}\dfrac{x_1(t)}{K_1} - \dfrac{x_2(t)}{K_2} + \alpha_{23}\dfrac{x_3(t)}{K_3}\right) = 0 \\ r_3(t)x_3(t)\left(1 + \alpha_{31}\dfrac{x_1(t)}{K_1} + \alpha_{32}\dfrac{x_2(t)}{K_2} - \dfrac{x_3(t)}{K_3}\right) = 0 \end{cases} \quad (2\text{-}31)$$

对微分方程组（2-31）求解，得到服务生态系统共生演化的8个均衡点，分别为$P_1(0, 0, 0)$、$P_2(K_1, 0, 0)$、$P_3(0, K_2, 0)$、$P_4(0, 0, K_3)$、$P_5\left(\dfrac{K_1(a_{12}+1)}{1-a_{12}a_{21}}, \dfrac{K_2(a_{21}+1)}{1-a_{12}a_{21}}, 0\right)$、$P_6\left(\dfrac{K_1(a_{13}+1)}{1-a_{13}a_{31}}, 0, \dfrac{K_3(a_{31}+1)}{1-a_{13}a_{31}}\right)$、

$$P_7\left(0, \frac{K_2(a_{23}+1)}{1-a_{23}a_{32}}, \frac{K_3(a_{32}+1)}{1-a_{23}a_{32}}\right), P_8\Bigg(\frac{K_1(a_{12}+a_{13}+a_{12}a_{23}+a_{13}a_{32}-a_{23}a_{32}+1)}{(1-a_{12}a_{21}-a_{13}a_{31}-a_{23}a_{32}-a_{12}a_{23}a_{31}-a_{13}a_{21}a_{32})},$$

$$\frac{K_2(a_{21}+a_{23}+a_{13}a_{21}+a_{23}a_{31}-a_{13}a_{31}+1)}{(1-a_{12}a_{21}-a_{13}a_{31}-a_{23}a_{32}-a_{12}a_{23}a_{31}-a_{13}a_{21}a_{32})}, \frac{K_3(a_{31}+a_{32}+a_{12}a_{31}+a_{21}a_{32}-a_{12}a_{21}+1)}{(1-a_{12}a_{21}-a_{13}a_{31}-a_{23}a_{32}-a_{12}a_{23}a_{31}-a_{13}a_{21}a_{32})}\Bigg)$$

并求得演化模型的雅克比矩阵，如式（2-32）所示。

$$J=\begin{bmatrix} r_1\left(\dfrac{x_2 a_{12}}{K_2}-\dfrac{2x_1}{K_1}+\dfrac{x_3 a_{13}}{K_3}+1\right) & \dfrac{a_{12}r_1 x_1}{K_2} & \dfrac{a_{13}r_1 x_1}{K_3} \\ \dfrac{a_{21}r_2 x_2}{K_1} & r_2\left(\dfrac{a_{21}x_1}{K_1}-\dfrac{2x_2}{K_2}+\dfrac{x_3 a_{23}}{K_3}+1\right) & \dfrac{a_{23}r_2 x_2}{K_3} \\ \dfrac{a_{31}r_3 x_3}{K_1} & \dfrac{a_{32}r_3 x_3}{K_2} & r_3\left(\dfrac{a_{31}x_1}{K_1}-\dfrac{2x_3}{K_3}+\dfrac{x_2 a_{32}}{K_2}+1\right) \end{bmatrix}$$

（2-32）

2.3.2 网络演化阶段划分

高端制造生态系统的共生发展具有动态性与阶段性特征。不同时间窗口下网络主体间的连接模式以及紧密程度不同。随着创新技术与创新服务的不断发展成熟，共生网络也会不断地完善。刘国巍等（2020）将合作网络阶段划分为形成初期、形成滞后期和成长期等阶段[109]。依据高端制造生态系统共生发展的时序性，本节将共生网络演化的阶段划分为起始、成长和成熟三个阶段。

高端制造生态系统的演化遵循Logistic模型规律，根据Logistic模型在不同时间段的增长速度不同，绘制高端制造生态系统共生演化阶段模型，如图2-8所示。可知系统共生网络各阶段发展整体呈现"S"形增长趋势，其中K为网络规模，P为增长速率。在共生网络形成之前，网络节点间处于独立共存的状态，随着产品主导逻辑不断深入，共生网络间形成以寄生共生为主导的关系模式。共生网络中涌现出一批以技术为核心的主导企业，随着技术创新的进一步发展，社会整体技术性水平提升后，共生网络节点会呈现偏利共生与非对称互惠共生关系。在高端制造生态系统共生网络的整个演化过程中，竞争共生行为一直存在，但竞争程度不断减弱，处于良性竞争范围内。

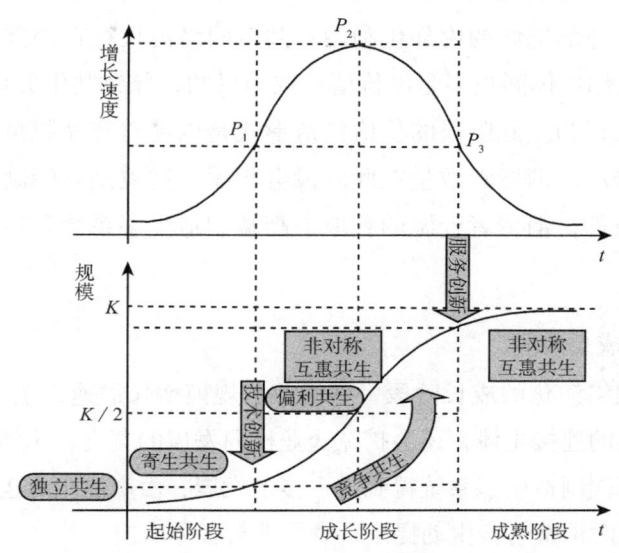

图 2-8 共生网络演化阶段

2.3.2.1 起始阶段

在高端制造生态系统共生演化的起始阶段，主体间进行低水平的共生活动，以产品主导逻辑进行价值的单向传递，一般只有少数的共生主体会建立关联关系。消费者与企业间的交互关系较为简单，是一种企业引领、消费者跟随的模式。

初始阶段的共生网络仅存在简单的连接，是以大型企业为核心，中小型企业构成外围主体。共生网络中的节点个数较少，且连边关系简单，多为星型网络拓扑结构。在这种网络结构下，共生网络结构的依赖性导致资源流动与信息流通的效率降低。高端制造生态系统内主要存在寄生共生关系，企业与外围企业间形成点共生或间歇共生的连接状态。主体会依据资源整合与服务交换的好坏选择与共生主体是否进一步形成间歇共生等状态关系。

在此阶段可知，共生网络规模增长速度较慢，处于起步阶段。由于共生网络中节点受环境、技术与资源的限制，节点间存在时空间断，因此价值创造方式单一，主要通过整合自身的物质资源、人力资源、技术资源以及知识资源等实现价值生成。通过引进领先技术、收购等形式实现以内部资源配用为主，外部资源的内部化利用。共生网络内仅存在小部分主体进行价值创造，共创主体间更多是以价值获取为目的，导致共生关系难以深化，存在机会主义行为。此阶段的价值创造形式是以销售产品数量的增加以及自身产品的推广。消费者数量在此阶段会积累，这也是高端制造生态系统形成的基础条件，消费者资源的获取是高端制造生态系统日后价值共创的基础。

2.3.2.2 成长阶段

在共生网络演化的成长阶段，网络节点规模增长加速，主体范围扩大，不仅包括纵向的连接主体，还会扩宽企业横向发展的宽度，主体间共生网络水平提升，高端制造生态系统得到进一步的发展，由产品主导逻辑与服务理念相结合，此时消费者会主动提出自身需求与服务反馈。

在成长阶段，高端制造接收单元的需求不断扩张，向个性化与差异化方向发展。因此高端制造提供单元对于资源、技术与知识的要求会倍速增加，企业仅依靠自身的资源与能力是无法满足需求侧的要求，因此此阶段资源整合范式与范围会得到进一步的发展。企业将外部资源内部化，外部资源配置需求增加，用以弥补内部需求资源的欠缺。随着高端制造生态系统内相关制度的不断完善、双重约束创新理念的不断深入，主体间共生业务种类与形式不断涌现，促使共生网络向着更加复杂的方向演进。高端制造生态系统内会存在多种星型网络结构，节点与连边的增加会出现具有灵活性的连通型网络拓扑结构。主体间的业务连接会存在间接共生与连续共生的形式，受技术创新发展的影响，主体间的连接关系在不断加强，会生成偏利共生与非对称互惠共生模式。

随着时间窗口的推移，节点开始注重使用价值与体验价值的复合结构，新共生理念存在价值的双向传导。成长阶段的价值共创并不只关注价值的获取，更在乎价值创造的过程，以合作共赢战略增加更多的共生效益，促进高端制造生态系统中主体价值共创成果生成。

2.3.2.3 成熟阶段

在共生网络演化的成熟阶段，节点规模增长速度变缓，接近于资源与环境限制下的最大增长规模，并且节点间关系达到高度共生状态。共生网络内以产品主导逻辑进行一系列的资源整合、产品交换等价值共创活动。节点间虽然在业务与资源方面存在密切交互关系，但却以松散的耦合网络结构存在。整体呈现出消费者需求引导，企业跟随的状态。消费者价值指引使得节点间资源的交互与融合程度更高，形成了资源专用性绑聚。且资源绑聚后形成的价值溢出效应提高了资源利用效率。此阶段，节点间会形成生态合作，确保系统内的闲置资源得到了合理有效的配置。成熟阶段不再看重节点拥有的资源总量，而更看重主体的拥有的资源连接能力。

在成熟阶段，节点间的共生关系走向正轨，共生的横向与纵向领域不断扩展，网络节点受到环境限制，其资源总量的增加值趋于饱和状态，共生网络状态呈现对称性互惠共生模式，并且形成连续共生、一体化共生的网络形态。共生网络呈现多级嵌套型网络拓扑结构，此时，网络中的节点可能为跨领域或层级的交互主体，彼此间存在多种交互方式，具备星型网络拓扑与连通型网络结构的全部特征，网络的连通性强、灵活性高，信息、资源与技术在该网络中的传递效率更快。成熟期的价值共创过程更强调价值成果的扩散，网络共生节点间能够互惠共赢，促进整体的共同发展，呈现出生态价值。消费者资源在此过程中已经得到了沉淀，是价值共创的核心参与主体。

2.4　高端制造生态系统主体竞合关系

"竞争"和"合作"描述了包括趋同和不同利益的主体间关系。竞争是以牺牲他人为代价来追求自己的利益，即利益分歧；合作是追求互惠互利，即利益趋同，竞合是两个或多个主体之间的矛盾关系，无论他们是横向关系还是纵向关系，同时参与合作和竞争互动。竞合不仅仅是合作与竞争之间的取舍；相反，它目前追求的是"目标相互冲突的两种存在的矛盾力量"。

高端制造生态系统主体竞合正在成为高端制造生态系统接续创新的新驱动因素。竞合的意图是创造价值，通过整合资源，结合合作和竞争的优势，不断促进高端制造生态系统的发展。由于高端制造生态系统主体之间不同阶段的动机不断变化，竞争和合作的不同混合会随着时间的推移而变化，因此竞合可能以不同的维度与强度存在。处于不同发展阶段的主体所处的各类环境不同，主体间的竞合关系也是动态变化的。

高端制造生态系统主体竞合由竞合主体、竞合维度与竞合强度构成。其中，竞合主体是竞合关系形成的基础条件，竞合维度是竞合关系形成的关键环节，竞合强度是竞合关系形成的外在体现，三者相互作用，共同构成高端制造生态系统主体竞合关系，如图2-9所示。

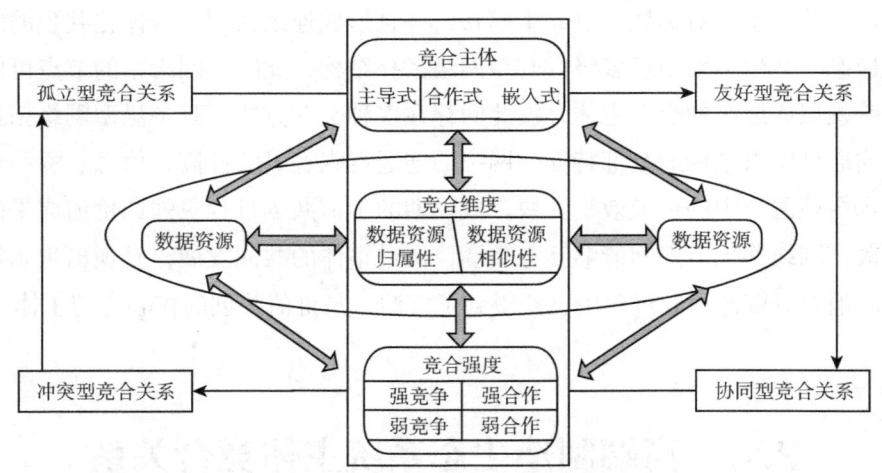

图2-9　数字创新生态系统主体竞合关系形成

2.4.1　主体竞合维度与强度

2.4.1.1　主体竞合维度

传统资源观中资源基础理论（Resource-Based Theory，RBT）认为，各组织都拥有的互异性资源导致了组织间的差异化绩效,组织获得持续竞争优势的来源是具有稀缺性、难以替代性的异质性资源[110]。资源依赖理论(Resource Dependence Theory,RDT)则认为企业资源不能自给自足,需要通过与外部经济体进行资源交换以获取企业所需的重要资源。传统资源理论为企业间资源互补与资源依赖提供了理论基础,认为企业间竞争与合作的动机来源于企业间核心资源的优势互补,企业多在异质性资源上合作,在同质性资源上竞争[111]。

产品制造资源的出现和使用颠覆了传统的经济活动和价值创造形式,同时也对传统资源观和竞合理论提出了质疑与挑战。与传统资源所具有的稀缺性、排他性、难以替代性和难以模仿性不同,产品制造资源具有海量性、可再生性、非排他性、虚拟替代性、多元共享性、跨界融合性和价值稀疏性等特征,其总量和价值不会随着数据挖掘和使用而减少,反而会呈指数型增加。凭借跨界融合性,产品制造资源在供给侧通过与传统资源融合,促进企业资源配置效率、提高企业生产力。其价值稀疏性使得产品制造资源在供给侧大量同质融合,带来总价值的爆炸增长,同时异质性产品制造资源使得竞合主体获取独特竞争优势。高端制造生态系统中主体可能在供给侧产品制造资源高度同质的情况下合作,而在产品制造资源异质的情况下竞争,竞合理论在高端制造生态系统的产品制造资源视角下拥有了全新的实践规律。基于传统资源理论对竞合行为的研究,从产品制造资源属性角度重新思考高端制造生态系统主体竞合行为,将竞合维度分为产品制造资源相似性与产品制造资源归属性。

(1)产品制造资源相似性。首先,资源稀缺性是竞争优势的来源,主体间合作的前提是异质性资源的不可复制性,这意味着当主体通过拥有某种资源获取独特竞争优势时,其他主体不能通过模仿或复制该资源获取同样的竞争优势。而产品制造资源的多元共享性、可复制性、价值稀疏性以及去中心化的数据处理方式,允许多元主体对同质性产品制造资源进行协作化生产,各主体对产品制造资源潜在价值的挖掘是利用资源、释放价值的逻辑起点。其次,多维数据聚合更能激发乘数效应,孤立、冗余的产品制造资源潜在价值含量极低,只有广泛连接、耦合多元相似的零散资源,才能实现价值创造的爆炸式增长。最后，产品价值的创造过程极大程度上依赖产品数据分析技术，海量产品制造资源与算力、算法的有机结合才能打通产品制造资源价值创造的链条。因此，高端制造生态系统中主体在产品制造资源相似性高的情况下建立合作，而在产品制造资源相似性低的情况下进行竞争。

（2）产品制造资源归属性。主体最关心的是自身生存问题，对于那些作为主体关键性、稀缺性以及创新性的产品制造资源，其归属性关乎主体核心竞争力的形成以及未来可持续发展，抢夺这类产品制造资源的归属性成为主体在大数据时代下脱颖而出的关键。虽然产品制造资源具有共享性，但对于无法同时流入两个平台的产品制造资源来说，其资源拥有者具有主观排他性。为获取单归属产品制造资源，各主体倾向于以高强度的竞争展开激烈的资源争夺。而多归属产品制造资源的核心作用则是通过对资源的搜索与选取，实现多主体的有效信息匹配。其共享性使得拥有者无法对其他竞争主体进行主观排他，因此，针对多归属产品制造资源，主体更倾向于合作状态。

2.4.1.2 主体竞合强度

主体间竞争与合作的强弱程度从根本上决定了主体间竞合关系的类型。高端制造生态系统强调主体间合作与竞争过程的对立统一，根据竞争与合作的强弱差异，从竞合维度和竞合强度联接的二维角度分析竞合关系，很好地体现了合作关系与竞争关系相互联系、共同作用的本质。综合考虑产品制造资源特殊属性以及竞合强度，本书认为价值稀疏性使得大量同质性产品制造资源融合带来总价值的爆炸增长，异质性产品制造资源使得控制主体获取独特优势，故各主体得以在产品制造资源高度同质的情况下合作，而在产品制造资源异质的情况下竞争。为充分揭示产品制造资源与三种主体类型相互作用、渗透，进而融合催生的新型竞合关系，依据资源归属性及资源相似性两个维度，基于产品制造资源和竞合强度的二维视角，将高端制造生态系统主体竞合关系划分为四类，其竞合关系模型如图2-10所示。

第 2 章 双重约束下高端制造生态系统数智化创新体系

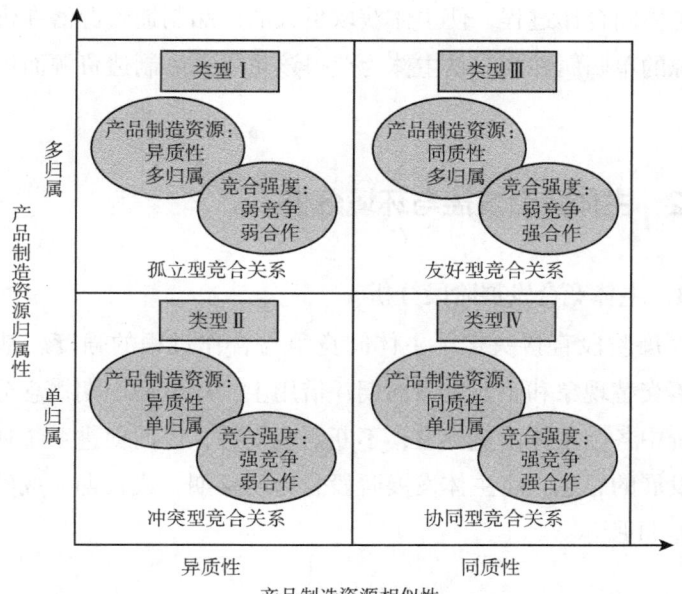

图2-10 高端制造生态系统主体竞合关系

（1）孤立型竞合关系。该关系下竞合主体之间联系较弱，因产品制造资源相似性较低，为了避免主体本身失去竞争优势，主体间产品制造资源的共享与交换程度较弱，导致主体间合作强度较低；产品制造资源的多归属性也使得主体间竞争过程较为缓慢。

（2）冲突型竞合关系。该关系下竞合主体处于利益争夺状态，主体间因产品制造资源相似性较低，往往为异质性产品制造资源，且该异质性产品制造资源具有单归属性，使其只隶属于某个主体或极少数主体而导致主体间竞争强度大、合作强度小。

（3）友好型竞合关系。该关系下竞合主体间产品制造资源依赖程度较高，较高的资源相似性使得主体更倾向于共享和交换产品制造资源以加强合作强度；而产品制造资源的多归属性，使得大多数主体都能对产品制造资源进行挖掘利用，主体间竞争强度较弱。

（4）协同型竞合关系。该关系下竞合主体间在一定程度上需要利用对方的产品制造资源以实现自身的发展与壮大，相似性较高的同质性产品制造资源促进了主体间合作过程,使主体获取更大的产品制造资源潜在价值;而产品制造资源的单归属性则驱动主体为获得该重要产品制造资源而展开激烈的竞争。

2.4.2 主体竞合发展与环境分析

2.4.2.1 主体竞合发展阶段分析

主体发展阶段直接决定了主体间竞争与合作过程的强度。基于生态学理论中群落交替现象和企业生命周期,借用生物体生命周期概念分析高端制造生态系统中各个主体由盛到衰,不断涌现交替,进而促进系统环境与结构有序向前发展的思想,将主体发展阶段分为萌芽期、成长期、成熟期和衰退期,如图2-11所示。

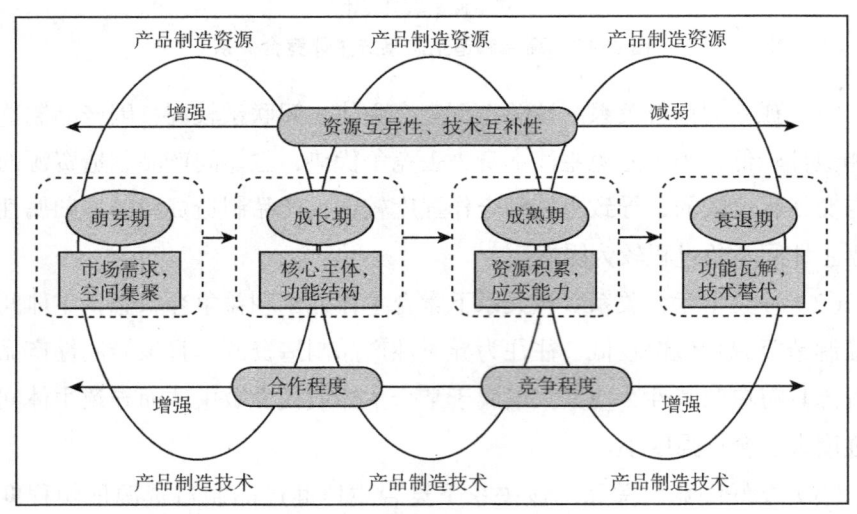

图2-11 高端制造生态系统主体发展演进过程

(1) 萌芽期。萌芽期也是主体形成阶段,为满足新的市场需求,创造性提供新的价值创造方式、产品或服务,新的主体开始涌现,并逐渐产生空间聚集。作为创新的发起者,来自不同背景的各主体核心资源异质化程度较高,基础资源储量薄弱,合作成本低。为获取、调和并优化长期发展所需的资源配置,各主体存在极高的合作意愿。

(2)成长期。这一时期,随着主体间合作进程不断推进,主体能力快速提升,核心主体逐渐显现,并且可能存在多个核心主体。在核心主体补贴、惩罚作用下,高端制造生态系统功能结构逐渐明晰,各主体运行实现从混沌无序向规律有序的状态转变,主体规模扩大,多元性增强。为了推出更多的新产品和新服务,争夺对方主体的核心资源,引入新技术,主体间专业化分工合作开始形成,但主体技术共性问题越发明显,该时期各主体间合作风险高,竞争苗头逐渐显现。

(3)成熟期。大量中小主体仍高速成长,核心主体地位稳固,系统结构日趋成熟,各主体发展处于动态平衡状态。但随着前期合作进程的推进,纵向关联主体技术、资源同质化程度提高,部分主体已具备较强的技术与资源积累,以及抵抗外界环境变化的应变能力,各主体间竞争收益增大。为实现自身收益现值最大化,处于同一价值链的主体主要以竞争为主。

(4)衰退期。当系统内部主体竞合作用达到一定阈值,各要素运动有序状态被打破,系统正常运作功能遭到瓦解,各主体逐渐走向衰退。在这个时期,系统内部处于相同生态位的主体重叠度超过承受上限,主体核心技术被替代,主体间资源争夺十分激烈,合作强度微乎其微,系统中出现大量主体转型或死亡,系统也因此逐渐解体。

2.4.2.2 主体竞合环境分析

竞合环境作为主体赖以生存成长的土壤,从根本上决定了主体竞争与合作的意愿。经济环境为主体竞合过程提供了物质和经济基础,主体发展过程中的生产和消费需求需要在坚实的经济支持下,充分调动外部资源要素,以简化市场交易对象,降低竞合成本,获取市场竞争力。社会环境则为主体发展提供了人力、物力与技术,是主体促进技术进步、提高资源利用率的动力源泉。信息技术作为主体竞争与主体合作过程的催化剂,在很大程度上影响并改变着主体竞争与合作范围与强度,决定着主体对资源利用的质量与数量,在提高主体竞合收益方面起着关键作用。随着云存储、AI智能技术、云计算、区块链技术的快速发展,单主体的数据处理方式已无法满足数据处理的高效性与即时性，数据处理方式已从单中心、线性转向多中心、网络化转变化，多元主体间算力、算法的协作化生产方式，能有效营造灵活、高效的竞合环境，帮助主体降低生产成本和交易成本，缩短产品生产周期，大大提高主体生产效率和生产收益。此外，数据的共享性从生产要素的根本属性上解决了主体间资源争夺问题，高端制造生态系统中产品制造资源通常以"共享池"形式存在，云上存储、云上计算、云上制造等方式，使得产品制造资源实时共享。一方面，主体能够灵活调整生产计划，并对产品制造资源按需取用，优化主体用工结构，减少了不必要的资源损耗，节省了劳动成本；另一方面主体能够利用资源剩余，优化资本投资结构，驱动资本向更高收益领域导入，实现主体资源收益最大化。

2.5 高端制造生态系统数智化创新驱动

数智化在高端制造业中作为一种全新的生产要素，主要是通过数智化创新来推动高端制造业生态系统数智化的应用与推向市场，从而实现高端制造生态系统数智化的提高升级。在促进高端制造生态系统数智化创新的过程中，随着制造业各个企业之间的关系越发紧密，协同创新成为高端制造生态系统数智化创新这一过程中的重要影响因素，对提升高端制造生态系统发展至关重要。在高端制造生态系统数智化持续发展的过程中，需要区分形式数智化创新的有机融合。

2.5.1 主导式数智化创新协同

2.5.1.1 积极引导成本与直接收益减少量对竞合策略的影响

为分析积极引导成本 C_d 与直接收益减少量 S_d 变化对各主体策略组合演化结果的影响，对 C_d、S_d 分别赋予 $C_d = 20, 30, 40$ 及 $S_d = 30, 40, 50$，其仿真结果如图 2-12、图 2-13 所示。由图 2-12 可知，在系统演化过程中，降低主导式主体积极引导成本能有效提高主导式主体积极引导合作式主体与嵌入式主体建立合作过程的速率。随着主导式主体积极引导成本 C_d 的增加，主导式主体采取"积极引导"策略概率显著减小，其核心引导作用减弱导致合作式与嵌入式主体合作意愿逐渐降低。仿真结果表明，高额的积极引导成本会抑制主导式主体对其他主体合作过程的导向作用，导致合作式主体与嵌入式主体合作过程的破裂。因此，合理控制引导成本有助于主导式主体在系统演化过程中的导向作用。

在图 2-13 中，随着主导式主体直接收益减少量 S_d 增大，主导式主体积极引导概率、合作式主体与嵌入式主体寻求合作概率均呈现上升趋势。直接收益的改变会刺激主导式主体主动协调合作式主体与嵌入式主体的竞合策略，在利益驱使下，为促进自身经济发展，主导式主体积极引导意愿加强，其余主体也受此参数的正向调节作用，建立"维持合作"的演化稳定状态。对比图 2-12 与图 2-13 可知，主导式主体积极引导成本 C_d 对各主体策略演化的影响程度大于直接收益减少量 S_d 的影响程度。随着积极引导成本 C_d 的改变，各主体策略演化波动幅度更大。与增大主导式主体直接收益减少量相比，控制其积极引导成本，对各主体形成良好的竞合策略更具有价值。

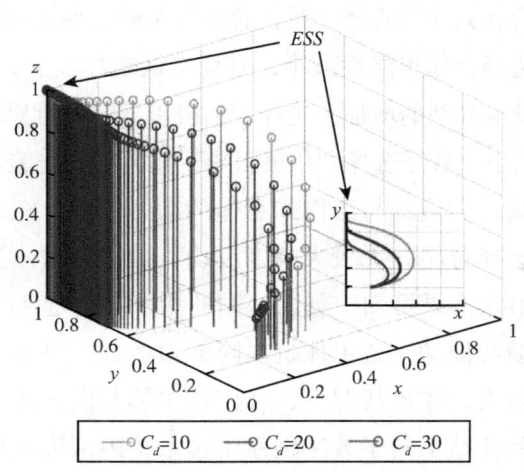

图 2-12　C_d 改变时系统稳定点演化图

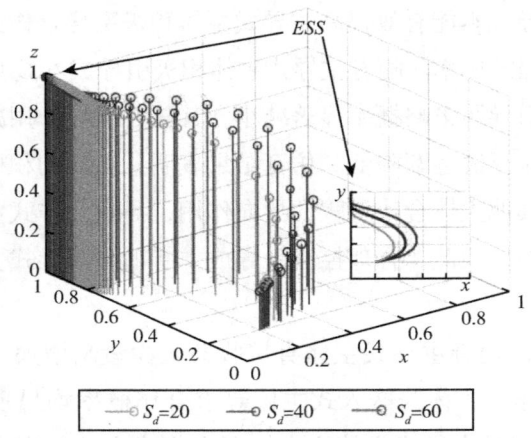

图 2-13 S_d 改变时各主体策略演化图

2.5.1.2 创新补贴与违约惩罚对竞合策略的影响

图 2-14、图 2-15 与图 2-16 是改变主导式主体对合作式主体与嵌入式主体创新补贴 Q_c、Q_e，系统稳定点演化结果及各主体策略演化结果。综合对比图 2-14、图 2-15 与图 2-16 可知，在只改变对合作式主体创新补贴 Q_c 的情况下，各主体敏感度均较小，未发生较明显的策略意愿改变；而同时改变对合作式主体与嵌入式主体创新补贴 Q_c、Q_e 时，各主体敏感度互异。随着创新补贴 Q_c、Q_e 增大，合作式主体选择"维持合作"策略意愿的变化率增大，在相同演化时间内，选择合作可能性减小，其稳定策略收敛于 1 的时间延长；主导式主体因创新成本补贴的增加，选择"消极引导"的意愿增强，但在到达其最大值后逐渐减小，最终选择"积极引导"作为其稳定策略；而嵌入式主体意愿稳定性较高，凭借其与合作式主体的动力收益，在创新补贴变化前后，其稳定策略选择意愿并无较大幅度波动，最终各主体演化趋近于均衡点（0，1，1）。由该结果可知，创新补贴的增加会引起主导式主体与嵌入式主体的负向反馈与波动，各主体抗风险能力增强，可承受的因竞争行为带来的风险压力增大，在该情况下，合作式主体与嵌入式主体合作意愿减小。因此增大创新补贴不利于数字创新生态系统内部形成稳定积极的竞合关系。

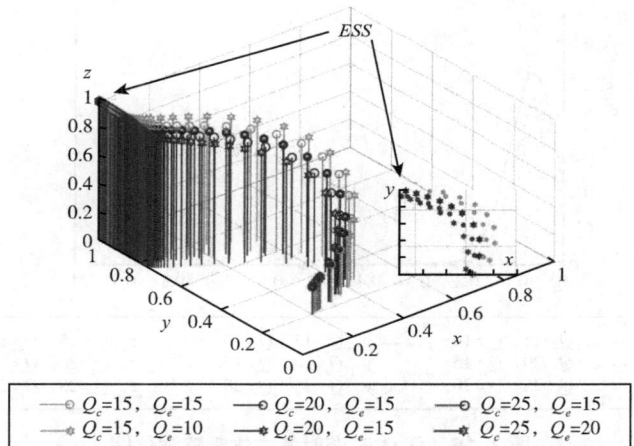

图 2-14 Q_c、Q_e 改变时系统稳定点演化图

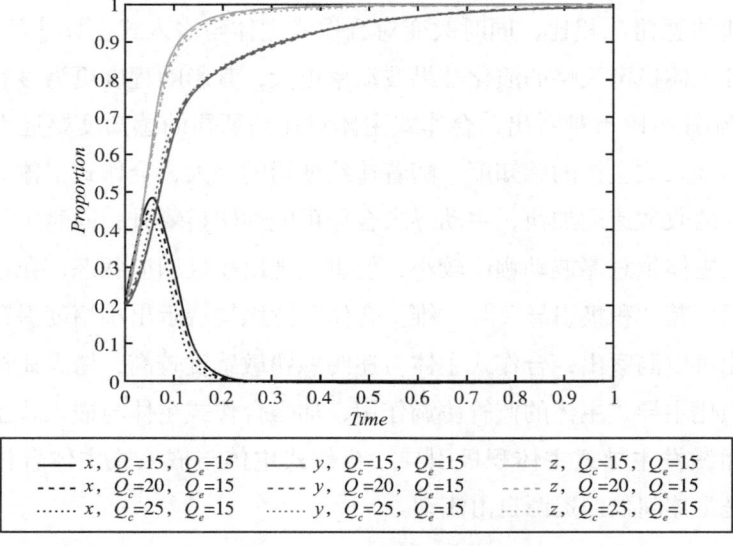

图 2-15 Q_c 改变时各主体策略演化图

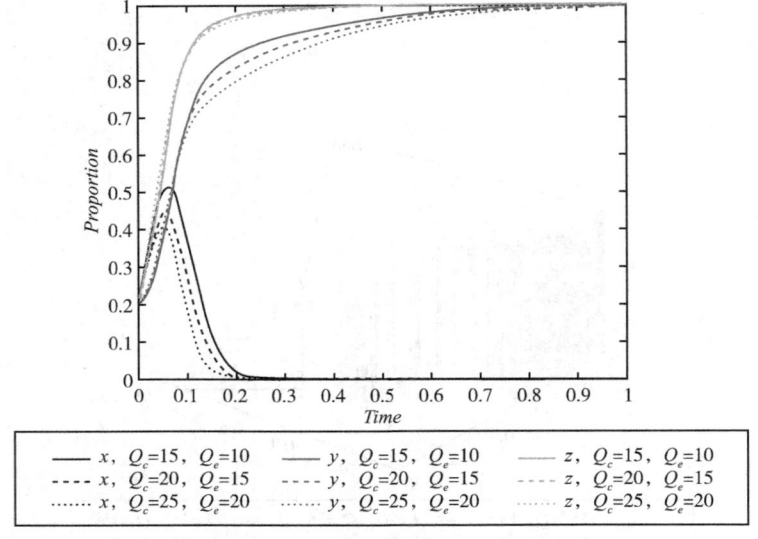

图2-16 Q_c、Q_e改变时各主体策略演化图

图2-17、图2-18与图2-19是改变主导式主体对合作式主体与嵌入式主体违约惩罚P_c、P_e各主体策略演化结果。由图2-17可知，与仅仅改变嵌入式主体违约惩罚P_e相比，同时改变对合作式主体与嵌入式主体违约惩罚P_c、P_e时，各主体稳定策略的演化结果波动率更大，其影响程度更为显著。对比图2-18与图2-19不难看出，合作式主体对违约惩罚的感知度要远大于主导式主体与嵌入式主体的感知度。随着违约惩罚的增大，合作式主体"维持合作"意愿的收敛速度加快，主动寻求合作可能性明显攀升；同时主导式主体与嵌入式主体虽意愿波动幅度较小，但也呈现出积极回应状态，在违约惩罚变化前后，其"积极引导"与"维持合作"意愿均展示出小幅度提升。上述演化变化可以洞察出，合作式主体对违约惩罚敏感度较高，增大违约惩罚力度可以强化主导式主体的监管协调作用，加强合作式主体与嵌入式主体的连接，从而激发主导式主体积极引导、合作式主体与嵌入式主体合作的参与度，促进主体间数据资源自由流动。

第 2 章 双重约束下高端制造生态系统数智化创新体系

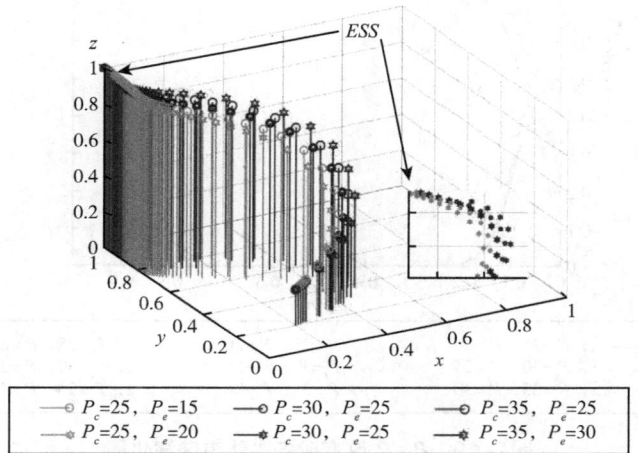

图 2-17 P_c、P_e 改变时各主体稳定点演化图

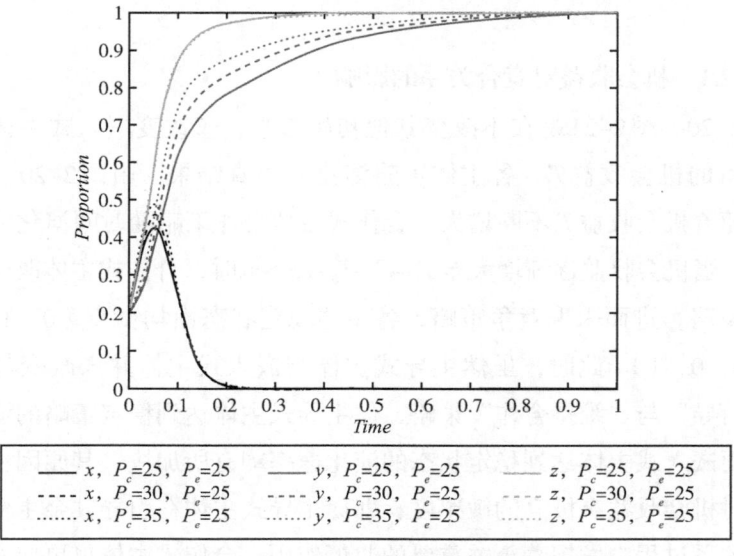

图 2-18 P_c 改变时各主体策略演化图

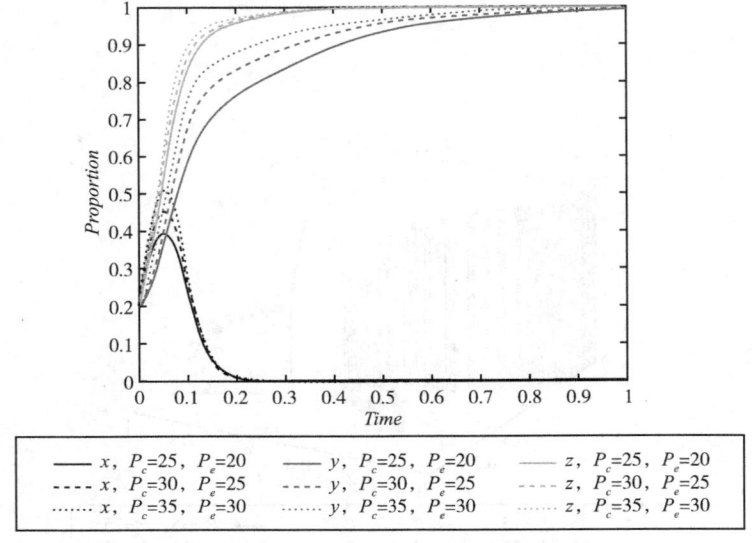

图2-19　P_c、P_e改变时各主体策略演化图

2.5.2　合作式数智化创新协同

2.5.2.1　机会收益对竞合关系的影响

图2-20、图2-21是在不改变其他初始参数，仅改变嵌入式主体因采取竞争获得的机会收益T_j，各主体策略演化的仿真结果。由图2-20、图2-21可知，随着机会收益T_j不断增大，合作式主体合作策略随时间演化的速率越来越慢，当机会收益逐渐增大至$T_j-C_c-T_h-K_C>0$时，合作式主体改变其原有的合作策略，进而采取竞争策略，各主体稳定状态由均衡点（0，1，1）演化为（0，0，1）。此时，虽然主导式主体与嵌入式主体并未改变其原有的"积极引导"与"维持合作"策略，但主导式主体达到稳定策略的演化时间延长，而嵌入式主体达到稳定状态的演化速率却有所加快。其原因在于合作式主体对机会收益有极高的敏感度，即使主导式主体在引导其余主体建立良好竞合关系过程中发挥着至关重要的奖惩作用，合作式主体也更愿意通过选择竞争策略获取机会收益，从而降低与主导式主体间收益的强依赖关系。当机会收益超过其临界值，竞争策略则会成为合作式主体的首要选择。由此可

知，与创新补贴和违约惩罚相比，合作式主体对机会收益有更为敏锐的敏感度；较高的机会收益会对合作式主体与嵌入式主体间的创新合作过程增添阻力，而控制机会收益将有利于推动主导式主体引导其余主体进行深度友好合作进程。

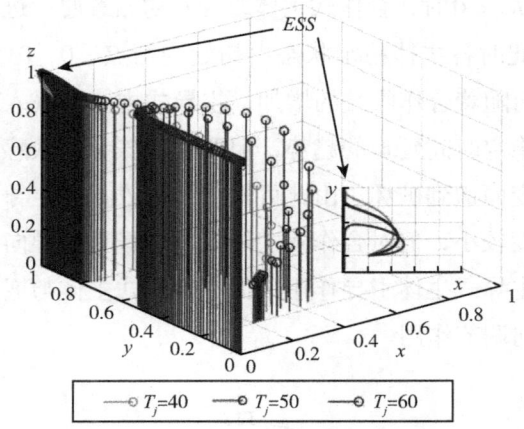

图 2-20　T_j 改变时系统稳定点演化图

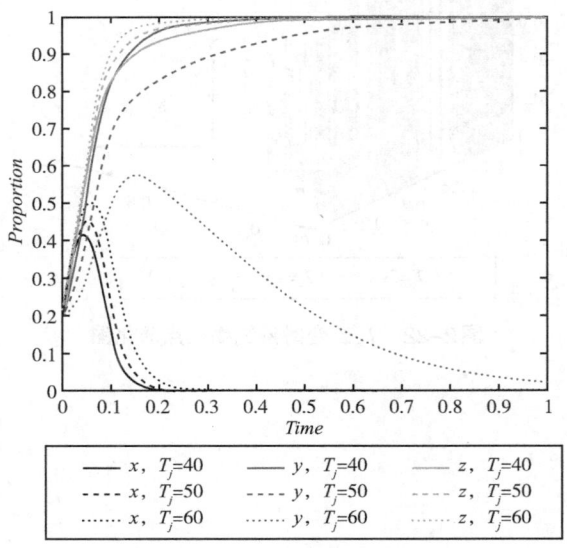

图 2-21　T_j 改变时各主体策略演化图

2.5.2.2 合作收益对竞合关系的影响

维持其余参数不变,仅调整合作收益数值大小,各参与主体演化稳定策略结果如图2-22、图2-23所示。合作收益对合作式主体采取合作策略起到了很好的激励作用,随着合作收益的增加,其选择竞争策略的意愿不断降低,当$T_j-C_c-T_h-K_C<0$时,合作式主体改变其初始意愿,进而选择与嵌入式主体进行合作,此时各主体稳定状态由初始均衡点(0,0,1)演化为均衡点(0,1,1)。而随着合作收益的增加,主导式主体与嵌入式主体均呈现出收敛速率减缓、稳定时间延长的趋势,但两者对该参数敏感度均较低,初始意愿并未因其改变而遭到破坏。由此可知,合作收益对主导式主体与嵌入式主体意愿影响程度较小,但对合作式主体策略选择具有导向作用。合作收益的提高充分发挥主导式主体引导作用,促进合作式主体与嵌入式主体间的合作过程发挥了正向调节作用。

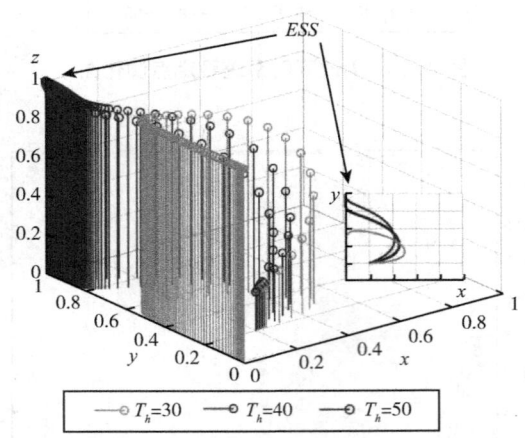

图2-22 T_h改变时系统稳定点演化图

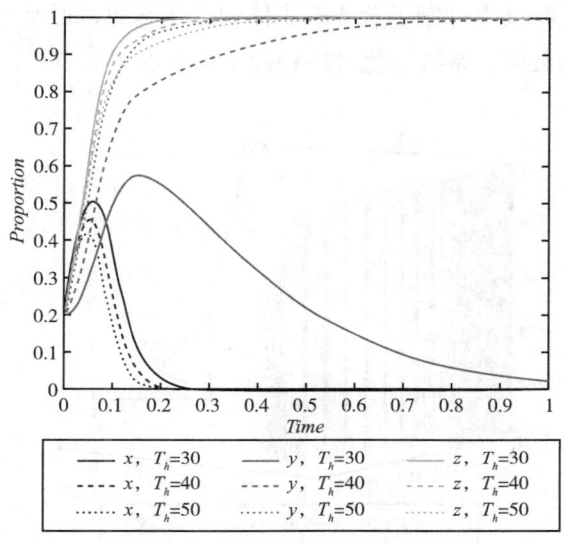

图 2-23 T_h 改变时各主体策略演化图

2.5.3 嵌入式数智化创新协同

2.5.3.1 动力收益对竞合关系的影响

在其他参数保持不变的条件下，改变嵌入式主体的动力收益 R_e，得到各参与主体的演化稳定策略如图 2-24、图 2-25 所示。由图 2-24 可知，动力收益的提高能有效提高各主体演化速率，缩短各主体达到稳定策略的演化时间。由图 2-25 可知，当动力收益不断增大，合作式主体表现出与主导式主体、嵌入式主体相反的演化规律。动力收益越大，合作式主体合作意愿越弱，演化速率越慢，达到稳定策略所需时间越长；而主导式主体与嵌入式主体却给予了正向反馈表现。动力收益的不断增加刺激了主导式主体与嵌入式主体的参与度，在相同演化时间内其积极引导意愿与合作意愿显著增强，达到稳定策略的收敛时间明显缩短。在该过程中，合作式主体与嵌入式主体对动力收益改变的敏感度高于主导式主体，动力收益的提高能直接激发嵌入式主体的合作意愿，从而间接增大主导式主体的积极引导意愿，虽然不对等的收入偏差在一定程度上抑制了合作式主体的合作意愿，但不会导致各主体间原有合作关系的破裂，系统演化最终趋近于均衡点（0，1，1）。

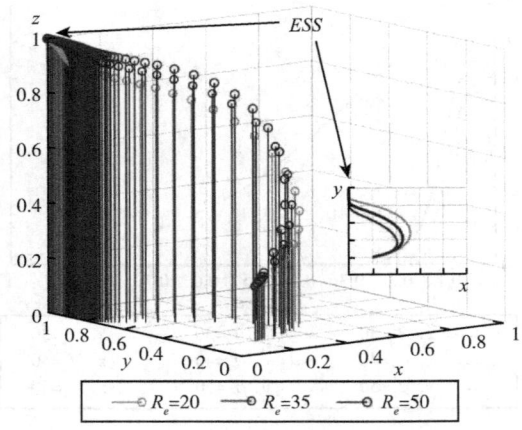

图2-24　R_e改变时系统稳定点演化图

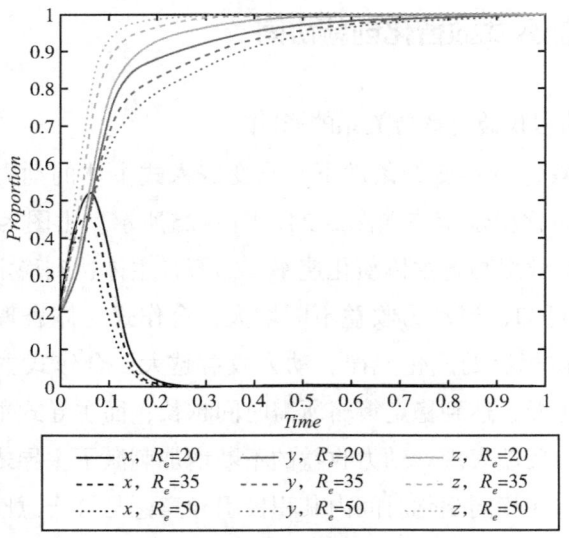

图2-25　R_e改变时各主体策略演化图

2.5.3.2 风险成本与学习成本对竞合关系的影响

仅改变嵌入式主体风险成本时，各主体策略演化仿真结果如图2-26所示。主导式主体、合作式主体与嵌入式主体对风险成本敏感度较低，增大风险成本不会引起各主体原本意愿的较大波动。图2-27是改变嵌入式主体学习成本时，各主体的演化稳定策略。与风险成本相比，学习成本能够在更大程度上引起各主体初始意愿的变化。随着学习成本的提高，合作式主体合作意愿有所增强，但主导式主体积极引导意愿与嵌入式主体合作意愿均有所降低，达到稳定策略所需时间均延长。由此可见，风险成本与学习成本对各主体竞合策略的调控作用不太明显，对系统达到稳定状态的激励效应较为隐晦。

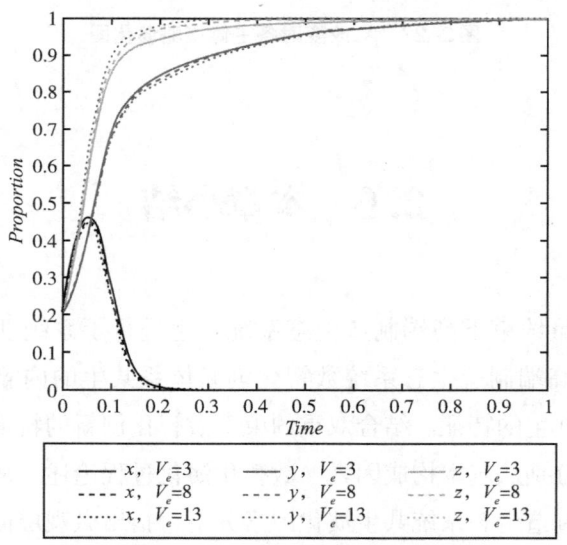

图2-26 V_e改变时各主体策略演化图

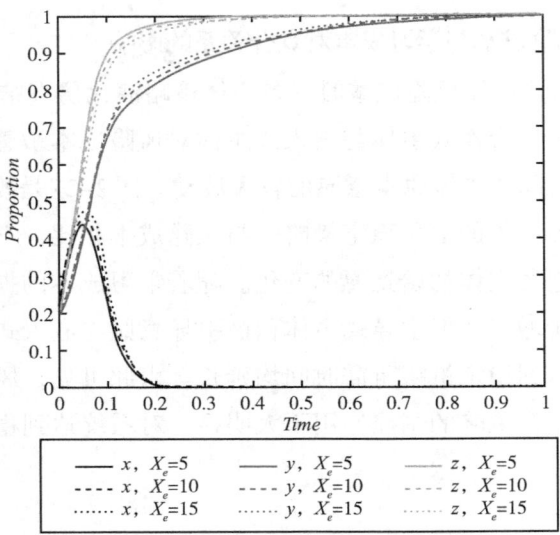

图 2-27 X_e 改变时各主体策略演化图

2.6 本章小结

本章对双重约束下高端制造生态系统共生进行了系统性的分析，阐述了双重约束下高端制造生态系统数智化创新体系共生的内涵，以及区别于其他生态系统共生的特征。结合双重约束下数智化创新的特征分析影响系统共生的因素，分别从基本构成因素、数智化演化过程论述。从微观与宏观两个维度对高端制造生态系统共生演化因素分析，指出微观层面的共生演化主要受主体共生行为影响，宏观层面的共生演化受系统自组织涌现、内外涨落特性、多元网络结构以及国家政策的影响。在主体共生行为博弈分析中引入Fuzzy-DEMETAL方法，提炼出影响高端制造生态系统主体共生行为演化的关键因素。依据主体共生关系强弱，将主体间关系划分为知识主导型与交易主导型协同共生，在此基础上，设计了主体共生行为演化的博弈模型，得出主体受各关键共生行为因素影响下的不同演化路径。在双重约束数智化创新模式下，高端制造生态系统共生演化具有时序性，并划分为起始阶段、成长阶段和成熟阶段，各阶段受资源环境的限制具有不同共生状态。依据产品制造资源权属、处理能力及价值能力三个标准，将竞合主体类型划分为主导式主体、合作式主体及嵌入式主体；从产品制造资源相似性和产品制造资源归属性两个竞合维度，将主体竞合关系划分为孤立型、冲突型、友好型以及协同型四类竞合关系。

第3章 高端制造业生态系统平台的数智化融合机制设计

近年来,外部环境不确定性加大,全球通货膨胀仍处于高位,世界经济和贸易增长动能减弱,外部打击遏制不断上升,国际形势日益严峻,世界正面临百年未有之大变局。与此同时,国内发生重大卫生事件,经济发展、医疗体系等受到了全方位的冲击,中国的制造业在该背景下的发展短时间内举步维艰。同时,中美贸易摩擦愈加频繁,中国已经成为美国反倾销调查的重点国家。作为实体经济的强大基石和中国经济发展的重要支柱的制造业,既是"中国制造2025"顺利实现的内在要求,也是使中国制造业走向国际的关键节点。

本章在资源—环境双重资源的约束下,从构建高端制造业生态系统数智化信息融合架构,到高端制造业生态系统的信息融合方案,再到优化高端制造业生态系统的组织韧性,完整地介绍了高端制造业生态系统的数智化融合过程,为高端制造业生态系统在我国的发展提供参考。

3.1 数智化信息融合过程与框架

随着数字化、智能化的不断发展,各领域的信息规模呈爆炸性增长,数据信息成为企业数字化建设和发展,是获得竞争优势不可缺少的利器。作为促进高端制造业生态系统创新和可持续发展的关键因素,信息若能得到有效的聚合和应用,可为高端制造业生态系统提供高效的信息服务,驱动制造业生态系统的发展。然而,系统中的数据和信息由于格式标准不一、来源和分布广泛以及结构多样等问题,给信息的组织、重用和共享等工作造成了阻碍。

3.1.1 系统平台构成

高端制造业是在传统制造业的基础上发展而来的。具有更强的技术性、创新性和时代性,是一国制造业竞争力的核心部分。随着互联网的发展和人工智能的普及,高端制造业不只是从传统制造业发展出来的部分,还有运用新技术和新知识共同改进的部分。而高端制造业生态系统平台作为信息技术与制造业深度融合的产物,基于海量行业数据采集、汇聚以及分析制造业大数据的服务体系,支撑制造业资源泛在连接、弹性供给、高效配置,借助大数据技术对制造业大数据进行分析,整合上下游信息资源,能够为制造业企业提供研发设计、生产制造、销售运营等方面的功能应用、行业解决方案以及相关知识模型,满足企业的需求,降低企业的运营风险和成本,助力企业转型升级。

高端制造业生态系统平台包括边缘层、基础设施层(IaaS)、平台层(工业 PaaS)、应用层(工业 SaaS),具体如图 3-1 所示。

(1)边缘层通过大范围、深层次的数据采集、异构数据的协议解析与转换、边缘数据的处理,构建起高端制造业生态系统平台的数据基础。边缘层主要工作包括海量数据的采集、多源异构数据的归一化和集成、底层数据的汇聚处理以及向云端平台的集成。其中,边缘层的边缘计算基于先进的技术和工具,能有效提升系统的反应速度和数据传输速度。

(2)基础设施层(IaaS)是高端制造业生态系统平台的基础,主要为平台提供包含互联网、服务器、计算、存储、资源管理等功能的云基础设施,支撑高端制造业生态系统平台的运行工作。作为设备和平台应用的连接层,基础设施层为平台层和应用层的功能运行、应用服务的供给等提供了完整的云基础设施服务。

（3）平台层（PaaS）是整个高端制造业生态系统平台的核心，包含应用开发、制造业微服务组件库、制造业数据建模和分析、制造业大数据系统、资源部署和管理等服务和功能。借助平台优势，平台层能够基于大数据相关技术和方法，实现对制造业数据的收集、存储、深度处理和挖掘，更好地发挥数据的价值，同时，平台层也为制造业APP的开发、测试、部署和应用提供了良好的环境。

（4）应用层（SaaS）是高端制造业生态系统平台的关键，它是对外服务的关口，直接与平台的各类用户进行对接，从而体现数据最终的应用价值。应用层根据各类开发者基于平台层丰富的制造业微服务组件库和应用开发环境所开发的设计、生产、管理、运营、服务等场景下的工业APP，为用户提供与需求相匹配的服务支持，实现对制造业生态系统知识和相关经验的积累、沉淀、复用和创新[112]。

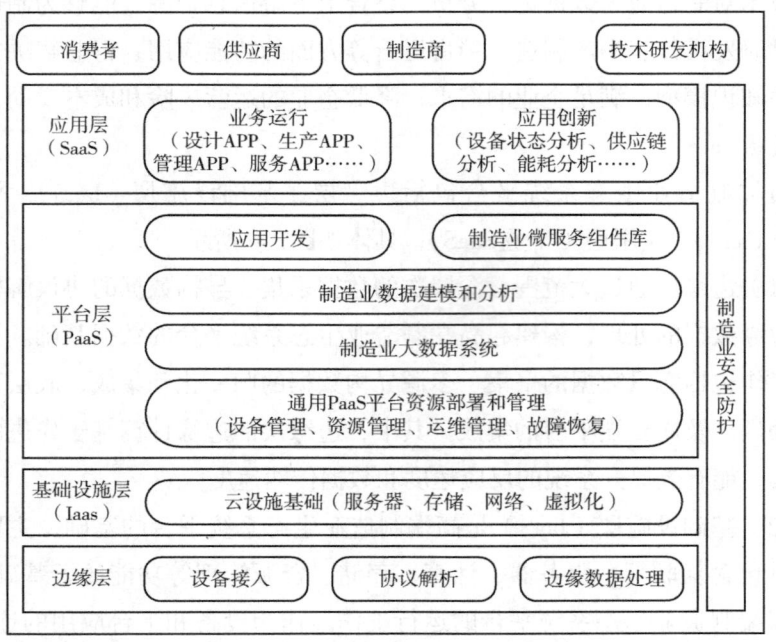

图3-1　高端制造业生态系统平台架构

3.1.2 系统平台数智化信息类型

合理的分类是进行信息管理的基础,由于高端制造业生态系统平台中信息复杂多样,每时每刻都有大量新的信息产生,存在信息冗余问题,且不同平台服务模块中的信息具有强关联性,信息之间相互影响和促进,亟须对高端制造业生态系统平台中的信息进行归类整理,以促进信息的应用、流动和共享。高端制造业生态系统平台中信息资源的分类,是通过分析梳理制造业领域的业务流程、行业特点以及产品服务全生命周期产生和应用的信息数据,对信息资源进行系统性的逻辑划分。

从已有研究来看,高端制造业生态系统平台的信息资源可以分为平台自身基本信息、平台服务能力信息和平台中企业信息三大类[113],平台企业的信息资源包括但不限于运营信息和企业管理信息,在数据分析层面,可供平台调用的信息数据包括:物理数据、经营数据、能力数据、用户数据和产品数据。依据现有的分类,遵循高内聚、低耦合的原则,将高端制造业生态系统平台信息资源分为平台企业基本信息、平台运营信息、企业客户信息三大核心类,并对每一核心类进行细分,结果如图3-2所示。

(1)平台企业基本信息。主要包括平台开发者、平台服务商、平台企业的人员财务信息等基本信息,反映平台企业的状况。

(2)平台运营信息。主要包括平台中的制造业APP、生态服务、行业解决方案、各类知识模型、物联采集信息、资源共享信息、交易活动信息等,体现了平台的服务能力。

(3)企业客户信息。主要是平台中的用户信息,包括用户企业的基本状况,云企业在各环节的管理系统信息以及企业外部的行业动态、政府政策等信息。

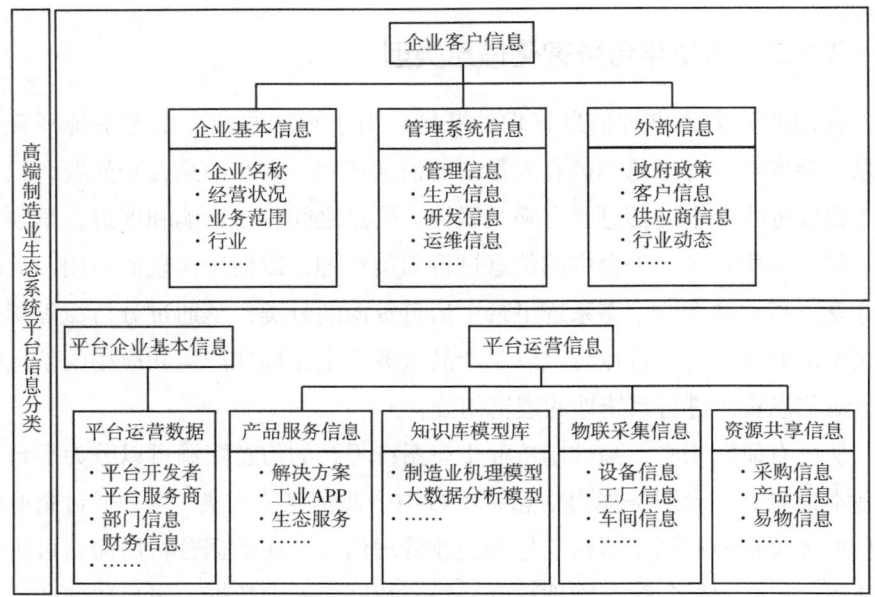

图 3-2　高端制造业生态系统平台信息分类

3.1.3　系统平台信息融合要素与过程

信息融合的本质是将单个或多个数据源的数据和信息按照一定的规则进行关联、分析、综合处理，获得更充分、准确的信息，通过信息融合可以更深层次地挖掘数据中的价值，减少信息疏漏和决策失误，为信息检索、信息推理、数据挖掘等服务奠定基础[114]。高端制造业生态系统平台的信息融合是将平台中多源异构的信息资源整合到一起，使信息得到有序、规范的描述，更好地释放信息价值，为平台的信息组织、管理、共享及应用提供一定的参考。

关于高端制造业生态系统平台信息融合的要素主要包括主体、客体、工具、服务对象四类。

（1）信息融合主体是信息融合活动的主导者。高端制造业生态系统平台信息融合的主体主要是平台企业，通过信息融合，为平台决策提供支持，向平台用户提供更加高效、准确、完善的信息服务。

（2）信息融合客体是指信息融合的对象，即信息资源，是实现信息融合的基本要素。包括来源于平台企业、用户企业、外部环境以及平台中不同主体之间信息系统、交易活动等方面的数据和信息。

（3）信息融合工具是实现信息融合的技术手段。主要指进行信息融合的过程中所应用到的方法和工具，在信息的获取、处理、整合、挖掘推理各个阶段发挥重要作用，促进信息的高效组织和应用。

（4）信息融合服务对象是信息融合之后最终提供服务的接受者。包括高端制造业生态系统平台中的平台企业、企业用户、个人用户、科研机构、高校师生等。

根据信息融合的要素，分析各要素之间的关系，如图3-3所示。

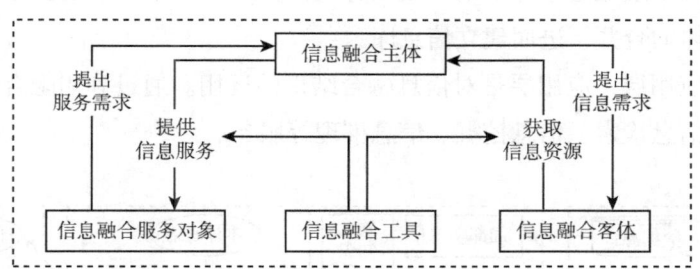

图3-3 信息融合要素关系

信息融合主体在明确服务对象的需求或要为其提供的服务的基础上，确定信息融合的目标和信息需求；高端制造业生态系统平台根据信息需求从信息融合客体中获取相应的信息资源，进行初步的清洗、筛选等操作后，应用信息融合工具如本体技术对信息进行处理，使信息得到规范化的表示，便于后续的利用；根据信息融合的方法和技术对信息进行重组、关联、合并等操作，实现信息资源的融合；服务对象可对信息融合生成的信息进行使用，信息融合主体也可根据融合所得的信息进行挖掘、推理获取更深层次的信息和知识，为服务对象提供更好的信息服务。

采用基于本体的方法进行高端制造业生态系统平台信息融合，高端制造业生态系统平台中庞大的信息资源不能依靠单一的本体就实现整合和管理，而根据不同数据源建立的本体之间存在着大量的映射、引用以及重叠关系，从而导致数据信息的冗余。因此，结合信息融合要素及关系设计图3-4所示的高端制造业生态系统平台信息融合过程，主要包括四个层次。

（1）数据层：数据层是进行信息资源管理、信息融合的基础，汇聚了来源于平台及其用户的各类信息，包括但不限于经营数据、产品数据、能力数据和用户数据。

（2）本体层：本体层将数据和信息用统一的规范进行描述，是进行信息融合的重要环节。根据高端制造业生态系统平台领域的相关知识建立平台信息本体，依据不同数据源的信息建立相应的局部本体，为信息融合提供基础条件。

（3）融合层：融合层是实现高端制造业生态系统平台各类信息融合的关键环节。在本层通过本体映射发现实体间的关系，并依据映射关系和融合规则进行本体的合并，进而建立信息库。

（4）应用层：应用层是对信息融合结果的运用。通过利用融合得到的信息库提供信息检索、信息挖掘、信息推理等服务。

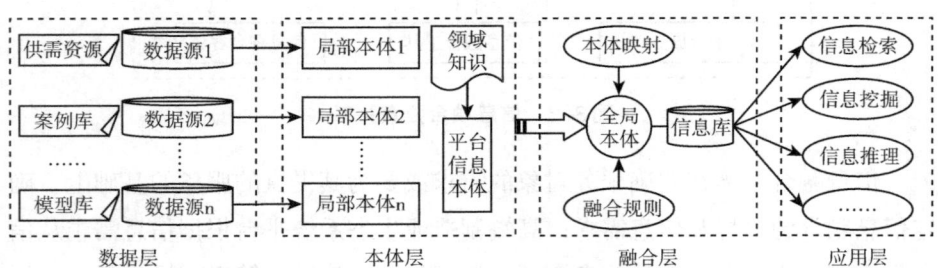

图3-4 高端制造业生态系统平台信息融合过程

3.1.4 系统平台信息融合框架

3.1.4.1 信息融合框架设计原则

高端制造业生态系统平台信息融合的目标是将分布广泛、多源异构的海量信息进行规范化、有序化的处理和整合，满足平台及用户的信息服务需求，为了提高信息融合的效率，信息融合框架的设计需要遵循以下原则[115]。

（1）科学性原则。科学性是信息融合过程中要遵循的基础原则。只有采用科学的方法收集、处理、组织信息资源，才能保证信息融合目标的实现以及结果的科学合理性，从而为平台服务对象提供正确有效的信息服务。

（2）系统性原则。面对高端制造业生态系统平台分布广泛、海量多源的信息资源，需要全面系统地考虑平台信息融合机制框架构建的过程，有序地组织和协调信息融合的各个环节。

（3）目的性原则。高端制造业生态系统平台信息融合是一项有目的的活动，是为了整合平台中各类信息资源，得到有序、完善的信息库，以此支撑平台对信息的挖掘、推理、检索等应用。因此，信息融合机制框架的构建一定要以实现目的为基本，根据目的设计各个环节的内容。

（4）有序性原则。高端制造业生态系统平台中主体之间的交互数据、传感器数据、系统数据等存储分散，存在量大无序的问题，导致信息在获取、检索等应用过程中受阻，需要借助一定的工具或手段方法来实现信息的有序化表达。有序化既是信息融合过程的目标也是要遵循的原则。

（5）完整性原则。高端制造业生态系统平台信息融合的目的在于对多源信息的整合以获取更加完善、准确的信息，若信息融合框架的设计不考虑完整性，那信息融合的过程和得到的结果将没有意义。

3.1.4.2　信息融合框架构建

通过对高端制造业生态系统平台信息融合的要素、要素关系和过程分析，根据信息融合框架的设计原则，提出的高端制造业生态系统平台信息融合机制主要包括信息获取处理机制、信息整合机制和信息挖掘推理机制三部分，如图3-5所示。

信息获取和处理机制是信息融合的基础环节，涉及高端制造业生态系统平台中的信息获取和预处理，并建立高端制造业生态系统平台信息本体模型，为后续的信息整合奠定基础；信息整合机制是信息融合的关键环节，通过阐述本体映射的定义及规则，计算本体概念的综合相似度，并根据相似度所得的映射结果和融合规则实现本体的整合，同时融合高端制造业生态系统平台中的实例信息与本体，得到信息库；信息挖掘推理机制是对高端制造业生态系统平台中信息的深层次融合以及应用的环节，通过对信息的关联和聚类挖掘，得到信息之间的隐含关系，根据关联和聚类结果以及行业经验知识定义推理规则，进行信息推理，完善信息库。

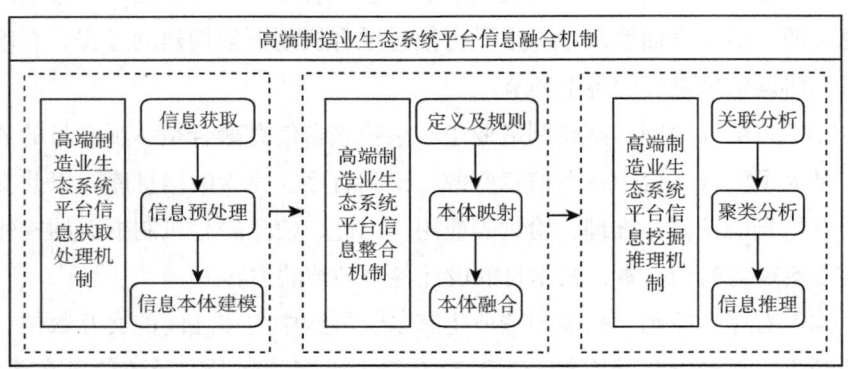

图3-5　高端制造业生态系统平台信息融合框架

3.2　数智化融合方案与机制设计

3.2.1　信息获取处理机制设计

信息融合的目的是将多源异构的信息整合起来，为提供完善准确的信息服务奠定基础。高端制造业生态系统平台中的信息来源多样，涉及的领域范围广泛，需要加工处理之后才能进一步应用。因此，设计高端制造业生态系统平台信息获取处理机制，通过分析信息需求，确定要收集的信息，并对信息进行处理，以进行统一的语义描述和有序组织，为信息融合提供基础条件。

3.2.1.1　高端制造业生态系统平台信息数据获取

（1）信息需求分析及获取。

高端制造业生态系统平台连接了海量的端层设备，具有丰富的上云企业数据、生态系统平台服务运营数据，在信息融合过程中，需要明确信息需求，收集相应主题或模块的信息数据，进行清洗、归类等处理后存储在数据库中。

对于不同的流程和环节来说，信息的具体需求是不同的，而高端制造业生态系统平台涵盖的信息资源涉及的领域范围较为宽泛，故其信息融合的过程需要循序渐进，以保证最终融合所得信息库的完备性和准确性。以解决方案的推荐决策为例，具体的方案决策流程如图3-6所示。

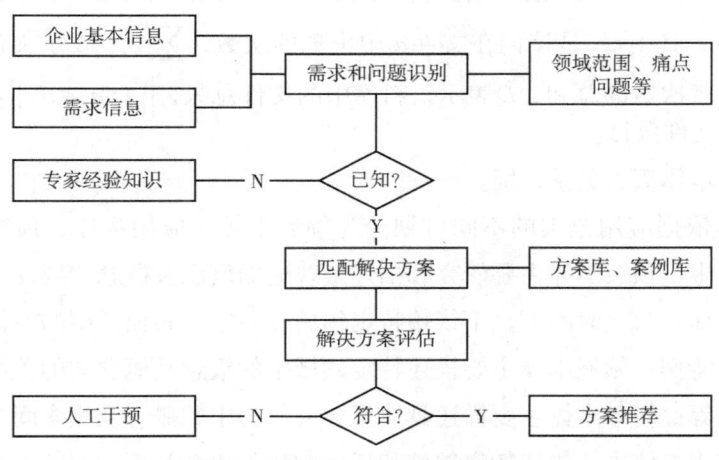

图3-6 解决方案推荐决策流程

根据解决方案推荐决策流程的具体环节可知，做出推荐决策所需要的信息包括企业用户的基本信息（企业经营范围、企业所属行业等）、解决方案需求信息（痛点问题、应用领域、主要需求等）、专家经验知识（解决相应问题的行业经验知识、专家意见等）、案例库、解决方案库等方面的信息内容。同理，高端制造业生态系统平台需要根据各种决策流程具体环节的信息需求，进行各方面信息资源的收集工作，通过对获取信息的规范化处理和融合，形成满足决策所需的信息资源库，以支持决策流程的顺利执行。

（2）领域信息获取。

高端制造业生态系统平台中涉及各种主题的结构化数据或非结构化数据，通过对这些数据的加工处理，可以实现由文本词汇向概念的映射，从而获取领域概念。领域概念是特定领域中的核心词汇,往往在词典库中占比较少,且包含许多不常用的合成词。对于数据库类型的结构化数据,可以直接依据数据库的结构获取相应的概念和属性,而对于文本型的信息,进行概念获取或者主题抽取时,在此采用基于统计的方法,选择特征权值函数TF-IDF作为指标进行特定领域概念的获取或者主题词的抽取工作中。

$$TF-IDF = TF \times IDF = \frac{n_{i,j}}{\sum_k n_{k,j}} d_j \times \log \frac{D}{1+|\{j:n_i \in d_j\}|} \quad (3-1)$$

式(3-1)中:TF是词频,表示词汇在文本中出现的频率,IDF表示逆文档频率,其中$n_{i,j}$是该词在文件d_j中出现的次数,$\sum_k n_{k,j}$表示文件d_j中所有词汇出现次数的总和,D表示语料库中的文件总数,$|\{j:n_i \in d_j\}|$表示包含词汇n_i的文件数目。

(3)本体概念关系识别。

本体依据应用范围的不同可划分为领域本体、应用本体、顶级本体等类型。其中,顶级本体主要研究和描述最普通的概念及概念、属性和语义间的关系,如行为、时间等,不依赖特定领域和问题,其他类型的本体都是顶级本体的特例;领域本体主要描述特定领域中的概念及概念间的关系,如医疗、农业等;任务本体主要描述具体任务或行为中的概念及概念间关系,如治疗;应用本体主要描述特定领域和任务的相关概念及概念间的关系。本节的主要研究对象是领域本体,概念是构成本体的基本要素,本体中的概念都不是独立存在的个体,而是存在丰富的语义关系,这些关系能体现概念之间关联、概念特征和概念构成。结合本体概念层次构建的需求,总结出以下常见的概念关系:

①上下位关系。体现不同概念之间的包含、继承类关系。

②序列关系。体现出概念之间在空间、因果等方面的关系。

③整体—部分关系。体现不同概念之间的整体和部分关系。

④实例关系。表示概念与概念实例之间的关系。

⑤等价关系。表示概念之间在逻辑或含义上的相同关系。

总的来说,概念关系主要可分为分类关系和非分类关系[116]。分类关系和上下位关系能够显著体现概念的层次结构。非分类关系如序列关系，不能显著表现出概念的层次结构，但能表明概念之间存在一定的语义关联，使本体具有更加完整的逻辑结构，完善本体的语义知识表达。

高端制造业生态系统平台相关信息的概念关系除了包含上述常见的几种关系外，还需要根据具体的行业规则和经验知识定义领域内的信息概念关系，如供应、购买、运维等关系。

3.2.1.2　高端制造业生态系统平台信息预处理

高端制造业生态系统平台的信息主要包括产业链信息、技术创新系统、资源共享信息、数据共享信息、金融服务信息等。同时，高端制造业生态系统平台包含的领域各式各样，故数据的类别、质量等也是各有不同。在数智化融合的过程中，数据和信息的质量直接影响着信息融合的效果，分析和决策的效果也依赖于高质量的信息，因此在应用信息前需要对高端制造业生态系统平台中的原始信息进行处理来提高信息质量。对高端制造业生态系统的信息预处理的好处在于可以提高后续分析的准确性和效率。如果不进行预处理，数据中的噪声、缺失值等问题可能会导致分析结果的不确定性。同时，预处理可以帮助减少数据集的大小，从而提高计算效率。

高端制造业生态系统平台的信息可以通过互联网、云计算、大数据等技术手段进行收集、整合和分析，以支持平台上的各种业务活动和决策。这些信息的共享和利用可以促进产业链上的企业协同创新、资源优化配置和价值共创，以推动高端制造业生态系统的发展和升级。

（1）数据清洗。

数据清洗是通过对数据进行审查和校验，按照一定的规则处理无效值和缺失值，以保证数据的一致性。主要包括缺失值处理、冗余处理、数据标准化等多个流程。

①缺失值处理：高端制造业生态系统平台获取到的信息中难免存在不完整或者缺失的数据，需要视具体情况选择缺失值处理的方案，例如以下几种情形。

a.直接删除法：当一条信息中有大量的属性存在的缺失值，包含的有效信息极少且关键属性缺失时，可利用的价值较低，因此直接删除包含缺失值的元组。

b.人工填补法：当存在缺失值的信息元组较少，缺失的信息较为关键时，进行人工填充的方法，如部分平台部分用户企业的信用评价、履约信息获取不完整，可进行信息的二次搜集，采用手动填充的形式，只是该方法效率较低。

c.均值插补法：如果缺失值是定距型的，可以该属性的平均值进行填补；如果是非定距型的，根据统计学方法如众数原理补齐缺失值。

②冗余数据处理：收集到的信息中，存在大量的冗余信息，如根据需求信息和供应信息获得的用户企业信息中，存在大量的重复数据，可将重复信息筛选出来并剔除。

③数据标准化：在进行数据分析、数据挖掘时，需要将数据的属性规定到一定的范围内，消除信息不同属性具有不同量级的影响。在此采用归一化方法，通过属性的最大值和最小值，将原始值映射到［0，1］区间内。

（2）文本信息处理。

高端制造业生态系统平台中包含许多文本信息，如对解决方案的介绍、产品服务的介绍、需求描述、问题描述等，主题抽取、概念获取离不开对文本信息的分析，文本信息加工处理的过程中涉及以下内容。

①分词。在此利用Jieba对文本信息需要进行分词处理，使用搜索引擎模式以更准确地划分字词。

②去停用词。文本信息中包含的杂词会影响最终的分析效果，因此在对文本分词后，删除杂词、介词、连词等没有实际含义的词汇。综合选用百度停用词表、哈工大停用词表，同时不同的文本信息所需的停用词表会有所差异，所以根据需要再添加专门的频次较高的词语。

③词频统计。使用TF-IDF作为指标对处理后的文本信息进行词频统计，基于统计可获取高频词汇、词云图等。

3.2.1.3　高端制造业生态系统平台信息本体建模

高端制造业生态系统平台作为连接制造业全要素的重要枢纽，集成了海

第3章 高端制造业生态系统平台的数智化融合机制设计

量制造设备和系统数据,数据驱动了高端制造业生态系统平台迅速发展,推动高端制造业生态系统平台的创新发展[113]。海量异构、关系复杂的数据对平台的数据分析和处理能力要求较高,从中提取有价值的信息又是平台进行信息资源管理的重要工作。由于高端制造业生态系统平台中各个领域之间目前还没有建立起统一的数据标准,导致平台企业之间乃至平台内部不同模块之间信息的使用和交换受到阻碍,故引入本体模型来实现对领域知识的统一和规范化描述。为便于后续工作中本体之间的映射连接,建立高端制造业生态系统平台信息本体,来提供领域内公共知识的语义描述和样本标准。采用自顶向下的方式构建高端制造业生态系统中各个平台信息本体理论模型,设计流程如图3-7所示。

首先以各个领域平台的相关标准、应用案例等文件作为信息源,进行文本处理后获取相关概念词汇及词频数据;其次通过人工筛选得到信息概念集合,作为本体构建的概念词库备用;最后根据七步法构建该领域平台信息本体,并对本体模型进行评价以及时修正本体。

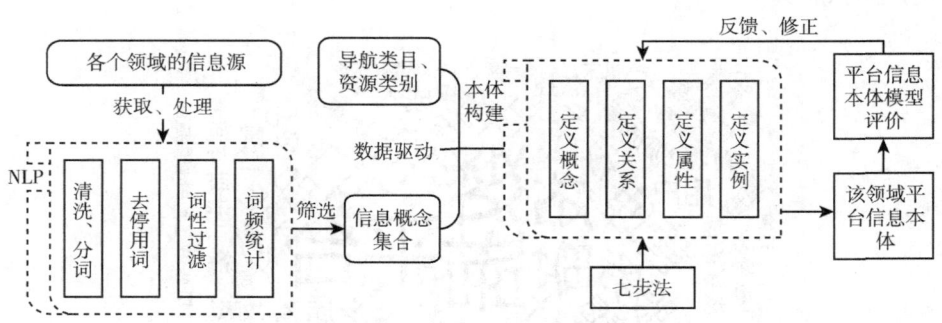

图3-7 信息本体理论模型设计流程

(1) 领域主题信息的抽取与复用。

高端制造业生态系统各平台中信息资源所涵盖的概念范围涉及领域企业的运营管理、产品服务、资产管理等多个方面,在领域核心概念获取的过程中应尽可能保证概念来源的广泛性和专业性[117]。领域概念在领域相关数据中具有分布范围广、出现和使用频次高的特点[118]。

针对选择的信息源,运用自然语言处理技术,通过清洗、分词、去停用词、词性过滤得到初始的概念集合，并进行词频统计方便概念词的进一步筛选。在初始概念集中，包含词频高但与工业互联网平台信息资源无关和词频相对较低的信息，因此，采用人工标注的方式对概念词进行确认，由此获取各个领域平台中信息资源的概念集合。以工业互联网平台为例，对工业互联网平台进行信息资源的分析，选择以《工业互联网平台白皮书》《2019年工业互联网平台创新应用案例》等著作作为概念提取的主要信息源，这些文件包含了对工业互联网平台的技术、产品服务、典型应用等方面的研究内容，从中能够总结得到工业互联网平台信息涉及的基本概念、术语、概念间的关系等知识。图3-8为概念词汇构成的词云图，通过图中字体的大小能直观反映出概念出现的频率，得到的概念集合可作为本体构建过程中领域概念的词库，便于核心概念的选取和构成。经过筛选处理得到的概念词库可以帮助研究者较清晰地了解工业互联网平台涉及的信息资源种类，从概念集合和词云图中可知工业互联网平台中的数据信息主要来源于企业和平台的生产及运营管理全过程，涉及企业的生产、设计、销售、物流、资产管理以及平台的各类产品和服务。

图3-8 工业互联网平台信息概念词云图

（2）信息本体的构建。

构建本体时首先要明确所针对的专业领域，希望建立的本体能够尽可能、尽全面地涵盖平台中的信息资源，实现对信息资源的规范化整理和描述。在前面对高端制造业生态系统平台信息资源概念收集和归类的基础上，

第3章 高端制造业生态系统平台的数智化融合机制设计

基于本体论思想，从概念、关系、函数、公理和实例几个方面构建高端制造业生态系统中各个领域的信息本体，将平台信息本体定义为五元组：

$$IO = \langle IO\text{-}Concepts, IO\text{-}Relations, IO\text{-}Functions, IO\text{-}Axioms, IO\text{-}Instances \rangle \tag{3-2}$$

其中，IO（Information Ontology）表示各领域平台信息本体，是对平台中信息资源的概念化表示；*IO-Concepts* 表示各领域平台信息资源的概念集合；*IO-Relations* 表示概念集合中概念之间的关系集合；*IO-Instances* 表示概念所对应的实例集合；*IO-Functions* 表示函数集合；*IO-Axioms* 表示公理集合，主要对概念的属性、关系、概念之间关系进行严格的约束。

① 高端制造业生态系统各领域平台信息本体中的概念。

$$IO\text{-}Concepts = \{Subject, Time, Serviceabi, Category, Role, Activity\} \tag{3-3}$$

根据对各领域平台信息资源的分类，考虑到建立平台信息本体的实用意义，平台信息本体的全局核心概念层主要包括主体（Subject）、时间（Time）、服务能力（Serviceabi）、类别（Category）、角色（Role）、过程活动（Activity）六个核心类，采用自顶向下的方法，将每一核心类细分出若干子类，共同描述平台中的信息资源，如表3-1所示。

表3-1　部分 *IO-Concepts* 分级表

核心类	一级子类	二级子类
主体	个人类	个人用户
	组织类	平台企业
		用户企业
时间	时间段	期限
	时间点	交易时间
		发布时间
		截止时间
服务能力	产品服务	工业APP
	供需资源	供应信息
		采购信息

续表

核心类	一级子类	二级子类
服务能力	物联采集	产品数据
		机器设备数据
		供应链
	生态服务	保障服务
		知识服务
		金融服务
	知识库模型库	应用案例
		数据分析模型
		服务信息模型
		物模型
		知识信息模型
		过程控制模型
		过程管理模型
	解决方案	行业解决方案
		领域解决方案
类别	行业	
角色	领域	
	供应方	
	需求方	
过程活动	供需活动	
	物流活动	
	运维活动	

②高端制造业生态系统各领域平台信息本体概念之间的关系。

$$IO-Relations = \{R(C_1,C_2) | C_1,C_2 \in IO-Concepts\} \quad (3-4)$$

C_1、C_2 表示各领域平台信息本体中的任意两个概念，这两个概念之间的关系代表了平台中两类信息之间的联系。各领域平台包含的海量信息资源涉及较多的概念，且信息间关联关系复杂，从语义角度出发，根据对平台信息资源的分类，并结合具体各领域平台的导航类目信息，梳理并给定概念间的关系，部分关系属性如表3-2所示。

表 3-2　　　　　　　　工业互联网平台信息本体部分关系表

关系名称	描述
is-a	概念之间的父子继承关系
part-of	描述概念间部分和整体的关系
attribute-of	概念之间的属性关系
instance-of	概念与实例的关系
hasRole	表示主体承担的角色
atTime	描述活动与时间之间的关系
hasPlan	描述主体与解决方案之间的关系
hasSupply	描述主体与服务能力之间的供应关系
hasDemand	描述主体与服务能力之间的需求关系

③高端制造业生态系统各领域平台信息本体中的函数。

$$IO-Functions=\{C_1\times C_2\times\cdots\times C_{m-1}\to C_m\mid C_i\in IO-Concepts\} \quad (3-5)$$

C_i是各领域平台信息本体中的概念（类），函数表达概念之间特殊的关系，根据此关系可以由前 $m-1$ 个元素推理出第 m 个元素。如在各领域平台信息本体模型中，根据解决方案的服务对象、功能板块可以选择合适的解决方案，根据物品名称、物品品相、期望交换物品等选择易物对象。

④高端制造业生态系统各领域平台信息本体中的公理。

$$IO-Axioms=\{A\_CO\cup A\_IN\cup A\_EQ\} \quad (3-6)$$

公理对本体中的类、关系、属性等进行约束。各领域平台信息本体中的公理包括类公理和关系公理，实现对类与类之间、属性与属性之间、类与实例之间的约束，从而完善本体概念的定义。A_CO 表示类的继承关系公理，如工业机理模型 $\in$ 知识库模型库。A_IN 表示实例公理，A_EQ 表示等价关系公理，两个概念（类）是等价的，如采购 $\Leftrightarrow$ 需求。

⑤高端制造业生态系统各领域平台信息本体中的实例。

$$IO-Instances=\{I\_APP\cup I\_Time\cup I\_Service\cup\cdots\cup I\_Users\} \quad (3-7)$$

实例是本体模型中类的实际存在，是最基础的元素，各领域平台中包含的各类信息即实例的主要来源。根据平台中的工业APP、解决方案、供需信息、企业、服务商等数据，创建各概念类的具体实例，如 I_APP 是工业APP的实例，I_Users 是用户企业的实例，I_Service 是生态服务的实例。

（3）信息本体的形式化表示。

随着本体在信息检索、人工智能等领域的应用和发展，本体构建工具也越发丰富和成熟，包括 Protégé、WebOnto、OntoEdit、OILED 等。考虑到构建高端制造业生态系统中各个领域平台信息本体的目的是能让平台更方便地管理和组织信息资源，实现信息的共享重用，而平台中信息种类多、范围广，且处在动态发展中。因此，本体的构建要考虑可扩展性，构建工具选择可扩展性较强的 Protégé，并使用基于此工具的七步法构建各领域平台信息本体。结合上述的基础模型，通过扩展概念、属性、关系、实例等结构，丰富信息本体。

①确定本体的专业领域和范围。本书面向的是各领域平台中的信息资源，通过参考现有的主题词表和典型各领域平台网站的导航类目，对平台相关信息进行本体构建，使建立的本体能够描述平台中的信息资源。

②现有本体的复用。在考虑对现有本体的复用时，查询和梳理现有的制造业领域本体，可以发现已有研究多是对制造业某一具体问题构建本体，如设备故障诊断本体、工艺特征本体等，与本书的主要目标不同，所以暂不进行复用，但在之后的研究中若聚焦于更具体的问题，为扩展和丰富平台信息本体以及推理的需要可有选择的进行复用。

③列出重要术语。根据前面获取的各领域平台概念集合，参考分类信息和实际数据选取概念术语。

④定义类和类的等级。根据基础模型定义的概念及等级，将其添加到 Class 界面。

⑤定义类的属性。为了描述类的内在结构和类间的逻辑关系，需要定义本体中关键类的属性，主要包括对象属性和数据属性，对象属性反映信息本体中创建好的类与类之间的关系，数据属性则表示类的实例对象的属性特征、数据类型，根据数据源确定。

⑥定义属性的分面。属性的分面即属性的取值特征，包括取值类型、容许的取值范围和个数等，如将"产品名称""行业""应用领域"等属性的取值类型设置为文本型，将"规格报价""销量"等属性设置为数值型。

⑦创建实例。在本体的应用过程中，根据收集的信息为各个类添加具体的实例。

在 Protégé 的 Class、Object Property 和 Data Property 界面添加完概念、属性及属性分面之后，得到的高端制造业生态系统某一个领域平台信息本体概念及其关系如图3-9所示。

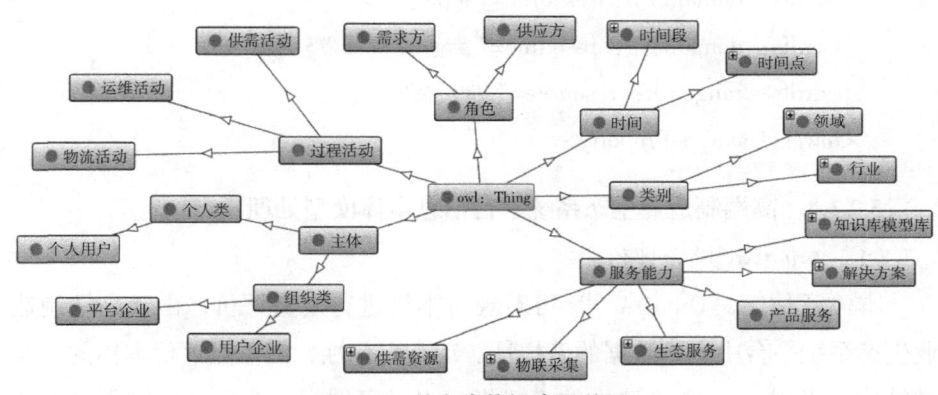

图3-9 信息本体概念及关系

构建完成的各领域平台信息本体保存为OWL格式，OWL能够实现对本体的语义描述，用使计算机理解的形式描述本体的概念、属性等之间的逻辑关系，也为知识推理奠定了基础，部分描述如下：

对产品服务概念（Class）的描述

<owl：Class rdf：about=" #产品服务 ">

  <rdfs：subClassOf rdf：resource=" #服务能力 "/>

</owl：Class>

对hasAreaC对象属性（ObjectProperty）的描述：

<owl：ObjectProperty rdf：about=" #hasAreaC">

  <rdfs：subPropertyOf rdf：resource=" l#topObjectProperty"/>

  <rdfs：domain rdf：resource=" #产品服务 "/>

```
<rdfs：domain rdf：resource="#解决方案"/>
<rdfs：range rdf：resource=" #领域"/>
</owl：ObjectProperty>
```

对 ApplicationField 数据属性（DatatypeProperty）的描述：

```
<owl：DatatypeProperty rdf：about=" #ApplicationField">
<owl：equivalentProperty rdf：resource=" #AreaClassification"/>
<rdfs：subPropertyOf rdf：resource=" #ResourceCategory"/>
<rdfs：subPropertyOf rdf：resource=" #Supply"/>
<rdfs：domain rdf：resource=" #供应"/>
<rdfs：domain rdf：resource=" #应用领域"/>
<rdfs：range rdf：resource=" #string"/>
</owl：DatatypeProperty>
```

3.2.1.4 高端制造业生态系统平台信息本体模型处理

（1）本体模型综合评价。

本体评估工具OntoQA[119]可对现有本体进行定量评价，由于高端制造业生态系统平台中实例数据的多样性、动态变化性，需重点评价本体的内容和结构，采用OntoQA方法中的模式指标组对高端制造业生态系统平台内各领域的信息本体进行评价，从类的利用率、关系多样性、属性丰富度三个方面评价本体，为本体校正提供参考依据。

①类的利用率（Class Utilization，CU）

$$CU = \frac{C'}{C} \tag{3-8}$$

式（3-8）中：C'代表各领域平台信息本体可添加实例的类的数量，C表示本体定义的类的总数。该指标反映了本体的使用情况，数值越大代表本体内容越丰富。

②关系多样性（Relationship Diversity，RD）

$$RD = \frac{P}{H+P} \tag{3-9}$$

式（3-9）中：H表示继承关系的数量，P表示本体中除继承关系外其他类关系的数量。该指标反映了本体中各种关系的分布情况，其他关系占比越高即 RD 取值越接近于 1 代表本体类之间的关系多样性越高。

③属性丰富度（Attribute Richness，AR）

$$AR = \frac{A}{C} \qquad (3-10)$$

式（3-10）中：A 表示信息本体中具有的属性总数，AR 表示本体中平均每个类具有的属性数。该指标能反映本体的内容是否丰富，AR 取值越高代表本体中的类包含的相关信息越丰富。

按照上述方法，以工业互联网平台为例，计算该领域内信息本体的相关评价指标如表 3-3 所示。

表 3-3　　　　工业互联网平台信息本体 OntoQA 评价结果

评价指标	计算公式	计算结果
类的利用率 CU	$CU = \dfrac{C'}{C}$	0.72
关系多样性 RD	$RD = \dfrac{P}{H+P}$	0.46
属性丰富度 AR	$AR = \dfrac{A}{C}$	1.63

类的利用率结果为 0.72，能添加实例得到应用的类较多，但由于本体的构建是一个螺旋上升、不断前进的过程，且作为高端制造业生态系统中一个领域，工业互联网平台中信息具有动态变化的特性，本体中的类及层次结构要根据实际情况进行调整，做适当的补充或更改。关系多样性结果为 0.46，除继承关系以外的其他关系占比接近一半，表明平台信息本体能够表达信息之间的关联关系。属性丰富度结果为 1.63，证明平台信息本体对相关类的表示较为全面，内涵较丰富。从评价结果可以看出，所构建的工业互联网平台信息本体能够对平台中的信息资源进行有序化、结构化的表示，同时保留了信息之间丰富的关联关系，说明该本体具备一定的应用价值。

（2）本体模型的完善。

以建立的高端制造业生态系统平台各领域信息本体作为高端制造业生态

系统平台各领域信息融合的全局本体，提供领域知识通用的语义描述。高端制造业生态系统平台各领域的局部本体按照从关系型数据库到本体模型的映射和匹配规则建立：数据库中的表名对应本体模型中的类，表中每列的属性对应类的数据属性，表中每行详细数据对应本体中相应类的实例，通过外键建立的表之间的关系对应类之间的关系。

根据不同数据源或不同类型的信息资源建立的高端制造业生态系统平台各领域局部本体与平台信息本体所组成的本体库为信息融合提供了基础条件。需要注意的是，数智化背景下，高端制造业生态系统平台中的信息资源具备典型的大数据特征，具有较强的动态性，信息内容多样，涉及的领域知识也会不断增加，因此领域本体以及局部本体的构建需要随之更新，不断进行补充和完善，并需要领域专家的指导以保证本体符合领域知识的结构和标准。针对这一问题，可将上面所建立的高端制造业生态系统平台各领域信息本体作为信息融合的基础本体，当领域内有新知识产生或增加了新的领域范围时，需要将新的领域知识添加到基础本体中，完成平台信息本体的更新，同时需要根据相关领域专家的指导和建议及时进行更正。在信息融合应用过程中，主要进行：①检查并更新平台信息本体，保证本体所含知识的丰富度和完善性；②根据具体需求构建基于数据源或信息种类的局部本体，满足信息融合需求；③基于本体进行信息融合，最终实现基础本体、局部本体以及新的领域知识的整合。

3.2.2 信息映射整合机制

通过对高端制造业生态系统平台信息的获取处理，实现实时数据的收集和信息的统一描述，并建立具有一定宏观性的高端制造业生态系统平台内各领域的信息本体以及包含更细致内容的局部本体。信息整合阶段的任务是将分散的信息基于融合本体整合到一起，基于局部本体和平台信息本体之间的映射关系，根据本体映射结果和融合规则确定融合点，合并不同的本体，消除信息冗余，丰富信息本体的实体和属性，完善全局本体，并依此建立信息库以实现对信息资源的有序组织，为后续阶段的推理检索等应用奠定基础。

3.2.2.1 本体概念逻辑的映射

（1）本体间映射的相关定义。

在进行本体融合的过程中，两个本体元素之间的语义关系很难直接判断，所以需要借助相似性函数来计算相似性，最终确定元素之间的映射关系，给出如下定义。

定义1：本体。本体中包含概念、属性、关系、实例等元素，O_1、O_2为要进行融合的两个本体，C_1、C_2分别为两个本体的概念集，P_1、P_2为本体的属性集，R_1、R_2为本体的关系集，I_1、I_2为本体的实例集。

定义2：相似度。$Sim(c_1, c_2)$表示概念c_1、c_2的相似度，由概念名称相似度、语义距离相似度、信息量相似度、属性相似度综合加权计算得出。$Sim(c_1, c_2) \in [0, 1]$，数值越大相似度越高。

定义3：本体映射。本体映射就是寻找两个本体元素之间对应关系的过程，如对于本体O_1中的某一概念c_1，通过映射找到本体O_2中与之相等或相似的概念。

定义4：映射关系。本节将映射关系分为相等关系、从属关系和相互不包含关系。当两个元素的相似度大于一定阈值时，认为两个元素之间是相等关系；当本体O_1中c_1的父类节点与本体O_2中的c_2是相等关系时，认为c_1是c_2的子类节点，两者具有从属关系；当两个元素之间既无相等关系，也无从属关系时，视为相互不包含关系。

（2）本体映射相关规则。

关于高端制造业生态系统平台信息融合的研究是将满足一定条件的本体实体进行整合的过程，解决不同数据源中信息异构的问题，融合相似主题的信息，消除信息冗余，进行信息补全，使得在融合后的平台信息本体中能够实现更加全面的查询或检索。图3-10为两个本体中元素融合的示例，根据本体映射结果，具有相等关系的本体元素在（a）中以虚线连接，（b）表示对相等节点c_1和c_2进行节点、属性等元素的融合过程，阴影部分表示融合后的节点，（c）为两个本体最终融合的结果。

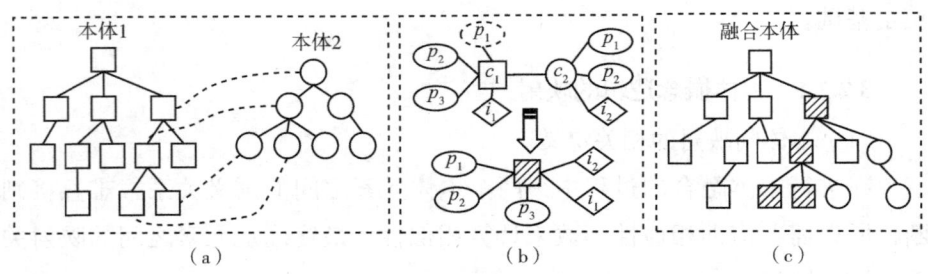

图3-10 本体融合示例

规则1：确定融合点。当$Sim(c_1, c_2) \geq \theta$时，认为$c_1$和$c_2$是相似元素，具有相等关系，确定$c_1$和$c_2$为融合点。

规则2：节点融合。当本体O_1向本体O_2进行融合时，c_1和c_2为融合点，则将c_1中的子类节点与c_2子节点进行合并。如c_{11}原为c_1的子节点，则c_{11}与c_2有从属关系，将c_{11}与c_2的子节点进行相似度计算，若存在节点c_{2i}使得$Sim(c_{11}, c_{2i}) \geq \theta$，则$c_{11}$与$c_{2i}$为融合点，若$c_{11}$与$c_2$的子节点不存在融合点，则添加$c_{11}$为$c_2$的子节点。

规则3：关系属性的合并。对于由c_1向c_2合并完的节点，根据c_1及其子节点在本体O_1中具有的关系和属性，补充到本体O_2。

规则4：实例融合。整合融合点的实例数据，若来自不同节点的实例数据属性和属性值相等，则判定为相同实例，需要消除冗余，保留一个实例即可；若实例之间仅关键属性值相等，则需进行属性信息的合并。

3.2.2.2 基于GA-SA-BP的概念综合相似度计算

本体之间的融合依靠本体映射的结果实现，相似度计算是本体映射的关键环节，为了保证相似度结果的全面性，首先从概念名称、语义距离、概念所含信息量以及概念属性四个方面进行相似度计算，然后利用基于模拟退火和遗传算法混合改进的BP神经网络算法计算综合相似度。

（1）基于概念名称的相似度计算。

概念名称相似度可以通过海明距离（Hamming distance）、编辑距离（Edit distance）、Jaccard相似系数等方法进行计算，本节采用编辑距离算法比较概念间的相似程度，编辑距离越小证明概念名称相似度越大，相似度如

第3章 高端制造业生态系统平台的数智化融合机制设计

式（3-11）所示：

$$Sim(c_1,c_2)_{name} = 1 - \frac{Dis(c_1,c_2)}{\max(|c_1|,|c_2|)} \quad (3-11)$$

式（3-11）中：$Dis(c_1,c_2)$ 表示将概念 c_1 转换为概念 c_2 所进行的插入、删除、替换等操作的最小操作次数，$|c_1|$、$|c_2|$ 分别表示概念 c_1 和 c_2 的长度，$\max(|c_1|,|c_2|)$ 即取 c_1 和 c_2 中较长的字符串长度。

（2）基于语义距离的相似度计算。

基于语义距离的相似度主要根据概念在本体树中的位置距离来衡量，通过计算本体中两个概念之间的几何距离来确定语义距离，语义距离越大证明两个概念的相似度越低，距离越小相似度越高。许飞翔[120]等综合考虑了公共父节点在本体中的深度、概念对之间的最短路径等影响因素，但是忽略了边的类型即概念之间的关系类型对路径的影响。本体中概念与概念之间存在着丰富的语义关系，这些语义关系也影响着概念的相似度，因此，本节引入关系因素，结合已有研究[120,121]给出的概念关系的权重，定义相应关系的权重，并提出语义距离相似度计算模型：

$$Sim(c_1,c_2)_{sem} = -\log\frac{D(c,c_1)+D(c,c_2)}{(Sw(c_1,c)+Sw(c_2,c)+1)+(\max(D(c_1))+\max(D(c_2)))} \quad (3-12)$$

$$Sw(a_1,a_k) = \sum_{i=1}^{k} W \cdot S(a_i,a_{i+1}) \quad (3-13)$$

$$W(a_i,a_{i+1}) = \begin{cases} 0.85, is-a \\ 0.45, part-of \\ 0.1, others \end{cases} \quad (3-14)$$

其中：c 表示概念 c_1 和 c_2 最近的公共父节点，$D(c,c_1)$ 表示 c 在概念 c_1 所在的本体中的深度，$\max(D(c_1))$ 表示概念 c_1 所在本体的最大深度，$Sw(a_1,a_k)$ 表示从概念 a_1 到概念 a_k 的加权最短路径，$Sw(c_1,c)$ 表示概念 c_1 到 c_1 和 c_2 最近的公共父节点的加权最短路径，$W(a_i,a_{i+1})$ 表示相邻两概念之间的边的权重。

(3) 基于信息量的相似度计算。

在本体中，子节点的概念共享了其父节点概念的信息内容，因此，基于概念信息量的相似度可以通过概念对最近公共父节点以及概念本身共享的信息量进行计算，共享信息量越大概念相似度就越大[120]。通用的信息量相似度计算模型中，在进行信息量计算时仅考虑了训练样本中概念出现的频次，而概念在本体树中的深度、密度对信息量的相似度计算都有较大影响[122,123]。概念节点在本体中所处的深度越小，说明概念抽象程度越大，包含的信息量越少，概念节点密度越小即概念下位词数量越少，节点包含的信息量越多，因此提出基于概念在本体中深度和密度的信息量计算方法如式（3-16）所示，在此基础上计算信息量相似度：

$$Sim(c_1,c_2)_{ic} = \frac{IC(P(c_1,c_2),c_1)+IC(P(c_1,c_2),c_2)}{IC(c_1)+IC(c_2)} \quad (3-15)$$

$$IC(a) = \left(\frac{\log(D(a))}{\log(\max D(a))} + \prod_{1}^{D(a)}\frac{1}{h_i}\right) \times \left(1 - \frac{\log(hypo(a)+1)}{\log(\max Node(a))}\right) \quad (3-16)$$

其中：$IC(P(c_1,c_2),c_1)$ 表示两个概念的最近公共父节点在 c_1 所在本体树中的信息量，$IC(c_1)$、$IC(c_2)$ 表示概念 c_1、c_2 的信息量。$D(a)$ 表示概念 a 在本体树中的深度，$\max D(a)$ 表示概念 a 所在本体树最大深度，$hypo(a)$ 表示概念节点 a 在本体树中的子节点总数，$\max Node(a)$ 表示概念 a 所在本体树中的所有概念节点数量，h_i 表示第 i 层的概念节点数量。

(4) 基于属性的相似度计算。

概念节点具有多个属性，因此概念相似度可以通过计算概念之间属性集的相似度来体现，概念间拥有的公共属性数量越多，两个概念相似度越大，结合 Tversky 等[121,124]的计算方法提出改进的概念属性相似度计算模型，如式（3-17）所示：

$$Sim(c_1,c_2)_{pr} = \frac{f(c_1 \cap c_2)}{f(c_1 \cup c_2) - \lambda f(c_1 - c_2) - (1-\lambda) f(c_2 - c_1)} \quad (3-17)$$

$$\lambda = \begin{cases} \dfrac{f(c_1-c_2)}{f(c_1 \cup c_2)-f(c_1 \cap c_2)}, & f(c_1) \geq f(c_2) \\ 1-\dfrac{f(c_1-c_2)}{f(c_1 \cup c_2)-f(c_1 \cap c_2)}, & f(c_1) < f(c_2) \\ 1, & f(c_1 \cup c_2)=f(c_1 \cap c_2) \end{cases} \quad (3-18)$$

其中：$f(c_1)$、$f(c_2)$ 表示概念 c_1、c_2 的属性个数，$f(c_1 \cap c_2)$ 表示概念 c_1、c_2 的公共属性数量，$f(c_1 \cup c_2)$ 表示概念 c_1、c_2 的属性并集中的属性总量，$f(c_1-c_2)$ 表示概念 c_1 具有但概念 c_2 没有的属性数量，$f(c_2-c_1)$ 表示概念 c_2 具有但概念 c_1 没有的属性数量。

（5）综合相似度计算。

传统的综合相似度计算过程中，人工赋予权重具有较强的主观性，因此引入遗传模拟退火改进的BP神经网络计算模型来使结果更科学。BP（Back Propagation，BP）神经网络模型具有较好的容错能力、非线性映射能力以及高度的自学习和自适应能力，被广泛应用数据压缩、模式识别、预测和分类等场景中。然而传统的BP神经网络算法学习速度较慢、容易陷入局部最优，遗传（Genetic Algorithm，GA）算法是一种基于生物进化理论提出的随机搜索最优解的方法[125]，能提高算法的收敛速度，只是容易因过早的收敛而陷入局部最优，模拟退火（Simulated Annealing，SA）算法来源于固体退火原理[120]，具有较强的全局寻优能力，可以避免搜索过程中陷入局部最优的情况。因此，本节应用遗传算法和模拟退火算法混合优化BP神经网络，综合它们的优点，提高模型的训练速度和求解质量，主要计算流程如图3-11所示，步骤如下。

①确定BP神经网络，构建BP神经网络的网络结构。输入层由基于概念的名称相似度、语义相似度、信息内容相似度和属性相似度构成，输出层为概念的综合相似度，故输入层节点数为5，输出层节点数为1，隐藏层的节点个数 h 根据经验式（3-19）确定：

$$h = \sqrt{i+o}+b \quad (3-19)$$

其中：i 表示输入层节点数，o 表示输出层节点数，b 为 [0，10] 范围内的整数。

②读取数据,并对数据归一化处理:

$$x' = \frac{x - \min(x)}{\max(x) - \min(x)} \qquad (3-20)$$

③遗传算法和模拟退火算法参数设置、种群初始化。设置进化代数、种群规模、交叉概率、变异概率、初始温度、终止温度、退火系数等参数,根据BP神经网络的结构计算个体染色体的长度L,随机生成第一代种群。

$$L = i \times h + h \times o + h + o \qquad (3-21)$$

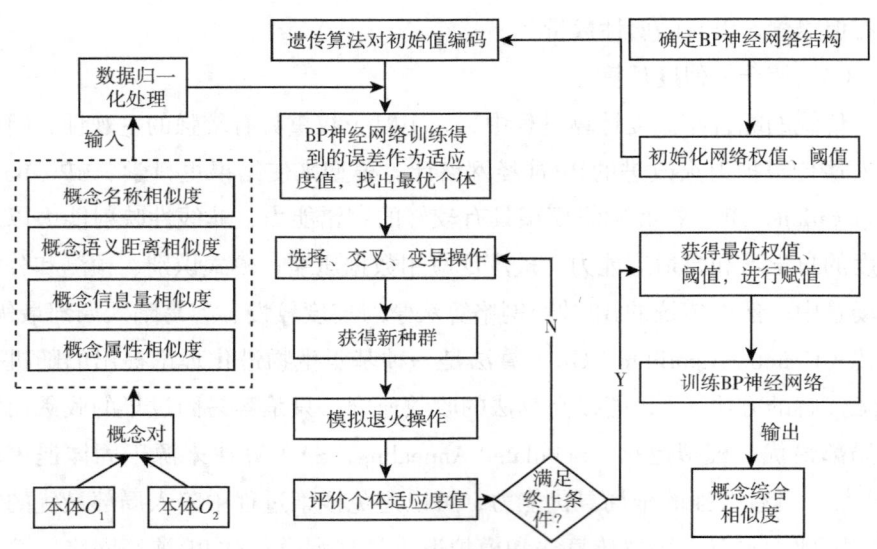

图3-11 基于GA-SA-BP的概念综合相似度计算

④计算个体的适应度。根据适应度值找到当前种群中的最优个体。

⑤遗传操作。以轮盘赌法进行个体的选择,对种群中的较优个体执行交叉、变异操作,形成新的种群。

⑥模拟退火操作。对个体执行退火操作,根据Metropolis准则判断是否接受新解作为当前解。

⑦计算种群中的个体适应度,进行个体评价,更新种群。

⑧判断是否达到结束条件,若达到,则输出最优解,否则进行下一轮迭

代直至满足停机条件。

⑨将最优个体解码,赋值给BP神经网络得到最优权值和阈值,执行优化后的神经网络模型,输出计算结果。

3.2.2.3 信息本体间概念—逻辑关系的整合

(1) 信息本体整合。

根据相关定义和规则,设计高端制造业生态系统平台内各领域本体整合的步骤如下:

步骤1:给定要融合的两个本体O_1、O_2,从本体O_1第一层某一节点c_i开始,遍历本体O_2中的所有节点c_j,计算概念综合相似度。

步骤2:若存在某一节点$Sim(c_{im}, c_{in}) \geq \theta$,即存在相似或相等的概念对,标记节点$c_i$为融合点,跳转步骤3,否则跳转步骤4。

步骤3:用c_i的子孙节点遍历的c_j子孙节点。标记子孙节点中的融合点,融合节点,进行属性、关系和实例信息的合并调整;对没有相似或相等概念的子孙节点进行标记,添加到本体O_2相应层级中,同时调整对应节点的关系和属性。

步骤4:遍历O_2的下一层节点,计算概念综合相似度,跳转步骤2,直至遍历完所有节点。

步骤5:若遍历完O_2中的所有节点之后仍未发现相似节点,则将该节点直接添加到相应层级,调整关系和属性后再进行标记。

步骤6:遍历O_1未标记过的节点,跳转至步骤2,直至标记完所有节点。

(2) 实例数据与本体模型合并。

基于本体映射技术实现高端制造业生态系统平台各领域的不同本体的整合之后,可以直接用Protégé保存最终的本体,并能进行基础的推理分析操作。但当面对大规模的实例数据时,Protégé的存储和处理受限,为体现信息、知识之间的层次以及关联关系,需要存储在特定的数据库中,如关系数据库Jena、图数据库Neo4j。相较于传统数据库,关系数据库和图数据库能够保留信息的语义关系,基于本体映射到数据库中进行存储,能够提高信息的检索效率和准确率,还可实现知识的推理。因此,在本体整合阶段,主要进行各领域平台相关本体概念和逻辑关系的整合，最终得到融合本体的概念层次和属性，然后再向整合本体中补充实例数据，以构建信息库。

实例数据在信息获取与处理阶段存储在关系数据库中，根据本体映射结果，合并数据库中含义相同的表中数据。通过D2RQ工具将数据库中的数据转换为RDF三元组形式，依据本体模型中具体的类和属性按照D2RQ的映射规则对RDF文件进行修正，保证实例数据所属类的概念名称和关系的准确性。为了实现信息推理等操作，采用Jena Fuseki组件将RDF数据转化为TDB格式，构建TDB数据库，最后将实例的TDB数据库与整合后的本体进行合并映射，存储在Jena数据库中。由多方数据资源融合而成的信息库中蕴含丰富的信息关联关系，能为平台提供更全面的检索结果，也便于信息的深层挖掘，提高高端制造业生态系统平台对信息资源的利用能力。

3.2.3　信息挖掘推理机制

高端制造业生态系统中的信息之间存在丰富的内涵和联系，挖掘推理机制的主要目的就是通过关联和聚类分析挖掘信息之间隐含的关系和知识，进而定义相关的推理规则，丰富和完善信息库，提供更全面的信息内容。

3.2.3.1　信息挖掘推理流程

对高端制造业生态系统信息的挖掘推理就是借助信息资源之间的关联，通过数据挖掘方法以及推理等形成新知识的过程。针对高端制造业生态系统的决策需求，结合收集以及处理过后得到的信息资源，根据信息的特征选择合适的挖掘方法，通过关联聚类分析以及基于规则的推理获取更多的知识。

为进一步完善信息库，提供更完善的信息服务，高端制造业生态系统信息挖掘推理采用如图3-12所示的流程。首先进行信息关联分析，通过对平台中信息的关联挖掘可以得到信息之间的关联规则；其次根据信息的特征进行聚类分析或主题挖掘，使具有共同特性、某一类别的信息聚类得到信息簇，识别并表达文本信息的主题；最后结合关联和聚类分析的结果以及行业中的知识和经验定义相关的推理规则，通过信息推理挖掘潜在信息、完善信息库。

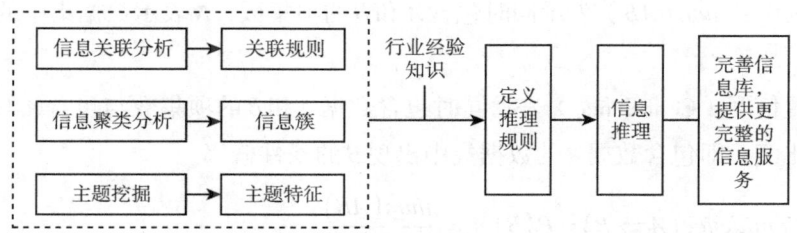

图3-12 高端制造业生态系统平台信息挖掘推理流程

3.2.3.2 信息关联挖掘

在高端制造业生态系统平台的信息库中，信息之间的关联关系错综复杂，因此，挖掘信息之间存在的潜在关系对平台的服务具有重要意义。关联挖掘可以发现高端制造业生态系统平台数据集中信息之间的关联关系、因果关系等，从而帮助平台进行经营策略、服务策略等的制定和预测。

（1）关联规则。

高端制造业生态系统平台信息库中不同的数据之间存在着一定的关联关系，利用关联挖掘可以归纳和总结数据隐含的规律和联系，从而更好地发挥数据的价值。关联规则是数据挖掘的一项关键技术，能够反映事物之间的相互依存关系和关联关系，是采用IF-THEN的形式表示的形如$A \Rightarrow B$的规则集合，其中A为关联规则的先导，B为后继，当A与B之间存在关联关系时，就可以通过A预测得到B。例如模具行业的某企业在生产制造方面存在问题，存在生产模式单一、外协外购供应链协同困难、产品研制生产周期长等问题，模具制造行业柔性化云端生产协同制造解决方案可以解决该企业的问题，那么该解决方案与企业所处行业以及业务场景存在的痛点问题之间存在关联关系。

关联规则通常用支持度、置信度和提升度这三个指标来度量。支持度（Support）表示支持程度，是同时包含数据A和B的项集数在总数据集中所占的比重，即在总数据集中出现的频率，支持度越高证明关联规则越重要，用式（3-16）表示：

$$Support(A,B) = P(A \cap B) = \frac{num(AB)}{N} \quad (3-22)$$

其中：$num(AB)$ 表示同时包含 A 和 B 的项集数，N 表示数据集中的总项集数。

置信度（Confidence）表示同时包含数据 A 和 B 的项集数与包含 A 的项集数的比值，即包含数据 A 的数据集中出现 B 的条件概率。

$$Confidence(A \Rightarrow B) = P\{B|A\} = \frac{num(AB)}{num(A)} \quad (3-23)$$

提升度（Lift）为 A 和 B 的置信度与 B 的支持度之比，反映了 A 与 B 的相关性，只有当提升度大于1时，关联规则才会有意义。

$$Lift(A \Rightarrow B) = \frac{P\{B|A\}}{P(B)} = \frac{P(A \cap B)}{P(A)P(B)} \quad (3-24)$$

（2）基于Apriori算法的关联分析。

关联规则算法通过找出数据集中的频繁项集来挖掘信息之间的关联关系，为探究高端制造业生态系统平台中交易数据、产品服务数据、信息系统数据等不同种类信息之间的关联，在此应用典型的Apriori算法来发现频繁项集和关联规则。其伪代码如下所示：

①找出频繁项集。

输入：数据库D；最小支持度阈值

输出：D中的频繁项集L

L_1=find_frequent_1_itemsets（D）；//找出频繁1项集的所以集合L1

For（k=2；$L_{k-1} \neq \emptyset$；k++）{ //产生候选集，并进行剪枝

C_k=apriori_gen（L_{k-1}，min_sup）；//根据频繁k-1项集产生候选k项集

For each transaction t ∈ D{ //扫描D进行候选计数，确定每个候选项集的支持度

C_t=subset（C_k，t）；//得到t所包含的候选项集

For each candidate c ∈ C_t

c.count++；

}

L_k={c ∈ C_k|c.count ≥ min_sup} //返回候选项集中不小于最小支持度的项集

}

Return L=$U_k L_k$；//所有频繁项集

第一步（连接 join）

Procedure apriori_gen（L_{k-1}：frequent（k-1）-itemsets）

For each itemset $l_1 \in L_{k-1}$

For each itemset $l_2 \in L_{k-1}$

If（l_1［1］=l_2［1］）^…^（l_1［k-2］=l_2［k-2］）^（l_1［k-1］<l_2［k-1］）

then{

c = $l_1 \oplus l_2$ //连接步：连接两个项集，产生候选项集

If has_infrequent_subset（c，L_{k-1}）//若k-1项集中已存在子集c则进行剪枝

then delete c；//剪枝步：删除非频繁候选项集

　　else add c to C_k；

　}

　Return C_k；

第二步 剪枝（prune）

Procedure has_infrequent_sub（c：candidate k-itemset；L_{k-1}：frequent（k-1）-itemsets）

For each（k-1）-subset s of c

If s $\notin L_{k-1}$

then return TRUE；

　Return FALSE；

②根据频繁项集产生关联规则。

输入：频繁项集、最小支持度阈值、最小置信度阈值

输出：强关联规则

Procedure GenAssociationRule（L_k，min_conf）

For each frequent_i_itemset l_i of L_k do {　//Lk集合中的每一个i项集

　If l_i is not l_itemset　//若li不是1项集

　Then {

　　　SubItems=GenSubItemSet（L_k）；　//按照项数递增的方式生成Lk的所

有子集

  AR_gen=AssociationRule（L_k, min_conf）; //产生强关联规则

  Show_AR=ShowAssociationRule（）; //显示强关联规则

 }

}

  当一个集合是频繁项集时，其所有子集也都为频繁项集，Apriori算法的主要思想就是找到最大的K项频繁集，在找出频繁项集之后，根据频繁项集生成相应的关联规则，得到高端制造业生态系统平台信息之间的关联关系，同时，所得的规则也能在后续的推理工作中得到应用。

3.2.3.3 信息聚类挖掘

  聚类挖掘可以将信息按一定的类别特征聚集在一起，聚合起来的信息资源具有某些关联或相同的特性，对高端制造业生态系统平台中的信息资源进行聚类分析，可以将平台中的信息以聚类的形式呈现出来，有助于发现信息资源中潜在的知识和规律，为平台决策提供帮助。

  （1）基于K-Prototypes的信息聚类。

  高端制造业生态系统平台中的信息种类多样，包含数量、价格等数值型数据和行业、领域等类别型数据，为实现对平台中混合型数据的聚类分析，在此采用基于K-Prototypes的算法进行处理。

  设高端制造业生态系统平台的信息资源某一数据集 $X = \{X_1, X_2, \cdots, X_n\}$ 中一共包含 n 个数据对象，属性集合为 $A = \{A_1, A_2, \cdots, A_t, A_{t+1}, \cdots, A_m\}$，其中前 t 个为数值属性，后 $m-t$ 个为类别属性，则第 i 个数据对象包含的具体属性为 $X_i = \{x_{i1}, x_{i2}, \cdots, x_{it}, x_{i(t+1)}, \cdots, x_{im}\}$。

  K-Prototypes算法相异度的计算分为了两部分，对于数值属性，采用如式（3-25）所示的欧氏距离计算相异度，对于类别属性，使用式（3-26）所示的海明威距离计算相异度。

$$D_d(X_i, V_j) = \sqrt{\sum_{k=1}^{t}(x_{il} - v_{jl})^2} \quad （3-25）$$

$$D_c(X_i, V_j) = \sum_{l=t+1}^{m} h(x_{il}, v_{jl}) \quad (3-26)$$

$$h(x_{il}, v_{jl}) = \begin{cases} 0, x_{il} = v_{jl} \\ 1, x_{il} \neq v_{jl} \end{cases} \quad (3-27)$$

样本数据X_i到中心点V_j的距离为:

$$D(X_i, V_j) = D_d(X_i, V_j) + \lambda D_c(X_i, V_j) \quad (3-28)$$

式(3-28)中: λ为类别属性的权重。

K-Prototypes算法的准则函数为:

$$F(X, V) = \sum_{i=1}^{n} \sum_{j=1}^{k} u_{ij} D(X_i, V_j) \quad (3-29)$$

式(3-29)中: $u_{ij} \in \{0,1\}$,当数据X_i被分到V_j所在的簇中时u_{ij}取值为1,没有被分到V_j所在的簇中时取值为0。

针对高端制造业生态系统平台中要处理分析的数据集,采用K-Prototypes算法进行聚类的具体步骤如下:

①从数据集中随机选取k个初始中心点V_j($j=1$, …, k);

②根据相异度计算公式,计算数据集中每个样本点到初始中心点的距离,将样本数据逐一划分到离它最近的簇中,更新簇的中心;

③所有数据划分完成后,重新计算样本点到中心点的距离,根据计算结果更新划分结果;

④重复步骤③直至划分结果保持稳定,不再发生变化,得到最终的聚类结果。

(2)基于LDA模型的主题挖掘。

针对聚类分析得到的信息簇以及高端制造业生态系统平台中的文档文本等信息,通过主题模型进行文本主题的抽取和挖掘,实现对信息资源的主题识别和表达。隐含狄利克雷分布(Latent Dirichlet Allocation,LDA)主题模型是David M.Blei等在潜在语义分析的基础上提出的一种非监督机器学习技术,是由文本层、主题层和语料库层组成的三层贝叶斯概率模型。

假设要进行主题挖掘的信息资源中,文档集合为$D = \{d_1, d_2, …, d_m\}$,

主题集合为 $T = \{t_1, t_2, \cdots, t_k\}$，语料库中词汇集合为 $W = \{w_1, w_2, \cdots, w_n\}$，即包含 m 个文档、k 个主题、n 个词汇，它们之间的关系可用式（3-30）表示：

$$p(w|d) = p(w|t) \times p(t|d) \qquad (3\text{-}30)$$

其中：$p(w|d)$ 表示某文档中某一词汇的出现概率，$p(w|t)$ 表示主题中某一词汇出现的概率，$p(t|d)$ 表示某文档中某一主题出现的概率。

对于主题数可以采用聚类分析中信息簇数来决定，也可以采用式（3-31）所示的困惑度（Perplexity）判断最优主题个数。

$$Perplexity(I) = \exp\left\{-\frac{\sum_{i=1}^{m}\log(p(w_i))}{\sum_{i=1}^{m}N_i}\right\} \qquad (3\text{-}31)$$

式（3-31）中：$p(w_i)$ 表示第 i 个文档信息 d_i 中词汇出现的频率，N_i 表示文档信息 d_i 中词汇的数量。

LDA 模型的主要流程如图 3-13 所示。

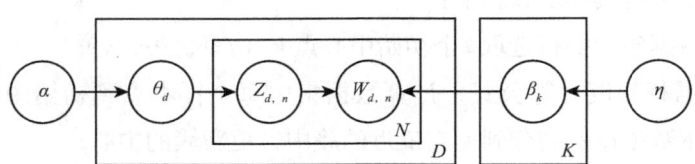

图 3-13　LDA 主题模型

$\alpha \to \theta_d \to Z_{d,n}$ 表示从 Dirichlet 分布 α 中取样生成文档的主题分布 θ_d，再从主题分布 θ_d 中得到文档第 n 个词汇对应的主题 $Z_{d,n}$；$\eta \to \beta_k \to W_{d,n}$ 表示从 Dirichlet 分布 η 中取样生成主题 $Z_{d,n}$ 对应的词汇分布 β_k，从词汇的多项式分布 β_k 中取样最终生成词汇 $W_{d,n}$。

综上所述，利用 LDA 主题模型实现对高端制造业生态系统平台文本信息的聚类和主题挖掘，例如对生态系统平台中企业用户的需求信息、痛点问题等文本信息进行分析，得到企业用户重点关注的领域及具体问题，从而便于生态系统平台推荐并提供有针对性的服务。

第 3 章 高端制造业生态系统平台的数智化融合机制设计

3.2.3.4 信息推理分析

根据关联和聚类分析的结果，并利用信息库中包含的丰富关系和属性，结合经验知识，可以制定关于高端制造业生态系统平台信息资源的推理规则，进行信息的推理分析，挖掘隐含的知识，完善高端制造业生态系统平台信息库。

（1）信息本体的推理。

在高端制造业生态系统平台信息本体的构建过程中，定义了相关的概念及概念的属性关系。构建完成后，对本体库中的本体进行推理，可以检测本体的一致性、检查类之间的关系等，帮助发现现有知识是否存在矛盾，以便及时进行调整，并且有机会通过推理得到新知识，进而完善本体。其中，本体推理可以通过应用 protégé 工具中的 HermiT、Fact++ 或者 Jean 数据库中的推理机来实现。

对高端制造业生态系统平台信息本体进行推理，执行 protégé 软件中安装的 HermiT 推理机，得到图 3-14 所示的结果。推理结果往往能够直观地呈现出不同类之间的相似性和关联性，同时对本体知识的逻辑性和一致性进行检测，保证构建本体的有效性。通过对前面构建的高端制造业生态系统平台信息本体的推理，可以看出在所构建的本体中并未发现不一致的类及错误的类间关系，因此后续可以对该本体进行使用。

图 3-14　推理后

（2）基于规则的信息推理。

基于规则的推理精确且具有较强的可解释性，通过利用信息本体、信息库制定相应的规则库，可从已存在的信息和事实中推理出隐性的知识。推理规则需要建立在行业知识、积累的经验或国家标准要求的基础上，因此，可基于高端制造业生态系统平台中的产品和服务的不同属性信息以及企业用户的供需和交易信息，并结合现实中相关行业的规律特点和具体流程，来设置推理规则以实现对高端制造业生态系统平台中信息的推理分析，增强本体的语义信息以及信息库的内容表达。

每条推理规则由规则头（head）和规则主体（body）构成，根据规则主体中的信息可以推理得到规则头的信息。自定义规则的语法格式为：

$[rule:(?x\ R_1\ ?y)(?y\ R_2\ ?z) \rightarrow (?x\ R_3\ ?z)]$

上述规则中的 x、y、z 表示类或者实例信息，R_1、R_2、R_3 表示信息的属性关系，根据 x 和 y 之间具有的关系 R_1、y 和 z 之间具有的关系 R_2 可以推理出 x 和 z 之间存在关系 R_3。

例如，产品 a 属于 b 类别或领域，企业 c 供应产品 a，那么可以推出，企业 c 涉足 b 领域，该规则可以表示为：

$[rule:(?a: hasproc\ ?b)(?c: hassupply?a) \rightarrow (?c: hasbusiness\ ?b)]$

对面向高端制造业生态系统平台信息资源的推理规则，主要从以下几方面进行定义。

①关系规则定义。

根据信息之间的关系可以推理出互反、相等、相近等多种情况，获得实例信息之间更多的语义关联，因此，在定义推理规则时需要考虑关系因素，示例如下：

规则1：采购互反关系

$rule1$：[demand ruleInverse：（?主体：hasDemand ?采购信息）→（?采购信息：hasBeDemanded? 主体）。

规则2：易物互反关系

$rule2$：[barter _ruleInverse：（?主体：hasBarter ?易物信息）→（?易物

第3章 高端制造业生态系统平台的数智化融合机制设计

信息：*hasBeBartered*？主体）]。

规则3：租赁互反关系

*rule*3：[*lease_ruleInverse*：（？主体：*hasLease*？租赁信息）→（？租赁信息：*hasBeLeased*？主体）]。

规则4：供需活动相关的相等关系

*rule*4：[*purchase_ruleEquivalent*：（？供需活动：*hasPurchaser*？主体）（？供需活动：*hasProduct*？服务能力）→（？主体：*hasDemand*？服务能力）]。

规则5：子类推理

*rule*5：[*rulesubclass*：？*A rafs*：*subClassOf*？*B*）（？*C rdfs*：*subClassOf*？*A*）→（？*C rdfs*：*subClassOf*？*B*）]。

②实例规则的定义。

对高端制造业生态系统平台中各类别的信息进行汇总融合之后，平台需要了解某一具体产品、服务的相关信息，或者信息的内在关联，可以定义相应的推理规则：

规则6：解决方案的应用领域

*rule*6：[解决方案（？*x*）→ *hasAreaC*（？*x*，？*y*）]。

规则7：企业供应的产品信息

*rule*7：[企业用户（？*x*）→ *hasProduct*（？*x*，？*y*）]。

规则8：交易活动关系

*rule*8：[*gx_rule*：（？供需活动：*hasPurchaser*？主体1）（？供需活动：*hasprovider*？主体2）→（？主体1：*hasCustomer*？主体2）]。

规则9：根据企业对解决方案的需求推理企业可能存在的问题

*rule*9：[*ruleuserProblem*：？企业*a*：*hasPurchase*？解决方案*b*）（？解决方案*b*：*hasAreaC*？领域*c*）（？解决方案*a*：*hasPainProblem*？*y*）→（？企业*a*：*hasPainProblem*？*y*）（？企业*a*：*hasProblem*？领域*c*]。

除了根据行业经验和知识定义规则外，还可对3.2.3.1中分析所得的关联规则进行筛选，抽取利用频繁项集生成的关联规则进行推理。

· 123 ·

3.3 双重约束下数智化融合组织韧性提升

高端制造业生态系统的组织韧性是指系统在面对外部扰动时采用自学习与自适应等方式恢复到最初或更高状态的能力[126]。Boschma（2015）提出系统韧性即在面临外部环境变化时能够保持稳定以达到更好适应性的能力[127]。由于组织韧性与影响整体人群的逆境事件直接相关，所以组织韧性在整体韧性中处于更加重要的地位。组织韧性是指在逆境事件的挑战打击中存活下来，并逆势成长的独特能力。组织韧性主要表现为两种类型：一是承受挑战打击，组织反弹恢复原有状态或功能的能力；二是超越承受打击，不但反弹恢复，而且反思改进原有状态或功能，组织变得更加坚强的能力。韧性理论强调通过优化系统内部能力，当系统遭遇到外部冲击时能够有缓冲和平衡能力，从而提升系统整体功能水平。

在资源——环境的双重约束之下，为弥补高端制造业生态系统组织韧性提升策略的不足，提出四维的韧性提升策略，分别为系统资源冗余策略，系统结构重构策略，系统安全监管策略，系统服务升级策略。考虑到高端制造业生态系统的生产运营是以用户为中心，故着重对服务方式进化策略进行探讨，基于已有的服务组合方式提出服务重组方式，并利用改进型生物地理学优化算法对两种方式进行求解来验证服务重组方式的有效性，以期增强高端制造业生态系统的四维韧性特征，从而为提升系统韧性提供新的思路和路径选择。

3.3.1 双重约束下系统韧性的演化过程

基于资源——环境的双重约束下，数智化融合组织韧性的提升，能够有效提高高端制造业生态系统的安全和效率问题。尝试高端制造业生态系统组织韧性的解释，其目的是使系统可以更好地适应外部环境变化，从系统内外两方面同步加强，从而实现系统稳定和可持续性发展。

第 3 章　高端制造业生态系统平台的数智化融合机制设计

如何抵御外部环境的冲击是系统良性演化的关键。从研究一般系统韧性的文献中[128,129]，可以据此推断高端制造业生态系统的演化过程。在发生外部冲击之前（t0-t1），系统整个处于一个安全演化的过程，有韧性的系统功能水平比无韧性的系统功能水平要高。当系统受到外界冲突时（t1），有韧性的系统在受到冲击之后，短时间内系统功能水平有所降低，韧性较低的系统则在短时间内功能水平急速下降，系统在长期的恢复过程中，会提高系统功能水平（路径a）；而韧性较高的系统，则在受到冲击之后，系统具有抵御冲击的扰动的缓冲性，会通过系统韧性的自学习能力快速地恢复到稳定状态，适应新的环境，甚至系统能够通过不断学习新的技术与知识，促进高端制造业生态系统数智化融合的过程，使整个系统演化到更高层次，不断进行学习和优化（路径c）；但是在无韧性的系统中，在受到外界冲突时（t1），由于超出了系统接受冲击的范围，系统无法抵御外来冲击，则会导致系统直接灭亡。

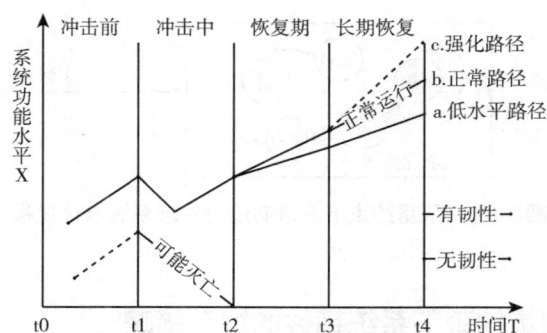

图 3-15　韧性视角下高端制造业生态系统演化过程

在世界正在经历百年未有之大变局的交叉路口，新冠疫情的突然袭击，为我国各个行业敲响了组织韧性重要性的警钟，提升高端制造业生态系统组织韧性是十分有必要的。高端制造业生态系统的抵御能力、创新能力、吸收能力和学习能力相互作用，共同构成高端制造业生态系统组织韧性。在资源——环境的双重约束和外部冲击的共同作用下，当系统达到韧性演化条件时，系统韧性能够通过其自学习、自适应能力以优化系统，使系统能够适应环境，再提升系统功能水平。当系统韧性无法达到条件时，系统内部能力抵御双重约束和外部冲击的共同冲击，当系统内部无法调节内部以适应环境时，系统内部开始混乱，最后直至崩溃。在双重约束下的高端制造业生态系统演化过程如图3-16所示。

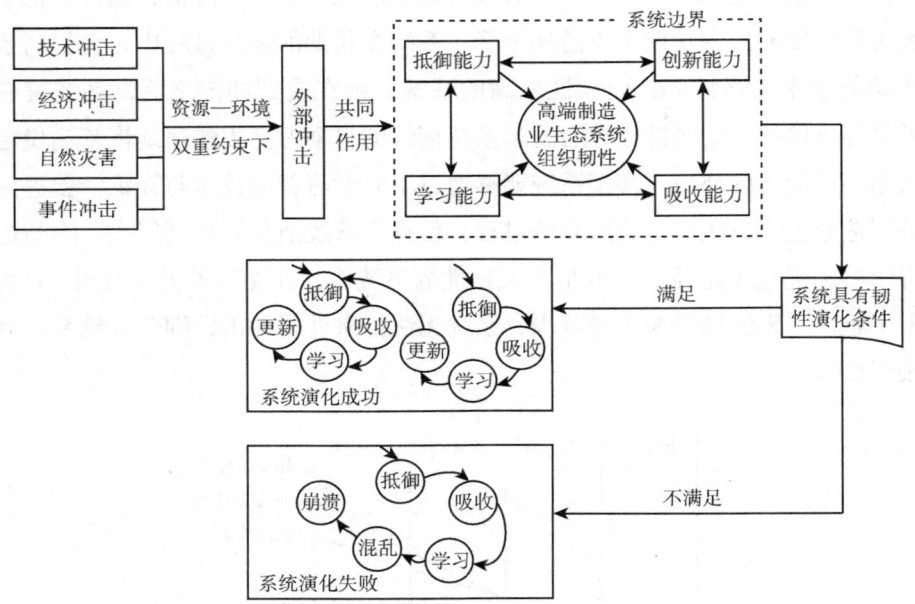

图3-16 双重约束下高端制造业生态系统演化过程

3.3.2 双重约束下系统韧性的提升策略

根据以上对于韧性及高端制造业生态系统韧性内涵概述，将高端制造业生态系统的韧性总结为四个特征，即多元性、协同性、重构性、进化性，并据此将高端制造业生态系统韧性的内涵界定为"在具备一定多元创新主体和多种创新要素的情况下，通过协同内外部资源而形成资源禀赋优势，当系统受到冲击时，能够迅速调动资源，并通过自适应来推动系统结构的重构和服务方式的升级，以使系统恢复到初始或达到更高状态的能力"。

在对系统的四维韧性特征分析的基础上，从四个维度构建了数字创新生态系统韧性的提升策略,分别为系统资源冗余策略,系统结构重构策略,系统安全监管策略以及系统服务升级策略。

高端制造业生态系统从以制造业企业为中心向以用户为中心的方向转变,产品的设计、研发、生产和销售都围绕着目标用户群体展开。在高端制造业生态系统数智化融合的过程中,为用户提供服务的不利状况时有发生,研究紧急情况下的服务提供方式是十分必要的。为此,以下将对服务方式进化策略展开更深入的探究,着重分析服务重组方式的有效性和求解方式,其他三项策略仅提供一定的理论参考。

3.3.2.1 系统资源冗余策略

系统资源冗余策略主要研究怎样让系统内的资源达到最优冗余率使韧性的作用得到更好的提升。随着高端制造业对人力、物力、财力投入的增加,高端制造业生态系统的安全水平得到提高,但随着资源的增加,同时也会出现资源冗余现象。适当的资源冗余能够增加高端制造业生态系统的安全水平,提高了整个生态系统抵御风险的能力,当冗余过低或者过量则会对整个生态系统的安全及效率等方面产生多方面的影响。因此,选择适当的系统资源冗余度以减少高端制造业生态系统资源的浪费是十分必要的。保持适当的资源冗余度,能够使系统在遭遇风险时,仍能保证制造业生态系统内部的有序进行,或者在局部系统配置资源过低的情况下,将其他子系统的冗余资源分配给该子系统,以避免整体系统的运行水平的下降。系统资源冗余策略可以保障资源在系统内部的流动和共享,促进高端制造业生态系统韧性水平的提升。

3.3.2.2 系统结构重构策略

系统结构重构策略主要研究怎样的系统结构能够使韧性的作用得以更好地发挥。高端制造业生态系统大多是由不同的网络节点组成并通过网络连接形成的网链式结构,如图3-17(a)所示,然而非分层的结构不易于管理制度和协作机制的实施。此外,由于节点之间需要进行大量的数据传输而没有统一范式的存储空间,可能造成数据丢失等问题,故提出模块式结构,如图3-17(b)所示,即将数字创新生态系统的内部组织分为参与(互补企业种群和辅助协调种群)、中台(高端制造业平台的集合)以及主导(基础研发种群和战略导向种群)三大模块,能够使高端制造业生态系统平台更灵活敏捷地响应外界冲击。

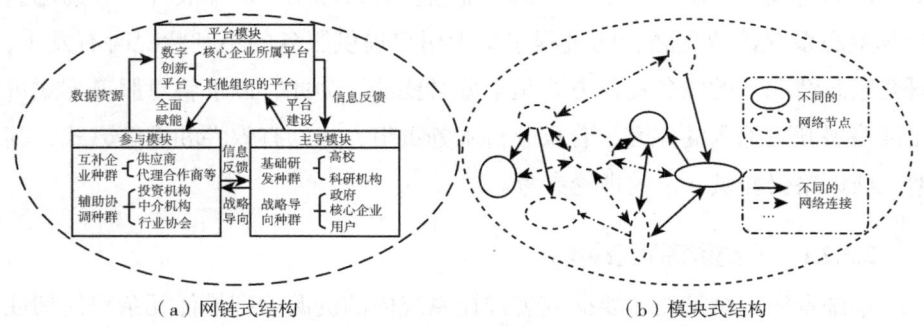

图3-17 网链式结构与模块式结构

模块式结构突破了网链式结构对产业边界的限制,使数字创新生态系统能够同时容纳多个产业的工业互联平台和异质企业,在外界干扰发生时,每个模块的主要参与者或其他组分都可以通过非线性、不连续和自组织的方式做出响应,促进系统恢复运行乃至达到更高的均衡状态。另外,模块化结构将管理模式从管控转为赋能,不仅为其成员提供了最大的成长空间,还能有效兼顾松散与耦合之间的平衡,从而推动系统整体功能的进步。

3.3.2.3 系统安全监管策略

大力加强高端制造业生态系统平台的安全监管平台能够有效降低系统面临风险的概率,从而提升系统韧性。在资源——环境双重约束的背景之下,高端制造业生态系统的系统安全监管应该随着数智化融合的存在而存在的,系统安全涉及高端制造业生态系统数智化融合的每个领域、每个过程、每个环节。从每个阶段对系统进行安全监管,能够及时发现高端制造业生态系统面临的风险,及时纠正和抢救,防止整个系统遭到破坏。在数智化融合的过程中,通过系统安全策略提升高端制造业生态系统韧性主要包括信息资源安全、系统技术安全、数智化融合过程安全等。根据系统韧性提升的主要方面,提出以下方式能够有效地提高高端制造业生态系统韧性。

(1)风险评估和管理。风险评估和管理的核心,在于通过风险规划确定出针对风险的管理计划,同时确定如何运用规划技术和工具共同构成高端制造业生态系统的风险评估和管理策略。通过对高端制造业生态系统面临风险的规划,确定高端制造业生态系统的组织架构,形成风险管理计划。为了应对高端制造业生态系统所面临的风险,从而导致高端制造业生态系统的不稳定或失控。在建立高端制造业生态系统的同时,对高端制造业生态系统进行全面的风险评估,识别潜在的威胁和系统漏洞,并对每一种可能面临的风险制定相应的风险管理措施,对每一种风险及策略进行量化评估从而使得在面对风险时,应对策略能够落地实施。

同时,包括对有潜在危险漏洞建立紧急预案、制订系统灾后恢复计划、及时建立备份等。

(2)强化安全控制。安全控制的目的是在外部风险的冲击下,仍然能够保持高端制造业生态系统内部的运行和稳定,确保高端制造业生态系统内部信息的机密性、完整性和可用性。防止未经授权的访问、随意调用内部信息等风险发生。

设定用户访问控制。通过用户验证、权限管理等方法验证访问高端制造业生态系统平台的用户。

建立严格的安全控制措施。包括访问控制、身份认证、加密通信等,以保护高端制造业生态系统免受未经授权的访问和攻击。

加密技术。对高端制造业生态系统平台内重要信息进行加密,保证信息的更进一步安全。运用新技术对高端制造业生态系统平台一些重要信息和文件进行加密,使得拥有权限的人员,在输入密码后才能获取信息和文件;若密码输入错误,则无法打开文件或者打开为混乱代码。对高端制造业生态系统平台进行加密锁定,能够有效保证系统的安全性。

(3)持续监测和响应。对高端制造业生态系统进行持续检测和响应是系统安全监管中重要的一环,能够对高端制造业生态系统进行实时检测,及时发现高端制造业生态系统所面临的风险和挑战。建立实时监测和响应机制,及时发现高端制造业生态系统在数智化融合过程中发生和应对系统中的安全事件和威胁。

安全事件日志监控。通过对高端制造业生态系统事件日志的监控，及时发现异常活动和潜在的攻击行为，及时对系统所面对的危险有所防备。

异常行为检测。使用入侵检测工具和行为分析工具，监测进入系统行为，及时发现不合规入侵和潜在的攻击及风险。

及时应对安全事件。一旦发现安全事件或者不合理攻击，立即采取相应的措施，以减少攻击对高端制造业生态系统所造成的损失。

及时恢复和修复受损系统。当高端制造业生态系统受到攻击后，及时恢复受损的系统内部和数据，并且要在原有的基础上进行补充和升级，从而提高系统整体的安全性。

（4）多层防御。由于安全威胁有各种各样，需要在入口、内部、出口多层防御它们。采取多重的安全防御措施，旨在保护系统免受各种威胁和冲击。在系统边界上设置入侵防御系统、入侵检测系统等设备，以监控和检测进入系统的信息和人员，阻止恶意攻击和未经授权的访问。旨在保护系统在受到威胁或攻击后，在多层防御的策略之下，能够对威胁或攻击进行层层的筛查，为高端制造业生态系统设立更多的保护机制。

（5）持续改进。是指不断地寻求和实施改进措施，以提升高端制造业生态系统的质量、效率和效益。这是一个持续的过程，要求组织和系统实施人员不断地反思和探索，找到问题所在，并采取相应的行动去解决高端制造业生态系统所面对的冲击和威胁。建立持续改进的机制，及时跟踪和采纳最新的安全技术和最佳实践，不断提升系统的安全性和韧性。在每一系统受到外部冲击和安全威胁之后，要及时更新系统的安全日志。实施持续改进的关键是建立一个反馈机制，以便及时获得关于工作过程和结果的信息。这可以通过定期的评估、调查和反馈机制来实现。基于这些信息，组织可以识别问题、确定改进机制，并制订相应的行动计划。

综上所述，通过对融合过程中的信息资源安全、系统技术安全、数智化融合过程安全等方面的安全监测，能够有效地提升高端制造业生态系统。

3.3.2.4 系统服务升级策略

系统服务升级策略主要针对扰动发生时紧急情况下的服务重组方式进行

研究。现探究服务重组方式的有效性以及改进生物地理学优化算法求解重组模型的性能，为高端制造业生态系统服务的稳定供给提供一定的参考。

由于单功能性服务难以满足用户的需求，故通常将一项复杂的任务划分为多个子任务。以往的研究主要集中在服务组合问题，即单个子任务通常在多个候选服务中选取一项为具体服务[130]，但大部分均忽视了客户需求变化、服务中断以及外部环境变化等动态性因素，这种动态性将会造成组合效果的下降，甚至无法实施。有别于服务组合方式，现提出服务重组方式来应对各种干扰，其研究的是单一子任务选择多个具体服务的情形。服务重组能够保障在系统的正常经营活动遭到破坏时仍能尽最大可能、高质量地满足用户的需求。

（1）服务组合方式。在满足一定约束条件下进行不同服务的组合并对每个组合的服务质量进行评估与择优，即为服务质量（Quality of Service，QoS）评价模型。QoS的常用属性包括时间、成本、可用性、可靠性、满意度等。数字创新生态系统服务的组合可以描述为顺序、并行、选择与循环四种基本结构。参考Tao等（2010）的QoS模型[131]，列出顺序结构下服务组合的计算式，如表3-4所示。

表3-4　　　　　顺序结构下服务组合的QoS计算式

结构	时间	成本	可靠性
顺序	$\sum_{i=1}^{n}\sum_{j=1}^{k_i} t_{ij}\alpha_{ij}$	$\sum_{i=1}^{n}\sum_{j=1}^{k_i} c_{ij}\alpha_{ij}$	$\prod_{i=1}^{n}\prod_{j=1}^{k_i} \theta_{ij}$

其中，$\sum_{j=1}^{m_i}\alpha_{ij}=1, \forall i \in [1,n]$，另外，$i$（$i=1, 2, \cdots, n$）表示数字创新生态系统子任务的编号；$j$（$j=1, 2, \cdots, k_i$）表示每个子任务对应候选服务的编号；$\alpha_{ij}$（$\alpha_{ij}=0$或1），若选择$ES_{ij}$来表示数字高端制造业生态系统第$i$个子任务的第$j$个候选服务，则$\alpha_{ij}=1$，反之$\alpha_{ij}=0$；$t_{ij}$、$c_{ij}$、$\theta_{ij}$分别表示QoS中的时间、成本、可靠性属性值。

（2）服务重组方式。根据以上模型构建基于时间（Time，T），成本（Cost，C），可靠性（Reliability，R）的对于服务重组的多目标QoS评价模型。

T、C分别表示高端制造业生态系统从任务形成到完成所需的时间与成本，R表示衡量高端制造业生态系统保证服务质量的程度。在服务重组阶段，每个子任务最多可选择3个候选服务协作完成。四种结构下服务重组的示意图如图3-18所示，ES_{ij}表示第i个子任务的第j个服务。

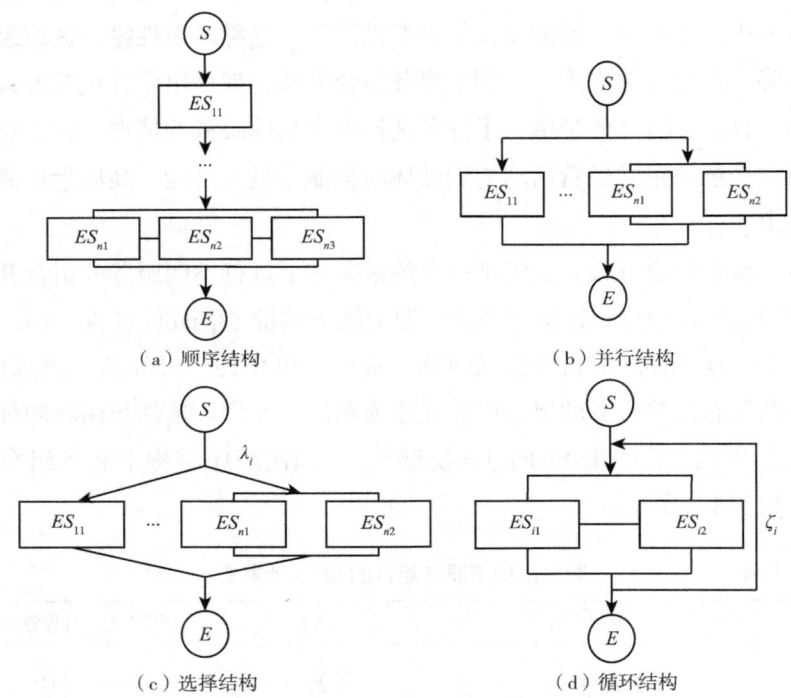

图3-18　四种结构下服务重组示意图

总体来看，高端制造业生态系统中的复杂任务均可分解为上述四类结构。在顺序、选择与循环结构中，时间是逐个相加的，而在并行结构则以最长的执行时间为全部并行任务的总计时间；任何结构下任务的总执行成本都是各个子任务成本的总和；在选择结构中，可靠性根据所有子任务的概率之和进行聚合，其他结构是根据所有子任务的属性值相乘进行计算。

顺序结构是指n个子任务依次执行，如图3-18（a）所示，该示意图是设定某子任务选择3个服务进行重组。服务重组方式下顺序结构的计算如式

（3-32）所示。

$$\begin{cases} T_s = \sum_{i=1}^{n}\left(1/\sum_{j=1}^{k_i}(1/t_{ij})\alpha_{ij}\right) \\ C_s = \sum_{i=1}^{n}\left(\left(\sum_{j=1}^{k_i}c_{ij}\alpha_{ij}/t_{ij}\right)/\left(\sum_{j=1}^{k_i}\alpha_{ij}/t_{ij}\right)\right) \\ R_s = \prod_{i=1}^{n}\prod_{j=1}^{k_i}\theta_{ij} \end{cases} \quad (3-32)$$

并行结构是指 n 个子任务同时执行，如图3-18（b）所示，该示意图是设定某子任务选择2个服务进行重组。服务重组方式下并行结构的计算如式（3-33）所示。

$$\begin{cases} T_p = \max_{1\leq i\leq n}\left(1/\sum_{j=1}^{k_i}(1/t_{ij})\alpha_{ij}\right) \\ C_p = \sum_{i=1}^{n}\left(\left(\sum_{j=1}^{k_i}c_{ij}\alpha_{ij}/t_{ij}\right)/\left(\sum_{j=1}^{k_i}\alpha_{ij}/t_{ij}\right)\right) \\ R_p = \prod_{i=1}^{n}\prod_{j=1}^{k_i}\theta_{ij} \end{cases} \quad (3-33)$$

选择结构是指从 n 个子任务选择小于等于全部子任务的个数进行执行，每个子任务被选中的概率为 β_i，如图3-18（c）所示，该示意图是设定某子任务选择2个服务进行重组。服务重组方式下选择结构的计算如式（3-34）所示。

$$\begin{cases} T_\lambda = \sum_{i=1}^{n}\left(1/\sum_{j=1}^{k_i}(1/t_{ij})\alpha_{ij}\right)\beta_i \\ C_\lambda = \sum_{i=1}^{n}\left(\left(\sum_{j=1}^{k_i}c_{ij}\alpha_{ij}/t_{ij}\right)/\left(\sum_{j=1}^{k_i}\alpha_{ij}/t_{ij}\right)\right)\beta_i \\ R_\lambda = \sum_{i=1}^{n}\left(\prod_{j=1}^{k_i}\theta_{ij}\right)\beta_i \end{cases} \quad (3-34)$$

循环结构是指 n 个子任务循环多次执行，循环次数为 ζ_i，如图3-18（d）所示，该示意图是设定某子任务选择2个服务进行重组。服务重组方式下循环结构的计算如式（3-35）所示。

$$\begin{cases} T_c = \zeta_i \left(1 / \sum_{j=1}^{k_i} (1/t_{ij}) \alpha_{ij} \right) \\ C_c = \zeta_i \left(\sum_{j=1}^{k_i} c_{ij} \alpha_{ij} / t_{ij} \right) / \left(\sum_{j=1}^{k_i} \alpha_{ij} / t_{ij} \right) \\ R_c = \prod_{j=1}^{k_i} \theta_{ij} \\ \forall i \in [1, n] \end{cases} \quad (3-35)$$

由于子任务对应的候选服务数量为多个，故对于 $\forall_i$ 的 a_{ij} 采用均分总和 1 的方法确定具体值。另外，T_l、C_l、R_l（$l=\{s, p, \lambda, c\}$）分别表示 QoS 的属性值。

T 和 C 为负面属性，R 是正面属性，为确保评价标准的一致性，现将正负属性分别由式（3-36）、式（3-37）做归一化处理。q_{max}、q_{min} 表示最大和最小的 QoS 属性值。

$$q_n = \begin{cases} \dfrac{q - q_{min}}{q_{max} - q_{min}} & q_{max} \neq q_{min} \\ 1 & q_{max} = q_{min} \end{cases} \quad (3-36)$$

$$q_n = \begin{cases} \dfrac{q_{max} - q}{q_{max} - q_{min}} & q_{max} \neq q_{min} \\ 1 & q_{max} = q_{min} \end{cases} \quad (3-37)$$

高端制造业生态系统可从主观角度设置权重值 w，其中 $w_1+w_2+w_3=1$，T_t、C_t、R_t 分别为完成任务的各项服务的总时间、总成本以及总满意度，T_o、C_o、R_o 分别为高端制造业生态系统对于服务重组的时间预算、成本预算以及满意度预算，QoS 评价模型（也称服务重组模型）如式（3-38）所示。

$$QoS = w_1 T_t + w_2 C_t + w_3 R_t$$
$$\text{s.t.} \begin{cases} T_t \leq T_o \\ C_t \leq C_o \\ R_t \geq R_o \end{cases} \quad (3-38)$$

对QoS评价值进行排序，选择最优的服务重组方案，以此丰富高端制造业生态系统服务重组方式的应用，有助于构建紧急情况下的服务体系，确保物资流、信息流和价值流的顺畅流动，进而提高高端制造业生态系统应对不利事件的能力，提高高端制造业生态系统韧性。

（3）改进型双融合BBO算法。生物地理学优化算法（biogeography-based optimization，BBO）是Simon（2008）根据岛屿生物地理学理论提出的种群智能优化算法[132]。BBO算法主要通过迁移算子提高各个栖息地之间的信息共享性，通过变异算子提高种群的多样性，评估指标为栖息地适应性指数HSI（habitat adaptability index，HSI），影响HSI的因素被称为适应性指数变量SIV_s（suitability index variables，SIVs）。

采用改进的生物地理学优化算法求解面向高端制造业生态系统的服务重组模型，改进的核心即增加阈值，在考虑微扰动因子的趋优迁移算子与微扰动因子改进的迁移算子之间做出判断，在趋优变异与原BBO算法的变异操作之间进行选择，故称此改进方法为双融合的生物地理学优化算法（biogeography-based optimization of double fusion，DFBBO）。

根据相关定义和规则，设计DFBBO算法求解服务组合模型的流程如图3-19所示。

步骤1：解方案的编码。考虑服务重组的特点，采用二维向量表示候选服务的解方案，如表3-5所示。

表3-5　　　　　　　　二维编码示例

SN	1	1	3	1	2	1
CS	2	3	1, 2, 3	2	2, 3	1

SN（Service Number）即服务数量，表示每个子任务选择的候选服务的数量，CS（Candidate Service）即候选服务，表明子任务所选择的具体服务。表3-5对应的服务重组方案为$\{ES_{12}, ES_{23}, \{ES_{31}, ES_{32}, ES_{33}\}, ES_{42}, \{ES_{52}, ES_{53}\}, ES_{61}\}$。另外，在每次迭代计算中，$SN$与$CS$都是随机变化的。

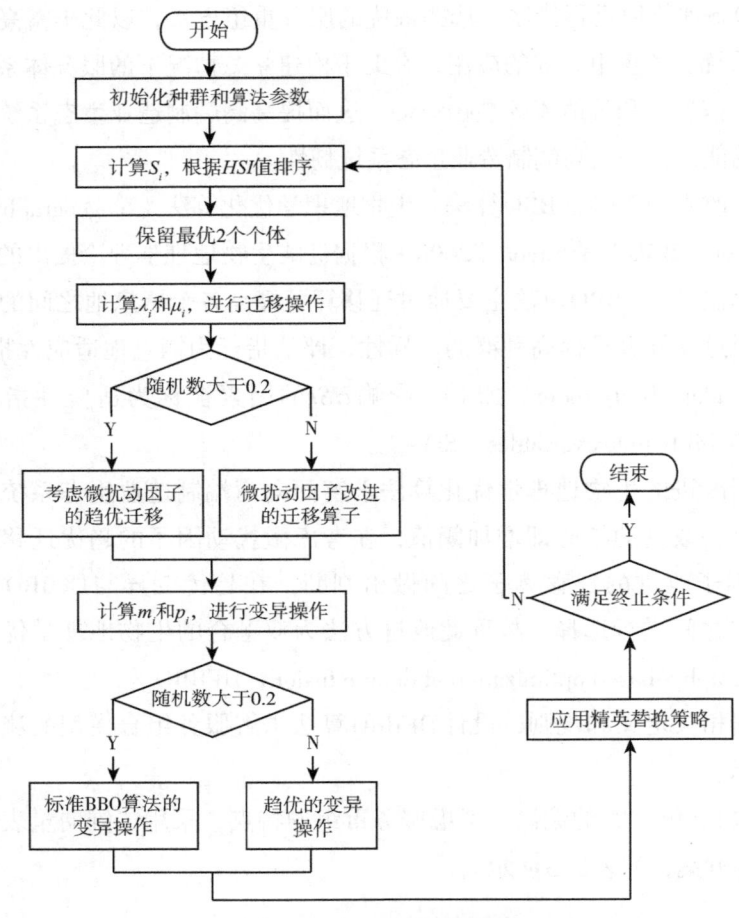

图3-19 DFBBO算法流程

步骤2：初始化。BBO算法的首要步骤是初始化参数，$i \in \{1, 2, \cdots, n\}$，$j \in \{1, 2, \cdots, k_i\}$，$rand()$ 为生成随机数。$H_i(SIV_j)$ 为栖息地 H_i 的第 j 个 SIV，初始化公式如式（3-39）所示。

$$H_i(SIV_j) = H(SIV_{j\min}) + rand(H(SIV_{j\max}) - H(SIV_{j\min})) \tag{3-39}$$

除此之外，还需确定栖息地的最大生存物种数量 $S_{\max}$、最大迁入率 $I_{\max}$、最大迁出率 $E_{\max}$ 以及最大变异概率 $m_{\max}$ 等，以方便计算每个栖息地的迁入率 λ_i，迁出率 u_i，物种数目 S_i，物种概率 P_i 以及变异率 m_i。

步骤3：迁移操作。栖息地的迁移操作与栖息地的物种数量有关，即 $S_i = S_{max} - i$。迁移算子的每次调用都会导致单个 SIV 从一个栖息地迁移到另一个栖息地，采用余弦迁移模型计算栖息地 i 的迁入率和迁出率如式（3-40）所示[133]。

$$\lambda_i = \frac{I_{max}}{2}\left[\cos\left(\pi \frac{S_i}{S_{max}}\right) + 1\right]$$
$$u_i = \frac{E_{max}}{2}\left[-\cos\left(\pi \frac{S_i}{S_{max}}\right) + 1\right] \quad (3-40)$$

BBO算法的迁移算子使得不同栖息地间的特征替换，但操作较为单一，易影响算法的开发性能。现设定阈值为0.2，当随机数大于0.2时，选择考虑微扰动因子的趋优迁移，将最优栖息地确定为迁出栖息地，如式（3-41）所示。

$$H_i(SIV_j) = (1-\sigma)H_b(SIV_j) + \sigma \times H_i(SIV_j)$$
$$\sigma = \left(1 - \sin\left(\frac{\pi}{2} \times \frac{D_i}{D_{max}}\right)\right) \times rand(0,1) \quad (3-41)$$

为避免后期种群多样性减少而导致算法陷入局部极值，则放弃对于最优栖息地的操作，只引入微扰动算子增加种群的多样性，故能更好地平衡全局搜索与局部搜索的矛盾。当随机数小于0.2时，选择微扰动因子改进的迁移算子，通过轮盘赌的方法确定迁出栖息地，如式（3-42）所示。

$$H_i(SIV_j) = (1-\sigma)H_k(SIV_j) + \sigma \times H_i(SIV_j)$$
$$\sigma = \left(1 - \sin\left(\frac{\pi}{2} \times \frac{D_i}{D_{max}}\right)\right) \times rand(0,1) \quad (3-42)$$

其中，微扰动算子 $\sigma \in [-0.5, 0.5]$，H_k 为选出的待迁出栖息地，H_b 为确定的最优栖息地，D_i 为当前的迭代次数。另外，在迁移操作过程中，为保证算法的整数计算，$H_i(SIV_j)$ 采用四舍五入保留法。

步骤4：变异操作。BBO算法的变异操作是随机的，效果并不理想。为不破坏标准BBO算法的整体性能，又可以适度改变随机变异，设定阈值为0.2，若随机数大于0.2，则选择标准变异操作。即当随机数小于 m_i 时，则产生（1，3）的整数随机数替换 SN 维的变量值，并据此随机变动 CS 维。栖息地 i 的变异率如式（3-43）所示。

$$m_i = m_{\max}\left(1 - \frac{P_i}{P}\right) \quad (3\text{-}43)$$

物种概率如式（3-44）所示。

$$P_i = P_i^{-1} + \Delta P_i$$

$$\Delta P_i = \begin{cases} -(\lambda_i + u_i)P_i + u_{i+1}P_{i+1} & S_i = 0 \\ -(\lambda_i + u_i)P_i + \lambda_{i-1}P_{i-1} + u_{i+1}P_{i+1} & 1 \leqslant S_i \leqslant S_{\max} - 1 \\ -(\lambda_i + u_i)P_i + \lambda_{i-1}P_{i-1} & S_i = S_{\max} \end{cases} \quad (3\text{-}44)$$

若随机数小于0.2，采用趋优的变异操作，将 $H_{best}(SIV_j)$ 的值赋值于 $H_i(SIV_j)$，即将候选服务进行替换。趋优变异算子如式（3-45）所示。

$$H_i(SIV_j) \leftarrow H_{best}(SIV_j) \quad (3\text{-}45)$$

步骤5：精英替换策略。精英替换策略可以优化寻优算法，加速收敛过程，避免最优个体由于各项操作而被破坏。此算法设定精英替换数量为2，该策略的思路即：将未进行迁移操作与变异操作的最优候选个体进行保留，替换最差的候选个体。

3.4 本章小结

本章首先分析了高端制造业生态系统数智化信息融合平台的构成，了解该平台的概况，然后分析在高端制造业生态系统数字化融合的过程中信息的特征和分类，再对数智化信息融合的要素、要素关系及数智化信息融合过程进行研究。在此基础上，基于科学性、系统性、有序性、完整性的设计原则设计出高端制造业生态系统平台数智化信息融合的机制框架。依据数智化信息融合机制框架进行高端制造业生态系统平台信息的获取处理研究，首先分析信息需求。其次，进行领域概念的获取和概念关系的识别，对于数据库结构的信息源，概念可以直接根据数据库结构抽取，对于文本等类型的信息源，进行文本处理之后采用基于统计的方法获取概念词汇。再次，建立高端制造业生态系统内各领域平台信息本体，来提供领域内公共知识的语义描述和样本标准，方便后续研究中与其他本体的整合，通过 OntoQA 方法对本体进行评价，并提出本体模型完善措施。最后，对高端制造业生态系统提出组织韧性的概念，并针对组织韧性的四个特征，做出四个方面韧性提升策略，为后续高端制造业生态系统组织韧性的提升提供参考。

第4章 高端制造业生态系统数智化融合的实现路径

高端制造业生态系统的高质量发展必须与数智化技术深度融合,高端制造业生态系统向数智化高端制造业数智化生态系统转型,这是制造业从中低端迈向高端的唯一路径。建立适应数智化技术与高端制造业生态系统深度融合的环境,是推动数智化时代高端制造业生态系统高质量发展的最根本保障。为抓住新一代科技革命与产业升级的时间窗口,制造企业需巧借"数智化"与"服务化"的东风,依靠数智化技术进行业务流程创新,以此解决或缓解现阶段我国制造业价值链低端锁定的困境[134]。本章将以消费者双渠道偏好来阐述高端制造业生态系统与数智化融合的实现路径。

4.1 考虑消费者偏好及政府补贴制造供应链结构分析

在数智化时代,生产制造过程是一个多利益主体交互的复杂经营过程,其成员包括核心企业、供应商、分销商、营销商、第三方物流、客户等,伴随着参与主体的多样化,供应链运营的层级也逐渐生态化和自组织化,也就是说生产制造的协调和互动不仅是上下游之间直接的协调和互动,而且也是沿着纵向延伸、横向延伸以及外围延伸的多向复杂的互动和协调过程。在这一现实情境的驱动下,衍生出诸多新的网络销售渠道,从而产生了"线下+

线上"的双渠道模式。与此同时，许多制造商为了提升自身的竞争力，在产品生产过程中实施溯源技术投入的相关活动，这在一定程度上占据了制造商原本的资金份额。而政府作为市场的宏观调控者，通过适当的补贴可以有效地缓解制造商的压力。因此，以制造商主导的不同双渠道供应链为对象，探究考虑政府补贴及消费者双重偏好的双渠道供应链运作决策等问题具有重要的理论和现实价值。

4.1.1 双渠道数智化供应链决策方法

如今，企业与企业之间的竞争，本质上也是企业所在供应链之间的竞争，而要打造高效数智化供应链，提高供应链的竞争力，不仅需要借助创新技术，还需要优化供应链各环节的运营。互联网时代下，电子商务的兴起引发了企业营销、管理、生产以及物流方式的深刻变革，也给供应链管理带来了创新，在解决供应链问题的过程中最常用到的方法就是博弈论。对于博弈理论，总体来讲，包含几个十分重要的要素，如表4-1所示，将这些抽象的要素具体化成数学语言便形成了可以用来解决一类或几类问题的方法。

表 4-1　　博弈论的主要要素

要素名称	代表含义
参与者	在博弈过程中参与决策的人员
效益	决策者在选择某一策略后产生的结果，即决策者在博弈结束后都会得到一个收益，这个收益不一定是正值，也有可能是负值，任何一个博弈参与者都会选择使自己收益最显著的策略
决策空间	各个参与者可以选择的所有策略集合
决策规则	博弈过程中，各个参与者的决策方式和决策顺序
均衡	均衡指的是均衡解，是一个处于稳定不再发生变化的值，如纳什均衡解

在双渠道供应链中，供应链上的各个成员需要依据对方的定价水平等行动，做出自身的最优决策，在解决此问题的过程中，斯坦伯格（Stackelberg）博弈模型是最常用的方法。此模型由德国经济学家 Heinich Von Stackelberg 提出，主要用于解决研究经济问题。该模型由博弈双方组成，但是博弈双方存

在实力差异,一方是主导者,另一方是跟随者,体现在决策过程中即实力较强的一方先进行决策,较弱的一方在较强的一方决策完之后再进行决策。该模型有四个主要特征,包含两个及以上参与者;决策过程会体现出主从关系;供应链中各个成员相互影响;博弈结果存在均衡解。模型的基本假设如下:

(1) 两个博弈参与方互为独立的个体,选择对自身最有利的策略;

(2) 两个博弈参与方存在于一个市场环境中;

(3) 两个博弈参与方分别为主导者和跟随者。

在供应链问题中,两个博弈参与者分别为制造商和零售商,制造商为主导者,先决定产品线上线下的批发价格,零售商再依据制造商已经决策好的批发价格,决定自身的产品售卖价格。假设市场基本容量为 b,制造商的生产成本为 c,零售商销售价格为 p,批发价格为 w,渠道间交叉价格弹性系数为 f。通过博弈相关理论可知,市场需求是一般线性函数,所以 Q 关于 p 的函数为:

$$Q = b - fp \tag{4-1}$$

制造商和零售商的收益函数分别为:

$$\Pi_k(w, p) = (w-c)Q \tag{4-2}$$

$$\Pi_r(w, p) = (p-w)Q \tag{4-3}$$

依据逆向归纳法,先对关于零售商的收益函数求 p 的一阶导数,由此可知:

$$p = \frac{fw+b}{2f} \tag{4-4}$$

将其代入制造商收益函数中求关于决策变量 w 的一阶偏导数得出:

$$w = \frac{fc+b}{2f} \tag{4-5}$$

将得到的 w 代入 p 中可以得到最优的行动组合为:

$$\begin{cases} w^* = \dfrac{fc+b}{2f} \\ p^* = \dfrac{c+b}{2f} \end{cases} \tag{4-6}$$

最后,得到制造商和零售商的利润:

第 4 章 高端制造业生态系统数智化融合的实现路径

$$\begin{cases} \Pi_k(w,p) = \dfrac{(-fc+b)^2}{16f} \\ \Pi_r(w,p) = \dfrac{(-fc+b)^2}{8f} \end{cases} \tag{4-7}$$

这里应用Stackelberg博弈模型，分别对实体零售渠道以及两种不同类型的双渠道构建博弈模型，研究传统渠道及双渠道结构下，考虑消费者线上渠道偏好、溯源偏好以及政府补贴的双渠道供应链定价决策问题，本章主要分析的是制造商和零售商之间的博弈。

4.1.2 双渠道数智化供应链结构分类

高端制造业生态系统与数智化技术的融合将成为未来制造业领域的关键发展方向。它不仅可以降低成本、提供更好的客户体验、促进生产效率的提高，还将颠覆传统供应链模式。在传统供应链模式中，企业通常采取集中式分工和集中采购的方式，生产合作商定制化生产，而高端制造生态系统中企业变得更加灵活，通过平台技术和线上服务可以快速地协调各种资源。

如今，电子商务平台的供应链系统中包含的参与者有制造商、线下实体零售商、线上零售商等；同时，在这样的环境下渠道形式也更加多样，如自建实体零售渠道、自建线上零售渠道、引入线上零售渠道或借助第三方线上销售渠道。因此，渠道的多样化就催生了供应链渠道选择问题，不管是制造商还是零售商都存在多种渠道选择组合，从而形成了一种或多种双渠道供应链结构模式，供应链多渠道选择示意图如图4-1所示。

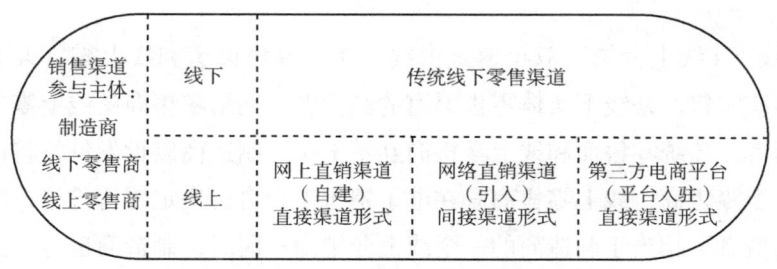

图4-1　供应链多渠道选择示意图

现阶段，最主要的多渠道形式还是双渠道结构，以制造商为主导的分散混合双渠道供应链结构以及部分整合双渠道供应链结构。为了更加直观且便于理解，分别称为"线下+线上直销"双渠道供应链，"线下+线上分销"双渠道供应链。下面对这两种渠道进行更加详细深入的分析。

"线下+线上直销"双渠道供应链是由线下实体渠道和制造商自建的网络直销渠道共同组成。在网络直销渠道中，制造商在承担建立线上直销渠道成本的同时，自行决定产品在网络直销渠道下的零售价格，另外，线下实体零售商以批发价从制造商处批发商品，并且自行对产品进行零售定价，最终售卖给消费者。这种制造商通过自建线上直销渠道，实现了线下实体渠道与线上直销渠道并存的双渠道，即"线下+线上直销"双渠道，如图4-2所示。如今，国内外许多制造企业都搭建了自身的线上网络直销渠道，如戴尔、IBM、格力、海尔等。

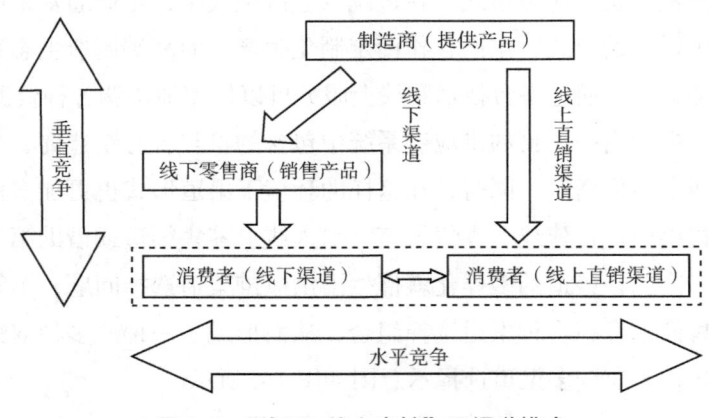

图4-2 "线下+线上直销"双渠道模式

"线下+线上分销"双渠道是由线下实体零售渠道和线上零售渠道组成的，传统零售商是线下实体零售渠道的经营者，网络零售商是线上零售渠道的经营者，传统零售商和线上零售商互不干预。制造商以批发价格将产品批发给线上零售商，线上零售商只在电子销售平台自行决定零售价格，将产品卖给消费者，相当于制造商的一个线上分销商；同时，制造商也将产品以批发价格售卖给传统零售商，再由传统零售商自行决定零售价格将产品售卖给消费者。制造商通过引入线上零售渠道进入网络销售市场，即制造商开通了线上零售渠道，与线下零售渠道形成"线下+线上分销"双渠道，如图4-3所示。典型如电商经济发展早期的亚马逊，唯品会等线上零售网站。

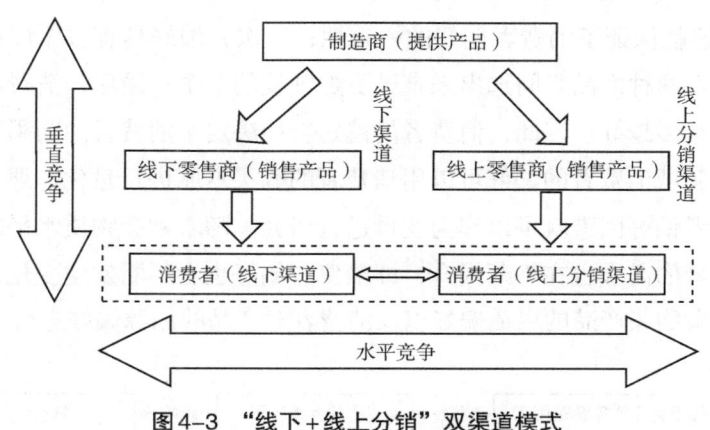

图4-3 "线下+线上分销"双渠道模式

4.1.3 双渠道数智化供应链影响因素

在数智化供应链系统中可以对供应链成员决策造成影响的因素有很多，这些因素的存在给供应链的发展增添了一些不确定性和复杂性，也使供应链的研究内容更加丰富。这里主要对政府补贴策略以及消费者偏好因素进行详细分析。

消费者偏好是消费者在进行商品选择时的一种心理行为，消费者偏好是自身的喜好、态度、动机、习惯甚至经济能力的体现，这些因素都会影响消费者在购买产品时的购买习惯或者购买方式，由于消费者偏好是一种主观性行为，并且受到各种复杂因素的影响，这就导致消费者的偏好很难被量化，如图4-4所示，更加清楚、直白地展示了消费者行为在供应链中的作用。消费者形成偏好的过程大致可以经历以下过程：第一步是对产品的认知，消费者通过已经存在的信息或根据自己现有的认知水平对产品进行初步的了解；第二步是对产品的价值感知，也就是消费者通过使用或亲身体验从而对产品产生的价值判断；第三步是产生购买行为。

但是，许多学者对消费者的这一行为进行了深入探究，得出消费者偏好存在的一些基本假设。首先，偏好具有传递性：如果存在三个产品分别是产品A、B、C，在产品A、B之间，若消费者更加偏爱于产品A，在B、C之间，若消费者更加偏爱于产品B，那么在产品A、C之间，消费者必会更加偏爱产品A，这就保证了消费者偏好的一致性；其次，偏好具有次序性：消费者总是可以在两种产品之间选出来自己更加钟爱的一个；最后，消费者偏好的产品同质越多越好。因此，消费者的偏好直接决定了消费者的购买行为，在经济管理领域消费者的偏好可以用消费者的购买意愿进行量化，那么在供应链中消费者偏好因素就可以作为变量进行研究。随着社会物质水平的不断发展，消费者的需求也在不断提升，即消费者偏好也会不断发生变化，可以通过对消费者购买产品的渠道偏好以及消费者对产品的溯源偏好进行分析。

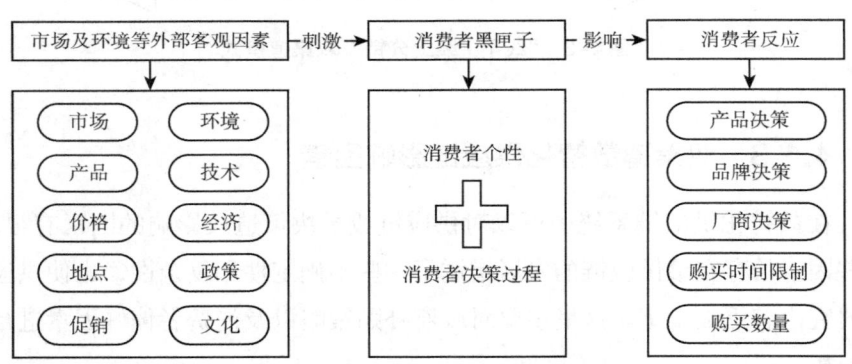

图4-4　消费者偏好在供应链中的影响

供应链运营模式的不断丰富化，衍生出了供应链的多渠道售卖形式，那么消费者因为新渠道的出现，会逐渐产生新的偏好，由于消费者的年龄、文化程度、喜好、接受新鲜事物的程度以及认知水平都存在较大的差异，这都使消费者购买物品的方式和渠道的选择存在不同，这种不同的选择会让消费者产生购物的渠道偏好，即线上渠道偏好和线下渠道偏好。通过电商平台浏览搜索的方式购买商品，可以给消费者带来即时的快捷的购物体验感，然而有些消费者在购买商品时又会考虑到其他因素，比如体验产品的及时性、产品的预期效果等，这就使消费者更愿意在线下渠道进行体验并购买，因此，由于消费者在进行产品购买过程中的个人需求以及习惯等因素不同,便形成了消费者不同的渠道偏好。消费者的渠道偏好会对供应链的成员决策和供应链系统带来直接的影响。所以,只有了解消费者的偏好情况对供应链系统产生的影响,才能让供应链成员做出相应的举措,对于消费者而言,在选择一款商品时,面对不同的渠道产生的偏好都不尽相同,消费者会综合考虑一些因素进行比较,之后产生购买行为,所以消费者的渠道偏好会影响供应链的渠道销售量、定价水平以及利润等。

在供应链产业结构升级以及经济发展方式向可持续升级发展的过程中,政府的补贴政策是重要的推动因素,更是供应链良性运转过程中非常必要的外部激励因素之一,不仅对供应链中各个节点的成员行为发挥着不容忽视的作用,而且对产业健康发展和企业进行相关技术投资有着十分重要的支持引导作用。由于供应链系统本身的复杂性和供应链节点成员的不确定性,政府的补贴策略也呈现出多样性,但是从根本上来讲,无论何种政府补贴策略对企业决策、企业利润、供应链整体效益而言,都会产生或多或少、或直接或间接的正向促进作用。因此,政府对供应链的补贴方式是多种多样的,从不同的角度出发存在不同的补贴分类方式。一般地,若是依据补贴对象进行划分,有政府对制造商进行补贴的政策、政府对零售商进行补贴的政策、政府对消费者进行补贴的政策,如图4-5所示,具体来讲:

(1)政府对制造商补贴。制造商是供应链中的重要核心企业,制造商处于供应链的上游负责产品的生产,而在产品制造过程中,制造商需要购买产品的原材料,对技术进行创新,生产设备更新,对产品进行存储,物流监控等一系列的工作,因此,制造商会耗费大量的成本资金,容易面临资金量短缺的问题。若政府对制造商给予一些资金支持或补贴政策,制造商将更加有动力和资金基础来进行产品生产或新技术研发投入,这会极大提高制造商的信心和积极性,使供应链系统可持续发展。

(2)政府对零售商补贴。零售商是产品售卖过程中的关键角色,在日常售卖或重大节点时都会开展一系列的促销活动,而零售商本身在进行正常的售卖活动时就已经会面临一些困难,如果再去实施高成本和不确定性并存的促销行为,势必会让零售商再次增加成本的投入,加剧了零售商的不稳定性。政府若在零售商进行促销行为时给予他们一定的补贴,将促使零售商付出更多的资金和精力去进行产品的售卖,这就在很大程度上直接推动供应链的发展,增大了供应链上各成员的效用。

（3）政府对消费者补贴。消费者作为供应链的最终端,也是供应链各成员进行决策时最为重要的考虑对象,他们的消费意愿和需求,对供应链系统和供应链成员而言都是十分关键的,消费者的需求直接影响产品的售卖产量和供应链各个成员的效益,对供应链的系统起着至关重要的作用。政府若对消费者进行补贴可以激励消费者拉动市场需求,间接促进供应链的发展。

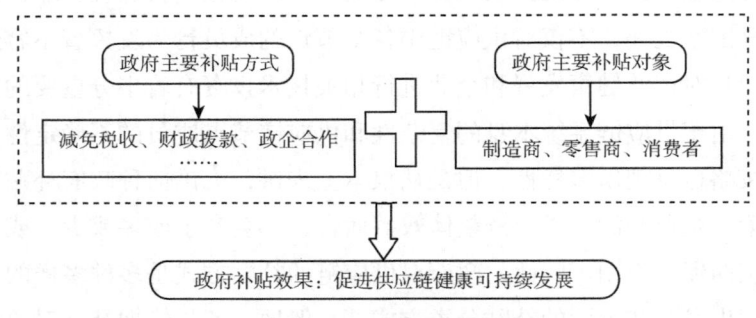

图4-5 政府补贴在供应链中的影响

在研究政府补贴方式对供应链的影响作用时,主要是基于政府对制造商的补贴策略。一种是对制造商技术投入成本进行补贴：因为制造商在进行新技术投入相关动作时,会持续、大量地投入成本,进而满足市场的新规则,消费者的新需求以及政府的新要求,政府常常会密切关注企业的该类活动,并且会按照制造商的投入成本多少为基线按照一定的比例进行成本投入补贴,在诸多的政府补贴政策中,这种补贴被认为是最为行之有效的补贴方式之一,在这种补贴方式的影响下,制造商进行技术投入研发时会具有更大的积极性和潜力。另一种是政府对单位产品进行补贴,政府会根据企业生产的带有新技术的产品进行补贴,产品产量不仅可以从侧面反映产品在市场的需求情况,也能体现企业生产产品的积极性,政府在根据单位产品进行补贴的过程中,不单单只是对制造商有利,并且能够让政府更加清楚地了解市场的运转情况,以帮助政府在适当的时候进行调控,发挥"政府之手"的作用。

因此，本章主要研究政府对制造商新技术投入成本的补贴方式以及政府对单位产品进行补贴的方式。

4.1.4 双渠道数智化供应链融合决策建模

双渠道数智化供应链是由制造商主导的两级供应链，研究在两种不同的合作方式下线上线下渠道融合的条件以及供应链定价策略。研究发现，只有当线上渠道偏好高于一定阈值、生产成本低于一定阈值时两种渠道结构才会同时存在；企业利润、各渠道市场规模等与政府补贴强度、消费者渠道偏好等密切相关；相较于分散决策，集中决策时供应链总利润和总的需求量都具有较高的水平。

表 4-2　　　　　　　　　　　　　参数说明

参数	含义及设定
p_n	传统供应链中产品的零售价格
W_n	传统供应链中产品的批发价格
q_n	传统渠道模式对应的市场需求量
p_e	产品的网上销售价格
q_e	电子供应链模式对应的网上需求量
ρ_e	单位销售产品需要缴纳的佣金额
c	单位产品的生产成本
Π_r, Π_e, Π_m	零售商、线上渠道和制造商的利润
Π	双渠道供应链的利润

对于通过网购还是通过传统渠道购买产品，消费者将通过比较二者的效用盈余来做出选择。

当 $p_n \geq (p_n - p_e)/(1-\delta)$，即 $\delta p_n \leq p_e$ 时，$u-p_n \geq 0$ 且 $u-p_n \geq \delta u \leq p_e$，消费者只会通过传统渠道购买产品，此时消费者对传统供应链模式绝对偏好，因为没有市场需求，电子供应链将无法运行。

当 $(p_n - p_e)/(1-\delta) = 1$ 时，$\delta u - p_e = 0$ 且 $u - p_n \geq \delta u - p_e$，消费者只选择网购，此时消费者对电子供应链模式绝对偏好，因为没有市场需求，传统供应链将

无法运行。

当 $(p_n - p_e)/(1-\delta) > 1$ 时,需求函数为是负数,无意义,本书不讨论。但在现实中,这两种情况均属于极端现象。一般情况下,更多的是既有消费者偏好网购,也有消费者偏好通过传统渠道购买产品,即 $p_n - (1-\delta) < p_e < p_n$,因此,本章仅对这种双渠道供应链共存局面形成的混合供应链进行分析。

假设市场规模标准化为1,消费者对产品的效用为 u(u 服从 [0,1])上的均匀分布,其效用分布函数为 $F(u) = u$;费者网购偏好系数为 δ($0 < \delta < 1$);则消费者通过网购购买产品的效用为 δu。在模型中假设 $p_n - (1-\delta) < p_e < \delta p_n$。此时,传统供应链销售模式对应的零售商的润函数为:

$$\Pi_r = (p_n - W_n) q_n \tag{4-8}$$

线上平台的利润函数为:

$$\Pi_e = (\rho_e q_e - k\rho_e^2)/2 \tag{4-9}$$

制造商的利润函数为:

$$\Pi_m = (W_n - c) q_n + (p_e - \rho_e - c) q_e \tag{4-10}$$

双渠道供应链系统的利润函数为:

$$\Pi = \Pi_m + \Pi_r + \Pi_e = (p_n - c) q_n + (p_e - c) q_e - k\rho_e^2/2 \tag{4-11}$$

根据逆向归纳法进行求解此模式下的最优决策。

产品的最优网上销售价格为:

$$p_e^{1*} = \frac{c + (2ck+1)(1-\delta)}{2(1+k\delta - k\delta^2) - \delta} + 1 \tag{4-12}$$

产品的最优线下零售价格为:

$$p_n^{1*} = \frac{c + 3k\delta + 2ck\delta + k\delta^3 + 3 - 2k\delta - 4c\delta^2 - 2ck\delta^2}{2[2(1+k\delta - k\delta^2) - \delta]} \tag{4-13}$$

4.2 考虑消费者双重偏好供应链定价决策

根据不同线上销售渠道的结构特征,将其细分为"线下+线上直销"和

"线下+线上分销"两种渠道销售结构,并与纯线下实体零售渠道进行对比分析。"线下+线上直销"双渠道,即制造商在开通线下实体渠道的同时也开通了线上直销渠道(线上直销渠道指制造商本身通过线上销售的形式直接将产品销售至市场);"线下+线上分销"双渠道,即制造商在开通线下实体渠道的同时也开通了线上分销渠道(线上分销渠道指制造商将产品先批发给线上的零售商,线上的零售商再销售到市场);纯线下实体零售渠道,即制造商将生产的产品仅批发给线下零售商,线下零售商再将产品销售至市场。在上述双渠道供应链模型中,由制造商引入区块链溯源技术并为其承担投入成本,渠道结构如图4-6所示。

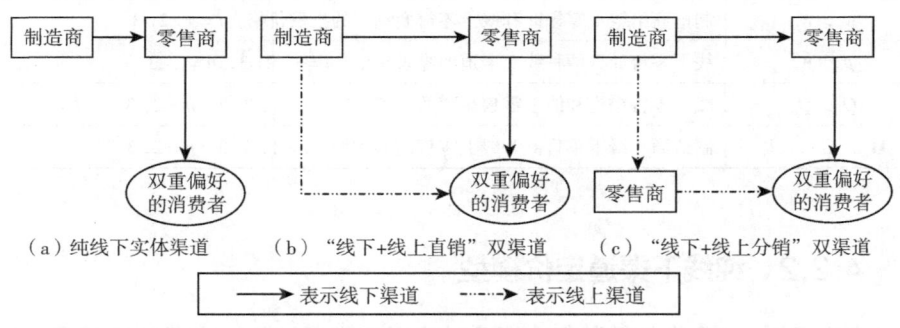

图4-6 三种供应链渠道结构

4.2.1 研究假设

假设4-1:制造商和零售商均为风险中立决策者。

假设4-2:制造商生产单一种类产品,线下实体渠道和线上渠道售卖产品同质。

假设4-3:在引进区块链溯源技术的供应链中,制造商区块链溯源技术研发投入成本呈边际递减趋势。因此根据凸函数性质,结合现有文献[135-137]对区块链溯源技术投入成本的设定,假设制造商对于区块链溯源技术的投入成本是关于投入水平的二次函数形式。

假设4-4:这里考虑各渠道运营成本,不考虑制造商生产成本。

表 4-3　　　　　　　　　　　参数说明

参数	含义及设定
b	产品在市场上的潜在需求量为 b（$b>0$）
f	渠道间交叉价格敏感系数，为便于计算分析，根据现有文献[58-62]中的设定假设销量对交叉价格弹性系数表现为中性且对称，$f\in(0,1/2)$
λ	消费者对线上销售渠道的偏好系数，$\lambda\in[0,1]$
α	消费者对区块链溯源技术的偏好系数，$\alpha\in[0,1]$
C_τ	制造商投资区块链溯源技术的成本，$C_\tau=\frac{1}{2}\beta\tau^2$
β	制造商对区块链溯源技术水平投入的成本系数
τ_i	各个不同渠道区块链溯源技术的投入水平，$i=1,2,3$
w_{ri}，w_{t3}	制造商给线下零售商和线上零售商制定的批发价格，$i=1,2,3$
p_{ri}，p_{tn}	线下零售商、两种线上渠道的零售价格，$i=1,2,3$，$n=2,3$
Q_{ri}，Q_{tn}	线下零售渠道和线上零售渠道的渠道需求，$i=1,2,3$，$n=2,3$
Π_{ki}，Π_{ri}，Π_{tn}	制造商、线下零售商和线上零售商的利润，$i=1,2,3$，$n=2,3$

4.2.2　纯线下渠道定价模型

纯线下实体渠道中所有产品都通过该渠道进行销售，产品的市场需求受零售价格 p_{r1} 与区块链溯源技术投入水平的 τ_1 影响，这里线下实体零售商的需求函数如下：

$$Q_{r1}=b-p_{r1}+\alpha\tau_1 \tag{4-14}$$

在纯线下实体供应链结构中制造商和线下实体零售商分别作为不同的主体进行决策，但是制造商占主导地位，故供应链的决策顺序为制造商先决定产品的批发价格和区块链溯源技术的投入水平，之后线下实体零售商再决定零售价格。制造商和线下实体零售商的利润函数分别如下式：

$$\Pi_{k1}=w_{r1}Q_{r1}-\frac{1}{2}\beta\tau^2 \tag{4-15}$$

$$\Pi_{r1}=(p_{r1}-w_{r1})Q_{r1} \tag{4-16}$$

定理4-1：在纯线下实体渠道下，区块链溯源技术投入系数 β 存在且

$\beta > \dfrac{\alpha^2}{4}$ 时，制造商以及零售商的各项最优决策及其利润分别为：

表 4-4　　　　　　　　纯线下实体零售渠道中各项最优解

$w_{r1}^* = \dfrac{2b\beta}{4\beta - \alpha^2}$	$\tau_1^* = \dfrac{b\alpha}{4\beta - \alpha^2}$
$p_{r1}^* = \dfrac{3b\beta}{4\beta - \alpha^2}$	$Q_{r1}^* = \dfrac{b\beta}{4\beta - \alpha^2}$
$\Pi_{r1}^* = \dfrac{b^2\beta^2}{(4\beta - \alpha^2)^2}$	$\Pi_{k1}^* = \dfrac{b^2\beta}{2(4\beta - \alpha^2)}$

证明：首先，将需求函数代入利润函数中，根据逆序归纳方法进行求解。

$\dfrac{\partial \Pi_{r1}}{\partial p_{r1}} = 1 - 2p_{r1} + \alpha\tau + w_{r1}$，$\dfrac{\partial^2 \Pi_{r1}}{\partial p_{r1}^2} = -2 < 0$，故 Π_{r1} 是关于 p_{r1} 的凹函数，存在最优解 p_{r1}，得到：

$$p_{r1} = \dfrac{b + \alpha\tau + w_{r1}}{2} \tag{4-17}$$

将式（4-17）代入式（4-16）中，对制造商利润 Π_{k1} 分别求 τ、w_{r1} 的一阶偏导得：

$$\begin{cases} \dfrac{\partial \Pi_{k1}}{\partial w_{r1}} = \dfrac{1}{2}b + \dfrac{1}{2}\alpha\tau - w_{r1} \\ \dfrac{\partial \Pi_{k1}}{\partial \tau_1} = \dfrac{1}{2}\alpha w_{r1} - \beta\tau \end{cases} \tag{4-18}$$

通过求式（4-18）的二阶偏导可以得到 Π_{k1} 关于 τ_1 与 w_{r1} 的海塞矩阵 $H_1 = \begin{bmatrix} -1 & \alpha/2 \\ \alpha/2 & -\beta \end{bmatrix}$，由于 $H_{11} = -1 < 0$，要使 H_1 为负定矩阵的条件为 $H_{12} < 0$，则 $H_{12} = m - \alpha^2/4 > 0$，此时 Π_{k1} 是关于 w_{r1}，τ_1 的凹函数，得到唯一最优解，将 w_{r1}^*，τ_1^* 回代到 p_{r1}，Q_{r1}，Π_{k1}，Π_{r1} 得出所对应的最优解，如表4-4所示。

推论4-1：在纯线下实体渠道结构下，制造商最优溯源技术投入水平为 $\tau_1^* = \dfrac{b\alpha}{4\beta - \alpha^2}$。

推论4-1表明，制造商作为区块链溯源技术的投入者，其利润受技术投入成本的影响。在 $\beta > \dfrac{\alpha^2}{4}$ 的情况下供应链成员利润存在均衡解，制造商利润可以达到最大化。此外，区块链溯源技术最优投入水平随着消费者溯源偏好程度的增大而提高。这表明消费者对于产品溯源意识的增强，正向促进制造商对于区块链溯源技术的投入水平。

推论4-2：制造商最优批发价和线下实体零售商最优零售价分别为 $w_{r1}^* = \dfrac{2b\beta}{4\beta - \alpha^2}$、$p_{r1}^* = \dfrac{3b\beta}{4\beta - \alpha^2}$。

推论4-2表明，在纯线下实体渠道中，制造商最优批发价和线下实体零售商最优销售价受市场需求、制造商对区块链溯源技术投入系数和消费者溯源偏好系数的综合影响。消费者的溯源偏好系数越大，即消费者的产品溯源意识越强，越倾向于购买带有溯源标识的产品，从而可以刺激产品的市场需求，加大制造商对溯源技术投入的力度。

4.2.3 "线下+线上直销"双渠道定价模型

制造商主导下的"线下+线上直销"双渠道供应链，与纯线下实体零售渠道类似，此供应链结构下的线性需求函数如下：

$$Q_{r2} = (1-\lambda)b - p_{r2} + fp_{t2} + \alpha\tau_2 \quad (4\text{-}19)$$

$$Q_{t2} = \lambda b - p_{t2} + fp_{r2} + \alpha\tau_2 \quad (4\text{-}20)$$

在"线下+线上直销"双渠道结构下，制造商作为主导方先决定线上直销渠道的零售价格和线下零售渠道的批发价格。零售商根据制造商决策的各渠道价格对零售价格进行决策，且制造商和零售商都是以寻求利益最大化为目标，可得到此时制造商、线下零售商的利润函数如下：

$$\Pi_{k2} = p_{t2}Q_{t2} + w_{r2}Q_{r2} - \dfrac{1}{2}\beta\tau^2 \quad (4\text{-}21)$$

$$\Pi_{r2} = (p_{r2} - w_{r2})Q_{r2} \quad (4\text{-}22)$$

定理4-2：在"线下+线上直销"双渠道下，区块链溯源技术投入系数

β 存在且 $\beta > \dfrac{\alpha^2(f+3)}{4(1-f)}$，由此可以得出"线下+线上直销"双渠道制造商以及零售商的各项最优决策及其利润分别为：

表 4-5　"线下+线上直销"双渠道中各项最优解

变量	取值
p_{t2}^*	$\dfrac{b[4\beta(fB_1+\lambda)+B_2\alpha^2]}{2A_1(f+1)}$
p_{r2}^*	$\dfrac{b[4\lambda f\beta+2\beta B_1(3-f^2)+B_2\alpha^2(3+2f)]}{2A_1(f+1)}$
w_{r2}^*	$\dfrac{b[4\beta(B_1+\lambda f)-B_2\alpha^2(2+f)]}{2A_1(f+1)}$
τ_2^*	$\dfrac{b\alpha(f+1-B_3\lambda)}{A_1}$
Q_{r2}^*	$\dfrac{-b[2\beta B_1 B_3+B_2\alpha^2]}{2A_1}$
Q_{t2}^*	$\dfrac{b[2B_3\beta(B_1f-2\lambda)+B_2\alpha^2]}{2A_1}$
Π_{k2}^*	$\dfrac{b^2[2B_1^2\beta(1+f^2)+8B_1\lambda\beta f+4\lambda^2\beta-B_2^2\alpha^2]}{4A_1(f+1)}$
Π_{r2}^*	$\dfrac{b^2[2\beta B_1 B_3-B_2\alpha^2(1-2\lambda)]^2}{4A_1^2}$

其中：$A_1 = 4\beta(1-f) - \alpha^2(f+3)$，$B_1 = 1-\lambda$，$B_2 = 1-2\lambda$，$B_3 = f-1$。

证明：根据逆向求解法，将 Q_{r2} 代入 Π_{r2}，Π_{r2} 对 p_{r2} 的一阶、二阶偏导满足：

$$\begin{cases} \dfrac{\partial \Pi_{r2}}{\partial p_{r2}} = (1-\lambda)b - 2p_{r2} + fp_{t2} + \alpha\tau + w_{r2} \\ \dfrac{\partial^2 \Pi_{r2}}{\partial p_{r2}^2} = -2 < 0 \end{cases} \quad (4-23)$$

故 Π_{r2} 是关于 p_{r2} 的凹函数，存在最优解，令 $\dfrac{\partial \Pi_{r2}}{\partial p_{r2}} = 0$ 得：

$$p_{r2} = \frac{(1-\lambda)b + fp_{t2} + \alpha\tau + w_{r2}}{2} \quad (4-24)$$

将式（4-24）代入式（4-25），分别对 p_{t2}、w_{r2}、τ_2 求一阶偏导数得出：

$$\begin{cases} \dfrac{\partial \Pi_{k2}}{\partial p_{t2}} = \dfrac{2p_{t2}(f^2-2) + \lambda b(2-f) + 2\alpha\tau(2+f) + f(b+2w_{r2})}{2} \\ \dfrac{\partial \Pi_{k2}}{\partial w_{r2}} = \dfrac{b + \alpha\tau - b\lambda + 2(fp_{t2} - w_{r2})}{2} \\ \dfrac{\partial \Pi_{k2}}{\partial \tau_2} = \dfrac{\alpha w_{r2} - 2\beta\tau + \alpha p_{t2} + \alpha f p_{t2}}{2} \end{cases} \quad (4-25)$$

进而求解 Π_{k2} 关于 p_{t2}、w_{r2}、τ_2 的二阶偏导数，得到 Π_{k2} 关于 p_{t2}、w_{r2}、τ_2 的海塞矩阵为：$H_2 = \begin{bmatrix} -1 & f & \alpha/2 \\ f & f^2-2 & \alpha+\alpha f/2 \\ \alpha/2 & \alpha+\alpha f/2 & -\beta \end{bmatrix}$。由于 $H_{21} = -1 < 0$，$H_{22} = 2(1-f^2) > 0$，要使 H_2 为负定矩阵的条件为 $H_{23} < 0$，则 $H_{23} = (\alpha^2 f^2 + 4\alpha^2 f + 3\alpha^2 + 4\beta f^2 - 4\beta)/2 < 0$，此时 Π_{k2} 是关于 p_{t2}、w_{r2}、τ_2 的凹函数，令式（4-25）中各项等于0，并联立求解，得到唯一最优解，将 p_{t2}^*、w_{r2}^*、τ_2^* 回代到 p_{r2}，Q_{r2}、Q_{t2}、Π_{k2}、Π_{r2} 得出各项最优解，如表4-5所示。

推论4-3：在"线下+线上直销"双渠道中，制造商对区块链溯源技术的最优投入水平为 $\tau_2^* = \dfrac{b\alpha(f+1-\lambda f+\lambda)}{A_1}$，且存在 $\dfrac{\partial \tau_2^*}{\partial \lambda} > 0, \dfrac{\partial \tau_2^*}{\partial \beta} < 0, \dfrac{\partial \tau_2^*}{\partial \alpha} > 0$。

推论4-3表明，在"线下+线上直销"双渠道结构下，制造商对区块链溯源技术投入水平 τ_2^* 与消费者线上渠道偏好、溯源技术偏好呈同向变化，与区块链溯源技术投入成本系数呈反向变化。这说明当溯源技术投入成本系数提高时，制造商应用区块链溯源技术的门槛提高，加大了制造商投入区块链溯源技术的资金风险。线下零售商销售价格随溯源技术投入水平的下降而提高，即随着制造商对区块链溯源技术投入水平的提升，零售商收益随之增加。故线下零售商存在与制造商共担技术投入成本的动力，以激励制造商加大溯源技术的投入水平，有利于制造商和零售商实现双赢。

推论4-4：在"线下+线上直销"双渠道结构的情形下，零售价格和渠道需求存在如下关系：当 $p_{r2}^* > p_{r2}'^*$ 时，消费者线上渠道偏好满足 $\lambda_{p2} < \lambda < 1$，当 $p_{r2}^* < p_{r2}'^*$ 时，λ 需满足 $0 < \lambda < \lambda_{p2}$；当 $Q_{r2}^* > Q_{r2}'^*$ 时，λ 需满足 $\lambda_{q2} < \lambda < 1$，当 $Q_{r2}^* < Q_{r2}'^*$ 时，λ 需满足 $0 < \lambda < \lambda_{q2}$。其中

$$\lambda_{p2} = \frac{\beta(3-f^2-2f)-\alpha^2(f+2)}{\beta(5-f^2-4f)-2\alpha^2(f+2)}, \lambda_{q2} = \frac{\beta(1+f^2-2f)-\alpha^2}{\beta(1-f)(3-f)-2\alpha^2}(\lambda_{p2} < \lambda_{q2})。$$

推论4-4表明，在"线下+线上直销"双渠道结构下，消费者线上渠道偏好系数小于 λ_{p2} 时，线上直销渠道中的零售价格相比线下渠道中的零售价格拥有更大的优势；而制造商若想扩大线上直销渠道的消费需求，则需努力提升消费者线上渠道购买产品的意愿，使消费者线上渠道偏好大于阈值 λ_{q2}。而当 $\lambda_{p2} < \lambda_{q2}$ 时，制造商显然无法同时兼顾消费者优质的购买体验和友好的售卖价格，这与现实情境一致。若制造商在生产过程中使用区块链溯源技术，不仅可以有效改善产品质量，还能在一定程度上削弱消费者的购买顾虑，从而增强消费者的购买信心。

4.2.4 "线下+线上分销"双渠道定价模型

在"线下+线上分销"双渠道结构中，制造商将产品同时批发给线下零售商和线上零售商，此供应链结构下的线性需求函数如下式：

$$Q_{r3} = (1-\lambda)b - p_{r3} + fp_{t3} + \alpha\tau_3 \tag{4-26}$$

$$Q_{t3} = \lambda b - p_{t3} + fp_{r3} + \alpha\tau_3 \tag{4-27}$$

此渠道结构下，制造商作为主导方先决定线上分销渠道和线下实体渠道的批发价格，而后线下零售商和线上零售商根据制造商的决策价格对自身零售价格进行决策，制造商和各零售商都是以寻求利益最大化为目标，即得到此时制造商、线下零售商及线上零售商的利润函数如下式：

$$\Pi_{k3} = w_{t3}Q_{t3} + w_{r3}Q_{r3} - \frac{1}{2}\beta\tau^2 \tag{4-28}$$

$$\Pi_{r3} = (p_{r3} - w_{r3})Q_{r3} \tag{4-29}$$

$$\Pi_{t3} = (p_{t3} - w_{t3})Q_{t3} \tag{4-30}$$

定理4-3：在"线下+线上分销"双渠道中，区块链溯源技术投入系数 β 存在且 $\beta > \dfrac{-\alpha^2(f^3+3f^2-4f-8)}{8(f^3-f^2-2f+2)}$，由此推导得出"线下+线上分销"双渠道制造商以及零售商的各项最优决策及其利润分别为：

表4-6　"线下+线上分销"双渠道各项最优解

变量	取值
p_{t3}^*	$\dfrac{b[\alpha^2 B_2(6+4f-f^2)+4B_1\beta f(5-3f^2)+8\lambda\beta(3-2f^2)]}{2A_2}$
p_{r3}^*	$\dfrac{b[B_2\alpha^2(3+2f)(-2+f^2)-2B_1\beta(12-9f^2+f^4)+4\lambda\beta f(5-3f^2)]}{2A_3(f+1)}$
τ_3^*	$\dfrac{b\alpha[-B_1 f^3-(1+\lambda)f^2+2(2+f)]}{A_3}$
w_{r3}^*	$\dfrac{b(2-f^2)[8\beta(\lambda f+B_1)-B_2\alpha^2(2+f)]}{2A_3(f+1)}$
w_{t3}^*	$\dfrac{b[8\beta(2-f^2)(f-B_3\lambda)-B_2(3+B_3^2)]}{2A_2}$
Q_{r3}^*	$\dfrac{b\{2\beta B_3[B_1(f^2-4)-2\lambda f]-\alpha^2 B_2(2-f^2)\}}{2A_3}$
Q_{t3}^*	$\dfrac{b(f^2-2)[2B_3\beta(2\lambda+B_1 f)-B_2\alpha^2]}{2A_3}$
Π_{k3}^*	$\dfrac{b^2[\alpha^2 B_2^2(-2+f^2)+2B_1^2\beta(4+f^2-f^4)+8B_1\lambda\beta f(3-f^2)]}{4A_3(f+1)}$
Π_{r3}^*	$\dfrac{b^2\{2B_3\beta[2\lambda f+B_1(4-f^2)]+B_2\alpha^2(2-f^2)\}^2}{4A_3^2}$
Π_{t3}^*	$\dfrac{b^2(2-f^2)[B_2\alpha^2-2B_3\beta(2\lambda+B_1 f)]^2}{2A_2^2}$

其中：$A_2 = 8\beta(f^4-3f^2+2)+\alpha^2(f^4+4f^3-f^2-12f-8)$

$A_3 = 8\beta(f^3-f^2-2f+2)+\alpha^2(f^3+3f^2-4f-8)$

$B_1 = 1-\lambda$，$B_2 = 1-2\lambda$，$B_3 = f-1$

证明：根据逆向求解法，Q_{r3} 将代入 Π_{r3}，Π_{r3} 对 p_{r3} 的一阶、二阶偏导为：

$$\begin{cases} \dfrac{\partial \Pi_{r3}}{\partial p_{r3}} = (1-\lambda)b - 2p_{r3} + fp_{t3} + \alpha\tau + w_{r3} \\ \dfrac{\partial^2 \Pi_{r3}}{\partial p_{r3}^2} = -2 < 0 \end{cases} \quad (4-31)$$

故 Π_{r3} 是关于 p_{r3} 的凹函数存在最优解，令 $\dfrac{\partial \Pi_{r3}}{\partial p_{r3}} = 0$ 可以得出：

$$p_{r3} = \dfrac{(1-\lambda)b + fp_{t3} + \alpha\tau + w_{r3}}{2} \quad (4-32)$$

将 p_{r3} 代入 Π_{t3}，Π_{t3} 对 p_{t3} 的一阶、二阶偏导数为：

$$\begin{cases} \dfrac{\partial \Pi_{t3}}{\partial p_{t3}} = \dfrac{f[\alpha\tau + fp_{t3} + w_{r3} + (1-\lambda)b] + (2-f^2)(w_{t3} - p_{t3}) + 2(\alpha\tau + \lambda b - p_{t3})}{2} \\ \dfrac{\partial^2 \Pi_{t3}}{\partial p_{t3}^2} = (f^2 - 2) < 0 \end{cases} \quad (4-33)$$

故 Π_{t3} 是关于 p_{t3} 的凹函数，即存在最优解，令 $\dfrac{\partial \Pi_{t3}}{\partial p_{t3}} = 0$ 得：

$$p_{t3} = \dfrac{f[\alpha\tau + w_{r3} + b(1-\lambda)] + 2(\lambda b + \alpha\tau) + w_{t3}(2-f^2)}{2(2-f^2)} \quad (4-34)$$

将 p_{t3} 回代可得 p_{r3}，再将 p_{t3}，p_{r3} 回代到 Π_{k3}，求 Π_{k3} 对 w_{t3}，w_{r3}，τ_3 的二阶偏导数，得出 Π_{k3} 关于 w_{t3}，w_{r3}，τ_3 的海塞矩阵为：

$$H_3 = \begin{bmatrix} \dfrac{(f^2-2)}{2} & \dfrac{f}{2} & \dfrac{\alpha(f+2)}{4} \\ \dfrac{f}{2} & \dfrac{3f^2-4}{4-2f^2} & \dfrac{\alpha(-f^2+2f+4)}{4-2f^2} \\ \dfrac{\alpha(f+2)}{4} & \dfrac{\alpha(-f^2+2f+4)}{4-2f^2} & -\beta \end{bmatrix} \quad (4-35)$$

由于 $H_{31} = \dfrac{f^2-2}{2} < 0$，$H_{32} = \dfrac{8-f^2}{4} > 0$，要使 H_3 为负定矩阵的条件 $H_{33} < 0$，

则 $\dfrac{8\beta(f^3-f^2-2f+2)+\alpha^2(f^3+3f^2-4f-8)}{[8(f^2-2)]}<0$，此时 Π_{k3} 是关于 w_{t3}，w_{r3}，τ_3 的凹函数，得到唯一最优解，将 w_{t3}^*，w_{r3}^*，τ_3^* 回代到 Q_{r3}，Q_{t3}，Π_{k3}，Π_{r3}，Π_{t3} 得到各项最优解，如表4-6所示。

推论4-5：在"线下+线上分销"双渠道中，制造商对区块链溯源技术的最优投入水平为：$\tau_3^* = \dfrac{b\alpha[(\lambda-1)f^3-(\lambda+1)f^2+2(f+2)]}{A_3}$，且存在 $\dfrac{\partial \tau_3^*}{\partial \lambda}<0$，$\dfrac{\partial \tau_3^*}{\partial \alpha}>0$，$\dfrac{\partial \tau_3^*}{\partial \beta}<0$，$\dfrac{\partial p_{r3}^*}{\partial \tau}<0$。

推论4-5表明，在"线下+线上分销"双渠道结构下，制造商对区块链溯源技术的投入水平 τ_3^* 与消费者溯源技术偏好呈同向变化，与消费者线上渠道偏好、区块链溯源技术投入成本系数呈反向变化。随着线上分销渠道的开设，制造商对区块链溯源技术的投入水平下降，产生此现象的原因在于线上零售商和线下零售商存在横向竞争，导致消费者市场需求份额分散，最终引起制造商利润减少，而制造商为保证自身利益最大化会相应地减少对于区块链溯源技术的投入资金。

推论4-6：在"线下+线上分销"双渠道情形下，零售价格、渠道需求以及批发价格存在如下关系：当 $p_{t3}^* < p_{r3}^*$ 时，消费者线上渠道偏好满足 $0 < \lambda < \lambda_{p3}$，反之若 $p_{t3}^* < p_{r3}^*$，则 $\lambda_{p3} < \lambda < 1$；当 $Q_{t3}^* > Q_{r3}^*$ 时，则 $\lambda_{q3} < \lambda < 1$，反之若 $Q_{t3}^* < Q_{r3}^*$，则 $0 < \lambda < \lambda_{q3}$；当 $w_{t3}^* > w_{r3}^*$ 时，$\dfrac{1}{2} < \lambda < 1$ 时，反之若 $w_{t3}^* < w_{r3}^*$，则 $0 < \lambda < \dfrac{1}{2}$。

其中：$\lambda_{p3} = \dfrac{f^2(f^2\beta+\alpha^2 f+2\alpha^2-9\beta+6f\beta)+2(6\beta-3\alpha^2-2\alpha^2 f-5f\beta)}{f^2(2\alpha^2 f+f\beta+12f\beta+4\alpha^2-17\beta)-4(3\alpha^2-6\beta+5f\beta+2\alpha^2 f)}$

$\lambda_{q3} = \dfrac{f^2(f^2\beta-\alpha^2-f^2\beta-2f\beta)-2(2\beta-\alpha^2-3f\beta)}{f^2(f^2\beta-4f\beta-2\alpha^2-\beta)+4(\alpha^2-2\beta+3f\beta)}$，$\left(\lambda_{p3} > \dfrac{1}{2}, \lambda_{q3} < \dfrac{1}{2}\right)$。

推论4-6表明，在"线下+线上分销"双渠道中，在 $\lambda_{22} < \lambda < \dfrac{1}{2}$ 时，线

上零售商可以同时获得批发价格、渠道需求以及零售价格的优势。当消费者线上渠道偏好系数小于阈值λ_{p3}时,线上分销渠道的零售价格低于线下渠道的零售价格;当消费者线上渠道偏好系数大于阈值λ_{q3}时,线上分销零售渠道相比线下零售渠道具有更大的渠道需求,即存在较小的消费者线上渠道偏好系数,使"线下+线上分销"双渠道结构拥有明显的优势。

4.3 不同政府补贴下考虑消费者双重偏好供应链定价决策

根据前面的研究内容可以得出双渠道供应链结构并不总是对供应链各成员有利的,并且制造商在进行溯源技术投入的举措,会占用原本运营过程中的一部分资金,这导致企业进行溯源技术投入的积极性并不高,而政府的补贴政策有利于改善企业困境,激发其生产溯源产品的动力。在考虑消费者双重偏好的供应链基础上又引入了不同的政府补贴策略,在"线下+线上直销"双渠道供应链和"线下+线上分销"双渠道供应链中,分别构建了政府依据技术投入成本补贴模型、政府对单位产品进行补贴的模型,探讨不同政府补贴方式对双渠道供应链成员决策、渠道需求量以及产品溯源水平的影响,并在相同政府财政支出情形下,着重对两种补贴方式进行对比分析。

4.3.1 研究假设

在制造商主导的"线下+线上直销"双渠道和"线下+线上分销"双渠道供应链中分别引入两种政府补贴方式,包括政府对制造商区块链溯源技术投入(下文简称技术投入)成本补贴以及政府对单位产品补贴,供应链结构如图4-7所示。

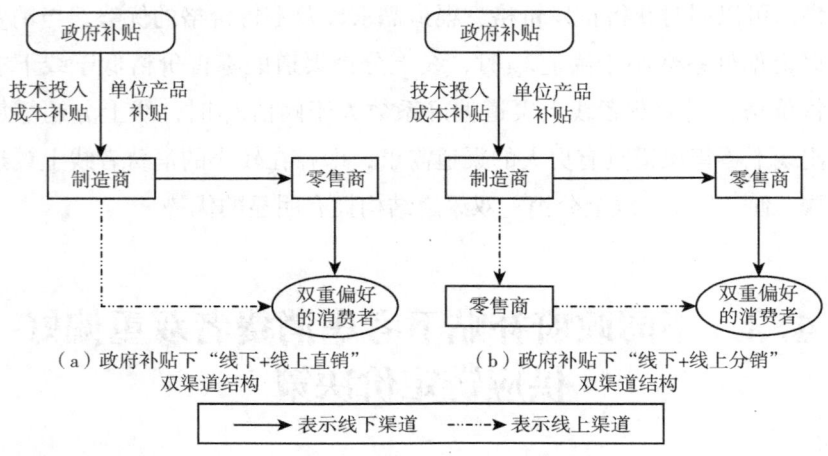

图4-7 政府补贴下的双渠道供应链结构

假设1：制造商、零售商均为风险中立的理性决策者。

假设2：制造商仅生产单一的带有溯源技术的产品，两渠道所卖产品同质。

假设3：两渠道间的零售商只能从制造商处批发产品，不能互为转销。

假设4：制造商生产的产品产量和市场需求量相等。

假设5：根据研发成本边际效应递增，设制造商自主研发溯源技术投入为$C_1=\frac{1}{2}\beta\tau_{ti}^2$，$i=1,2$，其中$\beta$为制造商技术研发投入成本系数，假定溯源技术研发发生在初期且一次性进行。

假设6：第一，为促进制造商提高技术投入水平，政府根据制造商技术投入成本进行财政支持，则政府对技术投入进行补贴的支出为$\frac{1}{2}k_i\beta\tau_{ti}^2$，这里$k_i$为溯源技术投入成本的补贴系数；第二，政府对单位产品进行补贴，其中单位产品补贴金额为s_i，则政府的补贴总支出为$s_i(Q_{ri2}+Q_{ti2})$。

假设7：将消费者对产品自身价格敏感系数设定为1。

表 4-7　　　　　　　　　　　　　参数说明

参数	含义及设定
b	产品在市场上的潜在需求量为 b（$b>0$）
f	渠道间交叉价格敏感系数，假设销量对交叉价格弹性系数表现为中性且对称[60-62]，$f \in (0, 1/2)$
λ	消费者对线上销售渠道的偏好系数，$\lambda \in [0, 1]$
α	消费者对区块链溯源技术的偏好系数，$\alpha \in [0, 1]$
β	制造商对区块链溯源技术水平投入的成本系数
τ_{ij}	制造商对区块链溯源技术的投入水平 $i=1, 2$；$j=1, 2$（i 表示第 i 种双渠道，j 表示第 j 种政府补贴方式）
k_i	政府对制造商溯源技术投入成本的补贴系数
s_i	政府对单位产品的补贴系数
w_{rij}，w_{t2j}	制造商提供给线下零售商和线上零售商的批发价格，$i=1, 2$；$j=1, 2$
p_{rij}，p_{tij}	线下零售商、两种线上渠道的零售价格，$i=1, 2$；$j=1, 2$
Q_{rij}，Q_{tij}	线下零售渠道和线上零售渠道的渠道需求，$i=1, 2$；$j=1, 2$ $Q_{rij}=(1-\lambda)b-p_{rij}+fp_{tij}+\alpha\tau_{ij}$，$Q_{tij}=\lambda b-p_{tij}+fp_{rij}+\alpha\tau_{ij}$
Π_{kij}，Π_{rij}，Π_{tij}	制造商、线下零售商和线上零售商的利润，$i=1, 2$；$j=1, 2$

4.3.2　政府对技术投入成本补贴下的定价模型

在"线下+线上直销"双渠道供应链中，当政府对技术投入成本进行补贴时，根据上面的相关假设与参数设定，对制造商利润 Π_{k11}、线下零售商利润 Π_{r11} 进行表示，具体如下式：

$$\Pi_{k11}=w_{r11}Q_{r11}+p_{t11}Q_{t11}-\frac{1}{2}(1-k_1)\beta\tau_{11}^2 \tag{4-36}$$

$$\Pi_{r11}=(p_{r11}-w_{r11})((1-\lambda)b-p_{r11}+fp_{t11}+\alpha\tau_{11}) \tag{4-37}$$

在此双渠道供应链结构中，博弈参与者都从自身利益最大化的角度做出决策。制造商与两零售商之间的博弈为斯坦伯格博弈，即制造商先对产品批发价格以及溯源投入水平进行决策，而后线下零售商再根据制造商决策做出对自身利益最优的决策。

定理4-4：在政府补贴制造商技术投入成本的情形下，当满足 $4\beta(1-f)(1-k)-\alpha^2(f+3)>0$ 时，制造商和零售商的最优决策如表4-8所示。

表4-8　技术投入成本补贴下"线下+线上直销"双渠道均衡结果

变量	取值
τ_{11}^*	$\dfrac{b\alpha(1+\lambda+B_1 f)}{A_1}$
w_{r11}^*	$\dfrac{b[4\beta(1-k)(\lambda f+B_1)-B_2\alpha^2(2+f)]}{2A_1(f+1)}$
p_{r11}^*	$\dfrac{b[4\beta(1-k)(\lambda+B_1 f)+B_2\alpha^2]}{2A_1(f+1)}$
p_{t11}^*	$\dfrac{b[4\beta(1-k)(\lambda+B_1 f)+B_2\alpha^2]}{2A_1(f+1)}$
Q_{r11}^*	$\dfrac{b[2B_3\beta(k-1)(2\lambda+B_1 f)+B_2\alpha^2]}{2A_1}$
Q_{t11}^*	$\dfrac{b[2B_1 B_3\beta(k-1)+B_2\alpha^2]}{2A_1}$
Π_{r11}^*	$\dfrac{b^2[2B_1 B_3\beta(k-1)-B_2\alpha^2]^2}{4A_1^2}$
Π_{k11}^*	$\dfrac{b^2[2\beta(k-1)(B_1(B_1 f^2+4\lambda f+B_1)+2\lambda^2)+\alpha^2 B_2^2]}{4(f+1)A_1}$

推论4-7：
$\dfrac{\partial \tau_{11}^*}{\partial \alpha}>0;\dfrac{\partial w_{r11}^*}{\partial \alpha}>0;\dfrac{\partial p_{r11}^*}{\partial \alpha}>0,\dfrac{\partial p_{t11}^*}{\partial \alpha}>0;\dfrac{\partial Q_{r11}^*}{\partial \alpha}>0,\dfrac{\partial Q_{t11}^*}{\partial \alpha}>0;\dfrac{\partial \Pi_{r11}^*}{\partial \alpha}>0,$
$\dfrac{\partial \tau_{11}^*}{\partial \lambda}<0;\dfrac{\partial w_{r11}^*}{\partial \lambda}<0;\dfrac{\partial p_{r11}^*}{\partial \lambda}>0,\dfrac{\partial p_{t11}^*}{\partial \lambda}<0;\dfrac{\partial Q_{r11}^*}{\partial \lambda}>0,\dfrac{\partial Q_{t11}^*}{\partial \lambda}<0;\dfrac{\partial \Pi_{r11}^*}{\partial \lambda}<0$

推论4-7表明，"线下+线上直销"双渠道中，在政府对技术投入补贴的情形下，产品的溯源水平、制造商对线下零售商的批发价、线下零售商对消费者的售卖价、制造商的线上直销价格、两渠道中的产品需求量以及供应链中的各成员利润，都随着消费者对产品溯源偏好的提升而出现"水涨船高"的趋势。可以分析得出，生产的驱动力是消费，消费者对可以进行溯源的产品的青睐以及政府对制造型企业进行补贴的政策，会激励企业投入更加可观的成本,以此达到满足消费者需求的目的。并且消费者越偏好于产品的溯源属性则对该产品有更强烈的支付意愿,因此,线上和线下渠道中的零售价格和需求量都随之上涨。消费者对线上渠道偏好的增强,对线上渠道零售价格、渠道需求量有积极的正向影响,反之对线下渠道产生负向促进作用,这会导致制造型企业的边际利润降低,故企业会通过降低产品的溯源水平来弥补线下渠道产生的亏损,最终使得产品的溯源水平随着消费者线上渠道偏好系数的提高而下降。

推论4-8:
$$\frac{\partial \tau_{11}^*}{\partial k} > 0; \frac{\partial w_{r11}^*}{\partial k} > 0; \frac{\partial p_{t11}^*}{\partial k} > 0, \frac{\partial p_{r11}^*}{\partial k} > 0;$$
$$\frac{\partial Q_{t11}^*}{\partial k} > 0, \frac{\partial Q_{r11}^*}{\partial k} > 0; \frac{\partial \Pi_{r11}^*}{\partial k} > 0, \frac{\partial \Pi_{k11}^*}{\partial k} > 0$$

推论4-8表明,"线下+线上直销"双渠道中,线下零售商的批发价格、零售价格以及制造商利润都随着政府对技术投入补贴系数的增大而提高,政府补贴策略为企业带来了更加强有力的资金支持,故降低了制造商对技术资金的投入风险,加强了制造商对技术研发投入的信心,从而推动制造商自身加大技术投入力度来提高产品的溯源水平。因此,尽管有政府补贴政策的加持,但是产品的定价水平还是会相应地提高。

4.3.3 政府对单位产品补贴下的定价模型

在"线下+线上直销"双渠道供应链中,当政府对单位产品进行补贴时,根据上面的相关假设与参数设定,对制造商利润Π_{k12}、线下零售商利润Π_{r12}进行表示,具体如下式:

$$\Pi_{k12} = w_{r12}Q_{r12} + p_{t12}Q_{t12} + s_1(Q_{r12} + Q_{t12}) - \frac{1}{2}\beta\tau_{12}^2 \quad (4-38)$$

$$\Pi_{r12} = (p_{r12} - w_{r12})((1-\lambda)b - p_{r12} + fp_{t12} + \alpha\tau_{12}) \quad (4-39)$$

博弈顺序同政府对技术投入成本补贴情形下的博弈顺序。

定理4-5:在政府对单位产品补贴情形下,当满足$4\beta(1-f) - \alpha^2(f+3) > 0$时,制造商和零售商的最优决策如表4-9所示。

表 4-9　单位产品补贴下"线下 + 线上直销"双渠道均衡结果

变量	取值
τ_{12}^*	$\dfrac{\alpha[s(-f^2-2f+3)+b(\lambda+B_1 f)]}{A_2}$
w_{r12}^*	$\dfrac{b[4\beta(\lambda f+B_1)-B_2\alpha^2(f+2)]+2s(f+1)[2B_3\beta+B_4]}{2A_2(f+1)}$
p_{t12}^*	$\dfrac{b[4\beta(\lambda+B_1 f)+B_2\alpha^2]+2s(f+1)[2B_3\beta+B_4]}{2A_2(f+1)}$
p_{r12}^*	$\dfrac{b[\beta(-B_1 2f^2+2(2\lambda f+3B_1))-B_2\alpha^2(2f+3)]+2s(f+1)[\beta(f^2-1)+B_4]}{2A_2(f+1)}$
Q_{t12}^*	$\dfrac{b[-2\beta B_3(2\lambda+B_1 f)+B_2\alpha^2]+2B_3^2\beta s(f+2)}{2A_2}$
Q_{r12}^*	$\dfrac{2B_3^2\beta s+b(2B_1 B_3\beta-B_2\alpha^2)}{2A_2}$
Π_{r12}^*	$\dfrac{[2B_3^2\beta s+b(2B_1 B_3\beta-B_2\alpha^2)]^2}{4A_2^2}$
Π_{k12}^*	$\dfrac{b^2[\beta(2B_1^2 f^2+8B_1\lambda f+B_2^2+2\lambda^2+1)-B_2^2\alpha^2]+2B_3^2\beta s^2(3+4f+f^2)+4\beta bs(1-f^2)(1+\lambda+B_1 f)}{4A_2(f+1)}$

其中：$A_2=4\beta(1-f)-\alpha^2(f+3)$，
$B_1=1-\lambda$，$B_2=1-2\lambda$，$B_3=f-1$，$B_4=\alpha^2(3+f)$。

证明：求解过程同定理 3-2。

推论 4-9：
$\dfrac{\partial \tau_{12}^*}{\partial \alpha}>0; \dfrac{\partial w_{r12}^*}{\partial \alpha}>0; \dfrac{\partial p_{t12}^*}{\partial \alpha}>0, \dfrac{\partial p_{r12}^*}{\partial \alpha}>0; \dfrac{\partial Q_{t12}^*}{\partial \alpha}>0, \dfrac{\partial Q_{r12}^*}{\partial \alpha}>0; \dfrac{\partial \Pi_{r12}^*}{\partial \alpha}>0,$
$\dfrac{\partial \tau_{12}^*}{\partial \lambda}<0; \dfrac{\partial w_{r12}^*}{\partial \lambda}<0; \dfrac{\partial p_{t12}^*}{\partial \lambda}>0, \dfrac{\partial p_{r12}^*}{\partial \lambda}<0; \dfrac{\partial Q_{t12}^*}{\partial \lambda}>0, \dfrac{\partial Q_{r12}^*}{\partial \lambda}<0; \dfrac{\partial \Pi_{r12}^*}{\partial \lambda}<0$

推论 4-9 表明，"线下 + 线上直销"双渠道中，在政府对单位产品补贴制造商的情形下，产品的溯源水平、制造商对线下零售商的批发价、线下零售商的销售定价水平、制造商的线上直销定价水平、产品需求量和各成员（制造商、线下零售商）的利润，均因为消费者对产品溯源偏好的提升而增大。

消费者对线上渠道偏好的增强，对线下零售商的批发价格、线下零售商的售卖价格、制造商的线上直销价格、渠道需求量以及线下零售商利润有积极的正向影响，反之对线下渠道产生负向影响。

推论4-10：
$$\frac{\partial \tau_{t12}^*}{\partial s} > 0; \frac{\partial w_{r12}^*}{\partial s} < 0; \frac{\partial p_{t12}^*}{\partial s} < 0; \frac{\partial p_{r12}^*}{\partial s} < 0;$$
$$\frac{\partial Q_{t12}^*}{\partial s} > 0, \frac{\partial Q_{r12}^*}{\partial s} > 0; \frac{\partial \Pi_{r12}^*}{\partial s} > 0, \frac{\partial \Pi_{k12}^*}{\partial s} > 0$$

推论4-10表明，"线下+线上直销"双渠道中，政府依据产量进行补贴制造商的情形下，线下零售商的批发价格、线下零售商对产品进行销售时的定价水平、制造商的线上销售定价水平，都随着政府补贴系数的增大而相应地降低，产品的溯源水平、两渠道的需求量、零售商利润以及制造商利润都相应地提升。

4.4 考虑及时交货和平台商誉的供应链融合动态决策

近年来世界经济飞速发展，信息科技的普遍应用和智能终端设备的逐步完善，催生了电子商务平台的出现，从此零售行业的信息传递不仅可以通过线下商店或商品本身，还转移到了线上电商，从而以信息流的方式展现给消费者，消费者可以线上支付、线上挑选。与此同时，产品品质和交货时间等问题日渐成为消费者在购物过程中的痛点，下面将分别介绍考虑及时交货和平台商誉的供应链融合动态决策。

4.4.1 研究假设

假设1：工厂超过规定时间交货或产品出现质量问题，则要赔偿零售商。

假设2：由于工厂造成的产品质量和延期问题均会影响零售商的顾客满意度。

假设3：就产品质量而言，任何时期的质量问题都会引起消费者不满。

4.4.2 考虑及时交货的供应链融合动态定价决策

对于一个由零售商、共享平台和工厂组成的供应链,零售商通过共享平台提交订单,共享平台为其匹配合作的工厂进行产品的生产。这样,工厂和零售商通过生产资源共享而获得收益。同时,工厂和零售商按佣金付费给平台。就交货期而言,延期交货会产生消费者的不满,零售商承担一定的补偿成本;但在热销期,通常由于提前期短而允许有一定的延迟交货率。

表 4–10   参数说明

参数	含义及设定
s	工厂及时交货投入水平
α	工厂产品质量投入水平
Q	零售商的订货量
X	市场的随机需求
T	产品质量缺陷的惩罚成本
L	延期交货的惩罚成本
c	单位产品的制造成本
ε	工厂批发价格折扣
h	平台惩罚成本的折扣率
ω	工厂给零售商的单位产品批发价
β	平台对工厂收取的单笔交易佣金率
γ	平台对零售商收取的单笔交易佣金率
c_1	工厂为质量投入水平而须付出的生产成本
c_2	工厂为及时交货投入水平而须付出的生产成本
B	产品延期交货而导致的单位缺货成本
A	质量问题导致的消费者不满意的单位补偿成本

考虑平台对工厂始终收取固定的佣金,对零售商有以上两种定价收费策略,为方便讨论,平台收益中不考虑从工厂中收取的佣金费用。假设在平常期阶段,零售商订货 N 次,平台索取的固定会员费为 F_c,单笔交易的佣金为 r_c。根据 Zhong[138] 和 Zhang[139] 等的研究,零售商的效用与平台服务水平 q

有关。平台服务水平会随着平台合作的工厂的增加而增加。而零售商的类型 $\rho[\rho \sim U(0, 1)]$ 的下单率与平台服务水平相关,因此 ρ 型零售商该阶段的效用函数 u_r 可表示:

$$u_r = N(\rho q - r_c) \tag{4-40}$$

其中,上式第一部分表示零售商N笔订单所获得的总效用,第二部分为零售商付给平台的会员费。若平台在平常期从一个 ρ 类型零售商处获得的收益为 $Nr_c + F_c$,当 ρ 大于零售商愿意加入平台的临界值 ρ^* 时,其效用大于0,并将加入平台。假设平台拥有的零售商数量 $nc = 1 - \rho^*$。据此,可得出平台在平常期阶段的总利润:

$$\pi_{pT} = (1 - \rho^*)(Nr_c + F_c) \tag{4-41}$$

根据 uR,可得 $\rho^* = F_c + Nr_c/Nq$,将其代入平台的总利润函数:

$$\pi_{pT} = (1 - (F_c + Nr_c)/Nq)(Nr_c + F_c) \tag{4-42}$$

考虑市场需求不确定,假设市场的随机需求 X 服从 (a, b) 上的均匀分布 $(b > a \geq 0)$,其中 X 的概率密度函数为 $f(x) = 1/(b-a)$,其累积分布函数为 $F(x) = (X-a)/(b-a)$。

对于工厂来说,产品质量投入水平越高,产品的质量越好。同理,若工厂及时交货投入水平越高,产品的及时交货率就越高。如果交货时商品有质量问题,则相应的惩罚成本为 $(1-\alpha)T$;若商品未准时交货,则相应的惩罚成本为 $(1-s)L$。通常对产品质量的要求大于延期交货的要求。故惩罚成本之间的关系为 $T > L$。此外,根据文献[138],工厂的质量和及时交货投入水平所付出的成本分别为 $\frac{c_1}{2}\alpha^2$ 和 $\frac{c_2}{2}s^2$。此外,根据文献[138],工厂的质量和及时交货投入水平所付出的成本分别为 $\frac{c_1}{2}\alpha^2$ 和 $\frac{c_2}{2}s^2$。

$$\pi_m = (1-\beta)\left[(\omega-c)Q - \frac{c_1}{2}\alpha^2 - \frac{c_2}{2}s^2\right] - (1-\alpha)T - (1-s)L \tag{4-43}$$

在平常期,零售商对产品质量问题需要支付单位商品质量的惩罚成本 A,参考文献[140]和文献[141],相应地由消费者不满意而造成的损失成本为 $(1-\alpha)A$。对于每笔通过共享平台而订货成功的交易,平台从零售商抽取 γ

的佣金。考虑零售商库存的残值、消费者不满的损失成本以及工厂在质量或交货期上的失误而得到的补偿金额，则零售商的利润：

$$\pi_R = (1-\gamma)[p\min\{Q,X\} - \omega Q] + v[Q-X] - (1-a)A\min\{Q,X\} + (1-\alpha)T + (1-s)L \tag{4-44}$$

平台实现单笔交易获得的利润 π_p 由收取工厂佣金和收取零售商佣金组成：

$$\pi_p = \beta\left[(\omega-c)Q - \frac{c_1}{2}\alpha^2 - \frac{c_2}{2}s^2\right] + \gamma[p\min\{Q,X\} - \omega Q] \tag{4-45}$$

根据式（4-44），进一步讨论零售商的最优订货量。由式（4-44）知零售商的期望利润：

$$E(\pi_R) = (1-\gamma)\left[p\left(Q - \int_a^Q F(x)dx - wQ\right)\right] + v\int_a^Q F(x)dx + (1-\alpha)T + (1-s)L - (1-\alpha)A\left(Q - \int_a^Q F(x)dx\right) \tag{4-46}$$

其中，$E(\min\{Q,X\}) = Q - \int_a^Q F(x)dx$，$[Q-X]^+ = \int_a^Q F(x)dx$。

由此得到：当 $0 \leq \gamma \leq 1 - V/W$ 时，考虑产品质量和及时交货投入水平，工厂的利润 π_m 在 (α^*, s^*) 处获得最优解，其中最优质量投入水平和及时交货投入水平分为：

$$\alpha^* = \frac{T + (1-\beta)(w-c)\frac{\partial Q^*}{\partial \alpha}}{(1-\beta)c_1}, \quad s^* = \frac{L}{(1-\beta)c_2} \tag{4-47}$$

证明：将最优订货量 Q^* 代入式（4-44）中，关于 π_m 分别对 α，s 求一阶偏导和二阶偏导，如下：

$$\begin{aligned}\frac{\partial \pi_m}{\partial \alpha} &= (1-\beta)\left[(w-c)\frac{\partial Q^*}{\partial \alpha} - c_1\alpha\right] + T \\ \frac{\partial^2 \pi_m}{\partial \alpha^2} &= (1-\beta)\left[(w-c)\frac{\partial^2 Q^*}{\partial \alpha^2} - c_1\right] \\ \frac{dQ^*}{d\alpha} &= \frac{A(b-a)[(1-\gamma)w-v]}{[-(1-\gamma)p + v + A(1-\alpha)]^2} \\ \frac{d^2Q^*}{d\alpha^2} &= \frac{2A^2(b-a)[(1-\gamma)w-v]}{[-(1-\gamma)p + v + A(1-\alpha)]^3}\end{aligned} \tag{4-48}$$

令 $(1-\gamma)w<0$，可得 $\gamma<\dfrac{1-v}{w}$，所以此时 $\dfrac{\mathrm{d}^2 Q^*}{\mathrm{d}\alpha^2}<0$，得 $\dfrac{\partial^2 \pi_m}{\partial \alpha^2}<0$，因此 π_m 在此条件下是关于 α 的凹函数，有唯一最优值。

令 $\dfrac{\partial \pi_m}{\partial \alpha}=0$，得到 $\alpha^*=\left[T+(1-\beta)(w-c)\dfrac{\partial Q^*}{\partial \alpha}\right]/[(1-\beta)c_1]$。

同理，由于 Q^* 不是关于 s 的函数，因此，$\dfrac{\mathrm{d}Q^*}{\mathrm{d}s}=0$，易证 π_m 关于 s 的一阶偏导为 $-(1-\beta)c_1\alpha+L$，二阶偏导小于 0。

$$\dfrac{\partial \pi_m}{\partial s}=(1-\beta)\left[(w-c)\dfrac{\partial Q^*}{\partial s}-c_1\alpha\right]+L=-(1-\beta)c_1\alpha+L$$

$$\dfrac{\partial^2 \pi_m}{\partial s^2}=(1-\beta)\left[(w-c)\dfrac{\partial^2 Q^*}{\partial s^2}-c_1\right]=-(1-\beta)c_1<0 \tag{4-49}$$

$$\dfrac{\partial^2 \pi_m}{\partial s \partial \alpha}=0$$

因此，π_m 是关于 s 的凹函数，有唯一的最优质。令 $\dfrac{\partial \pi_m}{\partial s}=0$，得 $s^*=\dfrac{L}{(1-\beta)c_2}$。进一步建立海塞矩阵：

$$H=\begin{vmatrix} \dfrac{\partial^2 \pi_m}{\partial \alpha^2} & \dfrac{\partial^2 \pi_m}{\partial s \partial \alpha} \\ \dfrac{\partial^2 \pi_m}{\partial s \partial \alpha} & \dfrac{\partial^2 \pi_m}{\partial s^2} \end{vmatrix} \tag{4-50}$$

$$H_2=\dfrac{\partial^2 \pi_m}{\partial \alpha^2}\times\dfrac{\partial^2 \pi_m}{\partial s^2}-\dfrac{\partial^2 \pi_m}{\partial s \partial \alpha}\times\dfrac{\partial^2 \pi_m}{\partial s \partial \alpha}=(1-\beta)\left[(w-c)\dfrac{\partial^2 Q^*}{\partial \alpha^2}-c_1\right][-(1-\beta)c_1]>0 \tag{4-51}$$

分析可知，海塞矩阵负定，进而得出 π_m 是关于 (α^*,s^*) 的凹函数，故存在唯一的 (α^*,s^*) 使得工厂的利润最大化。因此随着工厂的质量投入水平升高，商品的质量更高，引起消费者不满更少。故零售商愿意从工厂订更多的货。故零售商的订货量与工厂生产的产品质量有关，当工厂质量投入水平更高，零售商所承受的因质量缺陷带来的惩罚成本也相应降低。工厂的质量和交货水平与惩罚成本、生产成本有关，平台通过与工厂和零售商的协调，可以增加或减少惩罚成本。

4.4.3 考虑平台商誉的供应链融合动态定价决策

企业在销售期 $[0, t_f]$ 内销售某种易逝品，t_f 未知待确定，不考虑补货情形，给定初始库存 $I_0 > 0$，在 t_f 时刻库存为零，且企业在此销售期内进行广告投入。令 $u(t)$ 和 $G(t)$ 分别表示 t 时刻的广告投入和商誉水平。根据 Nerlove–Arrow 模型，商誉动态衍化方程为：

$$\begin{cases} \dot{G}(t) = \gamma u(t) - \delta G(t) \\ G(0) = 0 \end{cases} \quad (4\text{-}52)$$

式（4-52）中：γ 和 δ 均为正常数；$G(0) > 0$ 为初始商誉水平。

需求受价格和广告的影响，其关系表示为：

$$D(G, P) = kG - (\alpha - \beta p) \quad (4\text{-}53)$$

式（4-53）中：k、α、β 均为正常数；p 为零售价格。价格需满足条件 $0 \leq p(t) \leq \alpha/\beta$，以保证需求非负。

令 $I(t)$ 表示 t 时刻的库存水平。假设库存衰减率为 $f(I) = \theta I$ 且 $\theta > 0$，则库存动态演化方程为：

$$\begin{cases} \dot{I}(t) = -kG(t)(\alpha - \beta p(t)) - \theta I(t) \\ I(0) = I_0, \, I(t_f) = 0 \end{cases} \quad (4\text{-}54)$$

假设广告成本为 $\frac{1}{2} c_u u^2(t)$，库存成本为 $hI(t)$，其中 c_u、h 分别为广告成本系数和库存成本系数，则企业利润函数为：

$$J = \int_0^{t_f} \left[kG(t)p(t)(\alpha - \beta p(t)) - hI(t) - \frac{1}{2} c_u u^2(t) \right] dt \quad (4\text{-}55)$$

根据上述分析，可构建企业最优联合动态定价与广告策略及最优销售周期优化模型，即：

$$\max_{p(\cdot), u(\cdot)} J = \int_0^{t_f} \left[kG(t)p(t)(\alpha - \beta p(t)) - hI(t) - \frac{1}{2} c_u u^2(t) \right] dt \quad (4\text{-}56)$$

$$\text{s.t.}\begin{cases} \dot{I}(t) = -kG(t)(\alpha - \beta p(t)) - \theta I(t) \\ I(0) = I_0 \\ I(t_f) = 0 \\ \dot{G}(t) = \gamma u(t) - \delta G(t) \\ G(0) = 0 \\ 0 \leqslant p(t) \leqslant \dfrac{\alpha}{\beta} \\ u(t) \geqslant 0 \end{cases}$$

利用庞特里亚金极大值原理求解最优化模型（4-55）。构建哈密尔顿函数：

$$H(I, p, u, \lambda_1, \lambda_2, t) = kGp(\alpha - \beta p) - hI - \frac{1}{2}c_u u^2 - \lambda_1(kp(\alpha - \beta p) + \theta I) + \lambda_2(\gamma u - \delta G) \tag{4-57}$$

式（4-57）中，λ_1、λ_2 分别为状态变量 I、G 的协态变量，且满足协态方程 $\dot{\lambda}_1 = -\dfrac{\partial H}{\partial I}$ 和 $\dot{\lambda}_2 = -\dfrac{\partial H}{\partial G}$，

即

$$\begin{aligned}\dot{\lambda}_1 &= h + \theta \lambda_1 \\ \dot{\lambda}_2 &= -kp(\alpha - \beta p) + \delta \lambda_2 + kkp(\alpha - \beta p)\lambda_1\end{aligned} \tag{4-58}$$

并满足横截条件

$$\begin{cases} \lambda_1(t_f) = \mu \\ \lambda_2(t_f) = 0 \end{cases} \tag{4-59}$$

式（4-59）中，μ 为待定常值。

哈密尔顿极大化条件为

$$H(I^*(t), G^*(t), p^*(t), \mu^*(t), \lambda_1(t), \lambda_2(t), t) \geqslant H(I^*(t), G^*(t), p(t), \mu(t), \lambda_1(t), \lambda_2(t), t) \tag{4-60}$$

根据式（4-44）和式（4-55），可得最优价格策略为和商誉投资策略分别为：

$$p^*(t) = \begin{cases} 0 & \lambda_1(t) < -\dfrac{\alpha}{\beta} \\ \dfrac{\alpha + \beta\lambda_1(t)}{2\beta} & -\dfrac{\alpha}{\beta} \leq \lambda_1(t) \leq \dfrac{\alpha}{\beta} \\ \dfrac{\alpha}{\beta} & \lambda_1(t) \geq -\dfrac{\alpha}{\beta} \end{cases} \quad (4-61)$$

$$u^*(t) = \begin{cases} 0 & (\lambda_2(t) < 0) \\ \dfrac{\gamma\lambda_2(t)}{c_u} & (\lambda_2(t) \geq 0) \end{cases} \quad (4-62)$$

4.5 本章小结

本章分析了高端制造业生态系统和数智化供应链深度融合的实现路径，介绍了两种典型的双渠道供应链模式，并且将消费者偏好因素以及政府补贴策略引入双渠道供应链中。基于制造商主导的供应链中研究了"线下+线上直销"双渠道结构以及"线下+线上分销"双渠道结构下，供应链成员的定价决策。基于不同的政府补贴方式，分析了双渠道结构下的定价决策。基于及时交货和平台商誉分别分析了供应链动态融合定价决策。

党的二十大报告强调要持续推进新型工业化，加快建设制造强国、质量强国、网络强国。数智化技术和现代服务业要与实体经济深度融合。近年来，随着互联网科技的快速崛起，高端制造生态系统越来越受到业内人士的关注，在传统制造业中，企业不可避免地面临各种成本、质量、周期等问题。而高端制造生态系统将传统的封闭技术创新模式打破，重构制造业的供应链、销售渠道、产品设计、生产制造等方面，从而提高了制造业的竞争力和效率，将机遇带给企业，促进产业升级和转型升级。当前我国制造业与服务业融合发展的过程仍存在衔接鸿沟，数字经济所释放出的数字红利在服务生态系统发展过程中并未得到有效吸收，政府应加大对于制造业与服务业融合的政策力度，多方面、立体化地加速两业融合[142]。

第5章 高端制造业生态系统制造资源动态调整

5.1 系统生产任务与制造资源匹配框架设计

随着科技时代的快速发展,高端制造业需要不断提高生产效率以及制造资源利用效率来增强自身竞争力,以适应市场变革并跟上时代步伐。因此,为了使高端制造业生态系统的生产过程更加高效和有序,制定明确的生产任务是十分必要的,所以下面通过构建制造网络来确保高端制造业生态系统生产任务与制造资源的匹配优化,以便能够充分利用制造资源,优化生产流程,提高生产效率,并且在不浪费制造资源的前提下满足生产任务需求,避免过度开发和资源耗费。

5.1.1 制造网络构成要素与体系要素

制造网络能够使高端制造业生态系统之间以及生态系统内部相互协作、相互依赖,形成一个紧密联系的整体,其实现了高端制造业生态系统生产任务所需制造资源的整合,通过利用先进的信息和通信技术对高端制造生态系统生产和制造过程全面优化,能很好地解决高端制造业生态系统中因缺乏制造资源而使生产任务难以完成的问题,优化资源匹配各个环节,提供了标准、规范、可共享的制造模式。

5.1.1.1 制造网络构成要素

制造网络构成要素包括三个部分，制造资源需求方、制造资源提供方和制造网络平台方。制造资源需求方和制造资源提供方为制造网络平台基本用户，制造网络平台中的中心生产企业为制造资源需求方，制造各要素之间的关系共同构成了制造网络，制造网络对于高端制造业生态系统制造资源优化匹配具有必要性和可行性。

（1）制造资源需求方。制造资源需求方为高端制造业生态系统中制造资源使用者，制造资源需求方通过门户网站、终端等进入和使用制造网络平台，以发布生产任务必需的制造资源需求申请并获取所需的制造资源和服务，从而满足高端制造业生态系统中制造资源短缺的需求方。

（2）制造资源提供方。制造资源提供方即高端制造业生态系统中制造资源拥有者，制造资源提供方运用物联网以及设计文件等手段对其所拥有的制造资源进行描述，通过制造网络平台将这些制造资源整合并提供给制造资源需求方，制造资源提供方促进了高端制造业生态系统的协同发展和制造资源优化利用。

（3）制造网络平台方。开发储存、计算和使用高端制造业生态系统制造资源的平台，通过制造网络平台对制造资源相关数据进行处理、运营、维护制造网络，负责高端制造业生态系统制造资源的更新和有效性检查等[143]。

5.1.1.2 制造网络体系要素

根据制造网络所需关键技术，设计制造网络结合体系要素各个部分，制造网络体系要素主要划分为用户层、应用层、服务流程层、支持系统层、虚拟化层和资源层。同时，制造网络体系要素表现了制造网络对高端制造业生态系统生产任务的处理模式，以及制造网络接入制造资源的过程，和高端制造业生态系统生产任务与制造资源匹配的运行流程，制造网络体系架构如图5-1所示。

（1）用户层。为用户提供进入各层制造服务的接口，方便用户快速访问制造系统,上传或获取高端制造业生态系统制造资源。制造用户层包括制造资源需求方和制造资源提供方,包括企业、个人和其他组织等,用户只需访问制造门户网站、各种用户界面(包括移动终端、PC终端、专用终端等),即可以进入和使用高端制造业生态系统制造资源匹配服务。

(2)应用层。为解码制造任务的应用工具,提供针对各领域制造服务的列表和相应的访问接口,为有效识别和分解生产任务提供支持。其主要是通过需求数据库和产品数据库解码制造任务,将按标准汇集高端制造业生态系统制造资源按需匹配给相应生产任务,形成一对一的映射关系,得到最终的制造资源选择结果。

(3)服务流程层。是制造网络体系架构的核心功能层。对制造需求方而言,服务流程层为其需求申请提供高端制造业生态系统制造资源搜索、任务管理、优化匹配质量反馈等功能,形成一套资源匹配流程;对制造资源提供方而言,服务流程层为其提供资源的管理及其调配功能,形成一套资源管理流程;对制造网络平台方而言,服务流程层提供了数据管理、用户管理以及系统管理等,形成一套资源运维流程。

(4)支持系统层。支持系统层是制造网络体系架构的基础设施,即为保障制造网络平台正常运转的基础设施,包括制造各阶段需要的软件系统,包括项目管理系统、协同办公系统、服务管理系统、知识产权管理系统和帮助中心系统等。

(5)虚拟化层。将制造资源提供方上传的制造资源进行分类,然后通过对各种资源整理,利用相应虚拟化技术,例如,对硬件制造资源运用硬件资源虚拟接入,对设备资源运用设备设备虚拟接入等,对各类高端制造业生态系统制造资源进行虚拟化封装,形成制造资源池,储存在制造网络平台上[144]。

(6)资源层。制造资源所有权属于制造资源提供方,通过资源感知系统,以及嵌入式终端技术和物联网技术,使各类高端制造业生态系统制造资源通过网络得以互联互通,为制造提供接口的支持,并以此接入虚拟化层,实现制造资源提供方向制造资源需求方提供有偿服务。

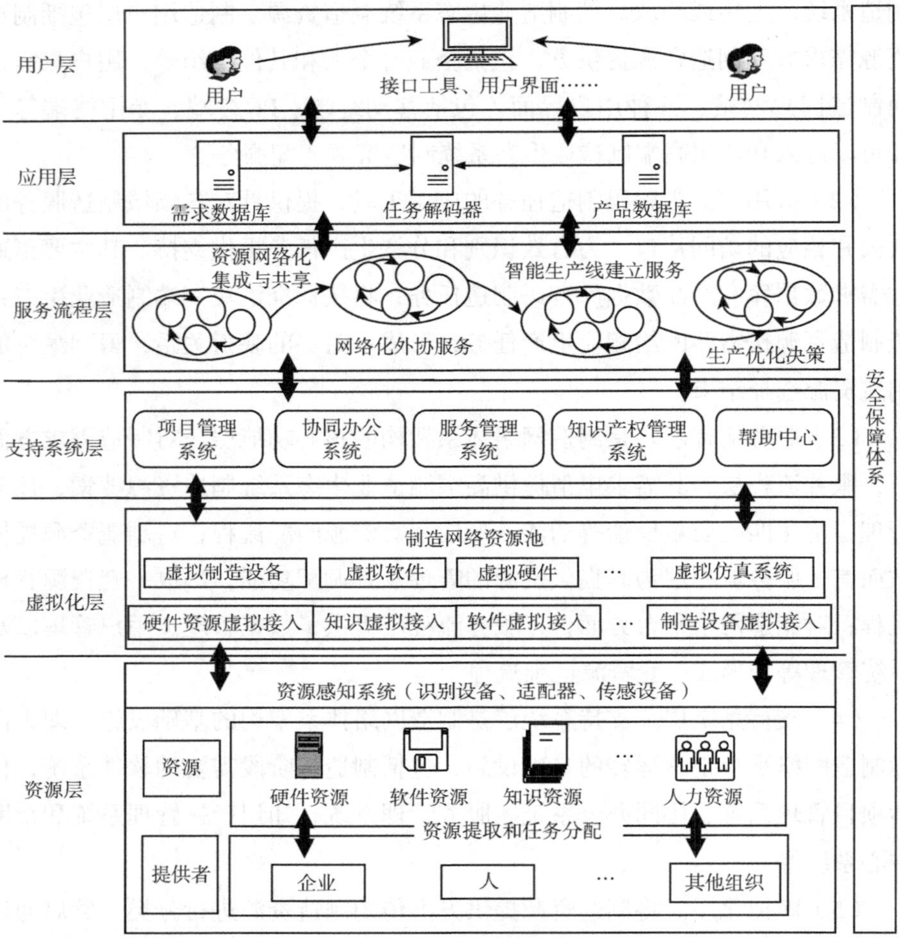

图 5-1 制造网络体系架构

5.1.2 生产任务与制造资源匹配优化具体框架

高端制造业生态系统生产任务与制造资源匹配优化需要制造网络平台方、制造资源提供方和制造资源需求方三方主体参与，高端制造业生态系统生产任务与制造资源匹配优化具体框架如图5-2所示。

（1）生产任务的接收与制造资源的封装。高端制造业生态系统生产任务与制造资源均具有多样性和复杂性，需要通过制造平台进行分类识别和虚拟化封装，为高端制造业生态系统生产任务与制造资源匹配奠定基础。制造资源需求方将缺乏制造资源而难以完成的生产任务直接发布至制造网络平台，并根据预估规定制造资源匹配的属性要求。通过制造网络平台的需求数据库解码生产任务，识别和转换需求信息。制造资源提供方上传制造资源，并上传于制造资源相关的企业信息，包括可承受的服务极限、资源限制状况等，通过资源感知系统，虚拟化制造资源，封装在制造资源池，等待制造网络平台的调用。

（2）生产任务分解优化。高端制造业生态系统生产任务通常规模庞大、复杂度高，需要涉及多种不同类型的制造资源才能顺利执行。因此，生产任务需要多个制造资源之间的协同配合，才能确保整个高端制造业生态系统的高效运作。生产任务具有对应的物料清单，生产产品的结构功能与物料清单具有映射关系。同时，高端制造业生态系统生产任务具有特定的执行时序，可建立相应的任务流程图，由于紧前紧后工作的影响，任务之间具有关联关系。任务优化分解则需同时考虑任务的结构功能和关联关系，通过物料清单对任务进行初步分解，建立产品结构树，接着根据任务关联关系和约束关系建立相应的任务关联有向图和关联无向图，选择以关联关系进行聚类的算法形成粒度合适的生产子任务。

（3）制造资源选择优化。高端制造业生态系统生产任务分解优化后，形成了具有拓扑关系的子任务执行流程，同时子任务与制造资源具有一对多的映射关系。制造网络平台为各子任务搜索制造资源，使得每个子任务都具有制造资源池与之对应[145]。制造资源选择优化首先根据资源需求方对制造资源匹配的属性要求，选取制造资源评价指标，建立制造资源综合评价指标体系。其次，根据子任务内部多个元任务之间的约束关系，聚合评价指标，构建生产任务与制造资源匹配模型。最后，充分考虑资源需求方需求，采用模糊数学评价方法，识别其模糊需求，综合历史数据、市场数据和需求信息对制造资源进行综合评价分析，优选制造资源，最终求解得到最优的任务—制造资源匹配结果。

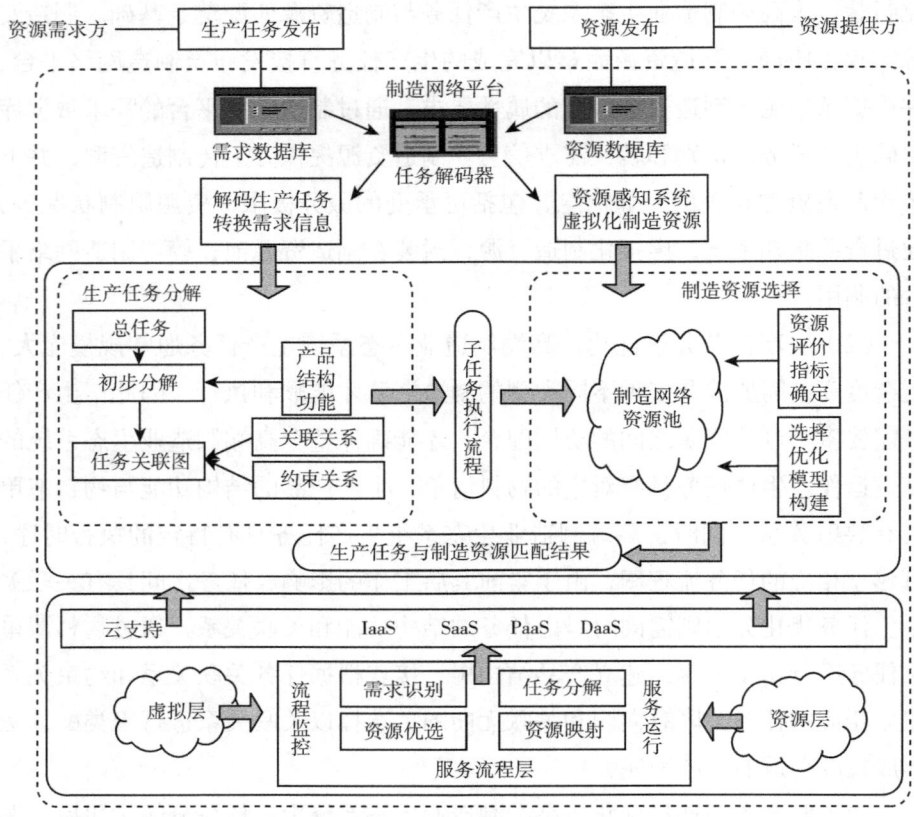

图 5-2　生产任务与资源匹配优化具体框架

5.2　双重约束下系统生产任务分解优化

基于资源——环境双重约束下，高端制造业需要采取可持续发展的策略，特别是在中美贸易争端的时代背景下，因为"卡脖子"问题的存在，美国对中国高科技产品实施的出口管制措施，限制了中国企业从美国进口关键零部件和技术，这会直接影响中国的高端制造业发展，使得高端制造业生态系统在执行生产任务时会影响其生产效率和成本控制，进一步阻碍高端制造业生态系统生产任务的执行和创新能力的提升，并且中美贸易争端已经导致了一些贸易壁垒和关税升级，这增加了高端制造业生态系统生产任务的生产成本和市场不确定性，因此需要通过对高端制造业生态系统生产任务进行分解优化来更好地解决上述问题。

5.2.1 生产任务分解目标与原则

高端制造业生态系统生产任务分解时要遵循明确的分解目标与原则，首先应该将高端制造业生态系统中一个完整的生产任务分解成若干个可独立执行的子任务，再让子任务间匹配不同的制造资源，保证子任务一对一完成，依据生产任务分解目标提出生产任务应遵循逐层分解、高内聚、低耦合、粒度控制、匹配约束五个分解原则，确保高端制造业生态系统生产任务的顺利执行。

5.2.1.1 生产任务分解目标

（1）子任务可独立执行。高端制造业是制造业价值链的高端环节，具有技术关联性强和带动性大的特点，所以高端制造业生产的产品具有不确定性和多样性，高端制造企业将缺乏制造资源的生产任务均发布到制造网络平台，并在生产任务执行后结束退出。一个生产任务分解为可独立执行的多个子任务，每个子任务应该具备相对独立的功能和资源需求，以便能够在不同的时间和地点进行执行，并且分解后的子任务不是独立存在的，因为子任务之间存在数据、资源或物流的交互，所以应该充分考虑子任务之间的关联性，确保它们能够有序地执行并协同工作，继而能够提高高端制造业生态系统生产任务的并行性和灵活性，减少生产任务之间的依赖性，提高整体生产效率。

（2）子任务间不匹配同种制造资源。高端制造业生态系统生产任务会根据应用场景和技术进步动态更新产品，进而实现产品动态更新。高端制造业生态系统生产任务所需要的制造资源是根据制造资源需求方需求进行动态选择的，可以大幅降低因生产任务不确定性导致成本增加以及生产周期长等问题[146]。子任务间不是完全独立的，由生产任务分解后的子任务间具有多方面关联关系，主要体现在物流、信息交互方面。因此，应基于任务间交互关系进行高端制造业生态系统生产任务分解，任务间不匹配同种制造资源，避免制造资源重复匹配，明确制造资源提供方，保证子任务一对一完成。

5.2.1.2 生产任务分解原则

在资源—环境的双重约束下，为使分解后的子任务粒度适当且与资源匹配环节承接，不能按照传统的生产任务分解原则进行分解，在遵循一般任务分解的工作流程及产品结构树分解的基础上，提出高端制造业生态系统生产任务分解时应遵循的五个原则。

（1）逐层分解原则。高端制造业生态系统生产任务具有层次性，应该采取逐层分解的原则，形成一个清晰的生产任务层级结构，每个层级中都包含若干个子任务，并与上下层级之间建立关联，以确保高端制造业生态系统生产任务之间的协同工作和信息流转。

（2）高内聚原则。高端制造业生态系统生产任务首先被分解为不可再分的任务，称为元任务，元任务是组成子任务的基础，子任务内部的相关程度应尽可能高，保证子任务的独立性，以缩短生产任务间信息交互成本。

（3）低耦合原则。在保证子任务高内聚前提下，应使子任务间的相关程度尽可能低，继而保证子任务之间的依赖性和相互影响最小化，有助于减少高端制造业生态系统生产任务之间的信息传递和协调成本，提高生产任务执行的效率。

（4）粒度控制原则。控制子任务粒度是任务分解的关键，在满足"高内聚，低耦合"原则上，确定分解后子任务大小，避免由于任务粒度过大，导致任务执行混乱，降低任务——制造资源匹配效率，以及由于任务粒度较小重复匹配资源等问题。

（5）匹配约束原则。高端制造业生态系统生产任务分解是资源匹配的前提，通过分解任务，子任务能够高效地匹配高端制造业生态系统制造资源，为了保证生产任务衔接和提高资源匹配效率，每个子任务应该尽可能在相近的时间内完成。

5.2.2 生产任务间信息交互分析

识别、判断和量化计算任务间信息交互关系是高端制造业生态系统生产任务分解的重要前提，可保证任务优化分解。高端制造业生态系统生产任务应根据物料清单和任务结构功能分解为最低层级的、不可再细分的元任务，而元任务之间并不完全独立，不具有任何交互关系，相反元任务之间各种信息交互关系都会对生产任务分解后的内聚性和耦合性产生影响。依据高端制造业生态系统生产任务分解原则，在生产任务分解过程中要保证"高内聚，低耦合"，即内聚性与耦合性能充分判定该生产任务分解结果的可行性[147]。

5.2.2.1 任务类型与关系分析

任务间具有多种交互关系，任务间交互关系约束了任务时序结构及执行流程，从物料流和信息流角度，分析元任务类型以及相互之间的关系，元任务之间存在独立、依赖、耦合三种交互关系。任务间不同的交互关系，会影响任务内聚性和耦合性计算时相关度量的计算方式。因此，由任务间交互关系，任务类型及其示意图如表5-1所示。

（1）独立型。元任务st_{is}（st_{is}表示元任务s存在于第i个子任务组中，$i \in [1,N], s \in [1,n]$）互不干扰，不进行信息交互，只保证自身的运行状态。由该类型的元任务建立的子任务即独立型子任务。

（2）依赖型。元任务st_{is}的执行需要由紧前元任务提供信息，紧前元任务的信息对紧后元任务产生绝对影响，则两任务者之间存在着依赖关系，这种依赖关系可划分为串行型依赖关系、并行依赖关系和选择依赖关系。当子任务内部含有依赖关系的元任务时，此种子任务称为依赖型子任务。

（3）耦合型。元任务st_{is}的执行需要由紧前元任务提供信息，同时其紧前元任务的执行也需要元任务st_{is}提供执行信息，两者之间的关系为耦合关系。由该类型元任务建立的子任务即耦合型子任务。

表 5-1　　　　　　　　　　　任务类型及结构示意图

任务类型	结构示意图
独立型	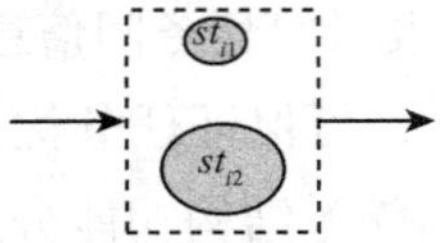 ![独立型结构图：st_{i1}、st_{i2}]
串型依赖型	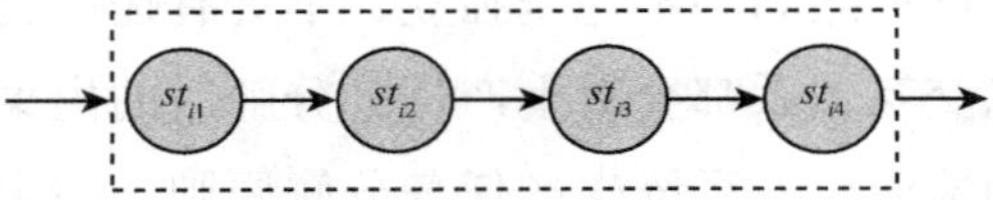 st_{i1} → st_{i2} → st_{i3} → st_{i4}
并行依赖型	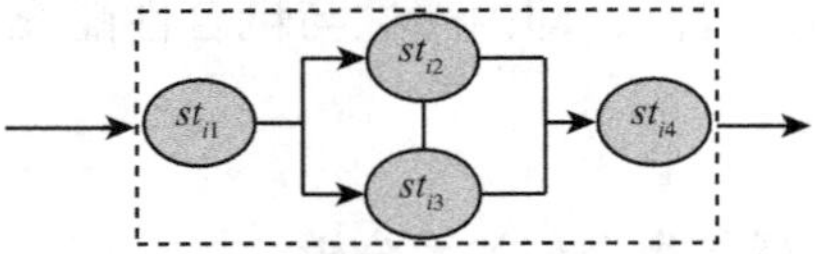 st_{i1} → (st_{i2}‖st_{i3}) → st_{i4}
选择依赖型	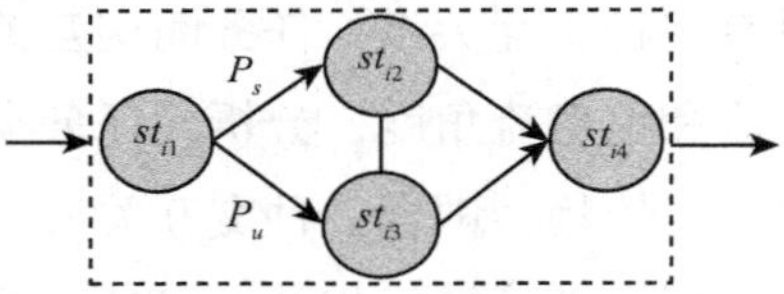 st_{i1} →P_s/P_u→ (st_{i2}/st_{i3}) → st_{i4}
耦合型	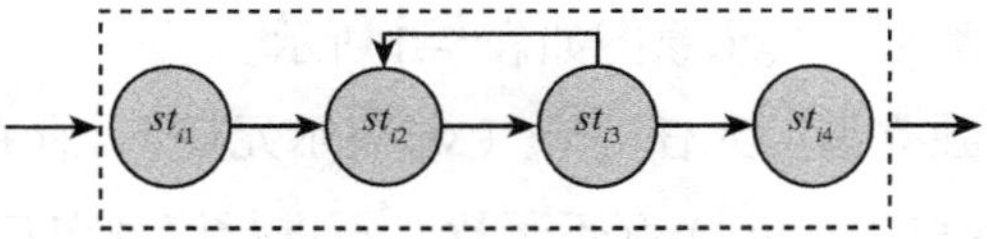 st_{i1} → st_{i2} → st_{i3} → st_{i4}（含反馈）

生产任务复杂，由元任务组成的子任务间必然也存在信息和物流交互关系，子任务通过物流和信息流的输入输出保持着这种交互关系。交互关系强度用耦合性描述，若耦合性越高，说明任务分解不彻底；反之，则任务独立性较好，有利于资源匹配。对于任务间物流度量，是一个包括任务间物流距离、难易度、频繁度和体量的一个综合度量。任务间调度、配合度量任务间信息流。因此，任务间信息交流是否便利、及时会直接影响到生产任务的完成效率和质量。充分考虑任务间交互关系，基于物流和信息流交互关系分解生产任务。任务间物流及信息流示意图如图 5-3 所示。

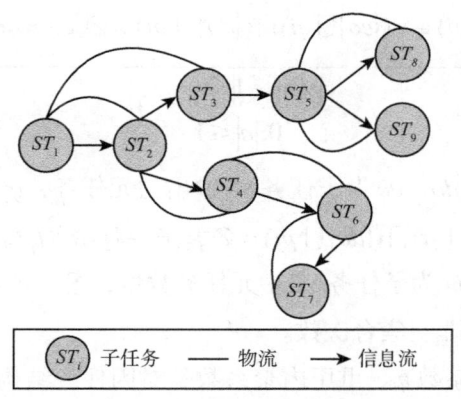

图 5-3 任务间物流及信息流示意图

5.2.2.2 内聚性与任务粒度

分解后子任务内部各元任务间应紧密联系，内聚性为度量子任务紧密程度的指标，内聚性高，即任务间相互作用弱，表明该任务执行结构简洁明晰。内聚性反映了子任务内部联系紧密程度，进而反映了生产任务各层级的组织形式，还体现了生产任务的规模和数量，即子任务粒度大小。当子任务数量越多，任务分解后结构越复杂，子任务信息交互越密切，任务粒度越细，增加了任务控制难度。而当子任务数量过少时，任务结构虽然简洁清晰，当子任务内部结构趋于复杂，资源匹配难度增大，不利用资源提供者协调配合，影响生产任务执行效率。

此外，不同类型生产任务，其结构千差万别，任务分解粒度大小不能一概而论。因此，任务粒度不是一个绝对概念，任务分解应根据其本身结构和所需资源，确定粒度大小，从而体现任务内聚性。内聚系数是度量任务内聚性的指标，体现了任务内部联系紧密程度。

（1）关联内聚系数 λ_i。关联内聚系数是对任务内部各子任务之间关联关系的度量系数。当某个子任务始终与另一个子任务保持着密切联系，与其存在着频繁地输入、输出时，表明这两子任务之间信息交互越频繁，任务关联越大，关联内聚系数越大。每个子任务由多个元任务组成。因此，子任务 ST_i 的关联系数 λ_i 如式（5-1）所示。

$$\lambda_i = \begin{cases} \dfrac{\sum\limits_{(eo,qi)}\left|\{(do,pi)\in n | (\{eo\}\cup qi)\cap(\{do\}\cup pi)\neq\varnothing, eo\neq do\}\right|}{|n|\cdot|n-1|}, |n|>1 \\ 0, |n|\leq 1 \end{cases} \quad (5-1)$$

式（5-1）中，do、eo 为子任务 ST_i 输出的元任务，qi、pi 为子任务 ST_i 输入的元任务，$(\{eo\}\cup qi)\cap(\{do\}\cup pi)\neq\varnothing$ 表示子任务 ST_i 与其他子任务之间可能存在非空交集，$|n|$ 为子任务 ST_i 中元任务数量，$\sum$ 表示当 $do\neq eo$ 时，子任务 ST_i 与其他子任务非空集合次数。

（2）重用内聚系数 η_i。重用内聚系数是对因任务结构而引发的，表示元任务重用程度的度量系数。取值为被某任务结构中被重用的元任务数与其结构中所有元任务的比值，因此，子任务 ST_i 的重用内聚系数 η_i 如式（5-2）所示。

$$\eta_i = \begin{cases} \dfrac{|\{\mu\in U | \exists (eo,qi)\in n, (do,pi)\in n, \mu\in(\{eo\}\cup qi)\cap(\{do\}\cup pi), (eo,qi)\neq(do,pi)\}|}{|\{\mu\in U | \exists (eo,qi)\in n, \mu\in(\{eo\}\cup qi)\}|}, |n|>0 \\ 0, |n|=0 \end{cases}$$
$$(5-2)$$

（3）任务内聚系数 φ_i。任务内聚系数是衡量任务聚合程度的指标，可反映一个任务内部各子任务间独立性，由关联内聚系数和重用内聚系数共同决定，其取值为子任务 ST_i 关联系数 λ_i 与重用内聚系数 η_i 的乘积，如式（5-3）所示。

$$\varphi_i = \lambda_i \cdot \eta_i \quad (5-3)$$

（4）任务粒度系数 K。任务内聚系数定量地描述了任务内部联系紧密程度，从而可以描述子任务规模大小，即粒度大小。任务粒度系数是描述任务规模大小的指标，是生产任务中各子任务内聚系数的均值，如式（5-4）所示。

$$K = \dfrac{\sum_{i=1}^{N}\varphi_i}{N} \quad (5-4)$$

式（5-4）中，N 表示子任务数量，且 $N>0$。可见由任务内聚程度决定了任务粒度系数 α。

（5）任务粒度 G_N。由任务粒度系数和任务数量可以确定任务粒度，任务粒度与任务数量成反比，与任务粒度系数成正比，即当任务粒度系数较大时，子任务内部结构越松散。任务粒度可用式（5-5）描述。

$$G_N = K \times \frac{1}{N} \tag{5-5}$$

式（5-5）中，N表示子任务数量，K表示任务粒度系数，且$G_N > 0$，$N > 0$。

5.2.2.3 耦合性与任务关联度

由任务内聚性与任务粒度，定量描述任务独立性和任务规模，但是由于子任务具有相对独立性，子任务间必然存在着一些信息和物流等方面的联系。如果子任务之间信息交互越多，意味着关联性越大，即子任务间耦合性越大，对子任务进行制造资源匹配时，需要花费较大成本才能提高资源匹配精度和效率。相反，当子任务间信息交互较少时，表明子任务间耦合性越小，用较少成本就能完成制造资源匹配。

任务分解是在一定程度上降低任务间关联关系，因此，当耦合性较大时，说明任务分解不彻底，分解过程未结束；当耦合性较小时，说明任务均具有较高独立性，能为子任务充分匹配制造资源，提高了制造资源匹配精度。

（1）任务关联度与关联矩阵。子任务之间关联关系可以用N阶方阵表示，N为子任务数量。任务间关联关系主要由物流关联关系和信息关联关系组成，其中，任务间物流关联关系用物流关联度表示，任务间信息关联关系用信息关联度表示。在信息关联矩阵中，每一行元素之和即为该行对应子任务与其余子任务间信息关联程度。矩阵中各元素取值是由历史数据趋势和专家评价取得，取值范围为[0, 1]。

物流关联度h_{ij}用于度量对任务间物流距离、频率、体积以及物料转移难易程度，物流关联度通过物流关联矩阵表示，如式（5-6）所示。

$$H = \begin{Bmatrix} h_{11} & h_{12} & \cdots & h_{1N} \\ h_{21} & h_{22} & \cdots & h_{2N} \\ \cdots & \cdots & \cdots & \cdots \\ h_{N1} & h_{N2} & \cdots & h_{NN} \end{Bmatrix} \tag{5-6}$$

信息关联度 m_{ij} 是对任务间信息交流、任务协调和配合的依赖程度及顺畅程度的度量，信息关联度通过信息关联矩阵表示，如式（5-7）所示。

$$M = \begin{Bmatrix} m_{11} & m_{12} & \cdots & m_{1N} \\ m_{21} & m_{22} & \cdots & m_{2N} \\ \cdots & \cdots & \cdots & \cdots \\ m_{N1} & m_{N2} & \cdots & m_{NN} \end{Bmatrix} \tag{5-7}$$

任务关联度是根据物流关联度和信息关联度各自权重，进行综合量化得到的结果，如式（5-8）所示。

$$\begin{cases} R_i = \sum_{i=1}^{N} R_{ij} \\ R_{ij} = \alpha h_{ij} + \beta m_{ij} \\ \alpha + \beta = 1 \end{cases} \tag{5-8}$$

式（5-8）中，R_i 为子任务 ST_i 任务关联度，R_{ij} 为子任务 ST_i 对子任务 ST_j 任务关联度，α 和 β 分别表示物流关联度和信息关联度对任务关联度相对重要程度，α、$\beta \in [0, 1]$。

（2）任务耦合系数 γ。任务耦合系数是衡量任务关联程度的指标，可反映一个任务内部各子任务间联系的紧密程度，取值为子任务 ST_i 与其余子任务关联度均值，如式（5-9）所示。

$$\gamma = \frac{\sum_{j=1}^{N} R_{ij}}{N} \tag{5-9}$$

5.2.3 生产任务分解优化流程

由高端制造业生态系统生产任务特点和任务分解原则，以及高端制造业生态系统生产任务分解优化过程，在确保任务可行性基础上，通过任务类型、任务内聚性和耦合性，提出高端制造业生态系统生产任务分解优化流程。具体包括任务初步分解、任务关联图建立、任务重组聚类三个步骤。首先，在任务初步分解步骤中，根据任务类型、任务层次结构，将生产任务拆分成相应层次的若干个元任务；其次，由元任务间执行层级次序建立关联有向图，依据元任务间关联关系建立关联无向图；最后，根据任务关联度矩阵，通过相应聚类算法对元任务关联无向图进行合并重组，即可得到多个无向图，每个无向图都表示一个子任务，其生产任务分解优化流程如图5-4所示。

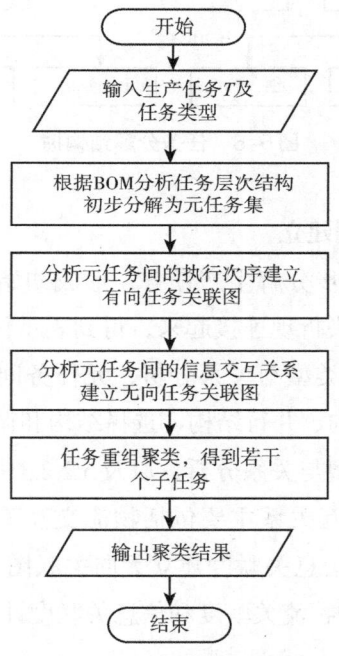

图5-4　生产任务分解优化流程

5.2.3.1　任务初步分解

由于高端制造业生产的产品结构不会有推倒或否定式的更新换代，因此某一更新部件生产任务，可以在制造网络平台历史数据库中，搜寻到类似生产任务，然后参考物料清单（Bill of Materials，BOM），依据内部关系分解为相应的元任务层次结构，得到任务分解结构树，如图5-5所示。每一个叶子节点表示一个元任务，元任务集可表示为：

$$ST = \{ST_i \in T, st_{is} \in t_i | i \in [0, N], s \in [0, n]\}$$

其中，ST_i 为子任务，st_{is} 为元任务，N 为子任务数量，n 为元任务数量。

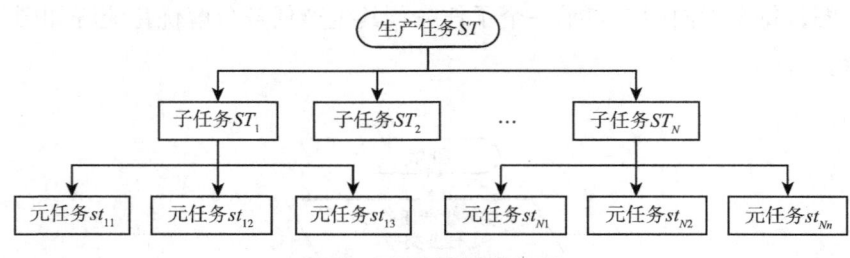

图5-5 任务分解结构树

5.2.3.2 任务关联图建立

首先，运用BOM初步分解生产任务，形成初始元任务集，然后依据元任务执行次序，通过箭头折现连接起来，得到表示任务执行次序的有向关联图。通过3.2.1节中任务类型与关系分析，元任务间存在五种任务结构，分别为独立结构、串行结构、并行结构、选择结构和循环结构。

通过5.2.2.1任务类型与关系分析，以及5.2.2.3中对任务耦合型与关联度的分析，可知任务间交互关系主要包括物流交互关系和信息交互关系。因此，依据物流关联度与信息关联度建立无向关联图。对于不同元任务结构，元任务 st_{is} 和元任务 st_{iu} 的物流关联度和信息关联度计算公式如表5-2所示。

表5-2　　　　　　　　信息及物流关联度计算公式

任务结构	物流关联度	信息关联度
独立结构	0	0
串行结构	$h_{s \to u} = weight_{su}$	$m_{s \to u} = time_{su}$
并行结构	$h_{su} = weight_{su}$	$m_{su} = time_{su}$
选择结构	$h_s^u = weight_{su} \times p_{su}$	$m_s^u = time_{su} \times p_{su}$
循环结构	$h_{s \leftrightarrow u} = k \times weight_{su}$	$m_{s \leftrightarrow u} = k \times time_{su}$

表5-2，h_{su}，m_{su} 分别表示元任务 st_{is} 与元任务 st_{iu} 之间物流关联度与信息

关联度，h_{su}，$m_{su} \in [1, 0]$，$time_{su}$ 表示任务间信息交互时间，$weight_{su}$ 表示任务间物流重量，p_{su} 表示选择结构中，元任务 st_{iu} 被选择概率，$p_{su} \in [1, 0]$，k 表示循环结构中重复次数。由关联度矩阵表示相对应任务结构关联度，如式（5-10）、式（5-11）所示，关联无向图不考虑元任务之间信息方向性，因此矩阵关于对角线对称，且对角线上数值都为0：

$$H_i(t_{is}, t_{iu})_{n \times n} = \begin{Bmatrix} 0 & h_{12} & \cdots & h_{1n} \\ h_{21} & 0 & \cdots & h_{2n} \\ \cdots & \cdots & \cdots & \cdots \\ h_{n1} & h_{n2} & \cdots & 0 \end{Bmatrix} \tag{5-10}$$

$$M_i(t_{is}, t_{iu})_{n \times n} = \begin{Bmatrix} 0 & m_{12} & \cdots & m_{1n} \\ m_{21} & 0 & \cdots & m_{2n} \\ \cdots & \cdots & \cdots & \cdots \\ m_{n1} & m_{n2} & \cdots & 0 \end{Bmatrix} \tag{5-11}$$

由于两个关联矩阵数值量纲不同，且都为正向指标，因此，采用式（5-12）、式（5-13）对数值进行标准化处理，消除量纲影响，h'_{su}，$m'_{su} \in [0, 1]$。

$$h'_{su} = \frac{h - h_{\min}}{h_{\max} - h_{\min}} \tag{5-12}$$

$$m'_{su} = \frac{m - m_{\min}}{m_{\max} - m_{\min}} \tag{5-13}$$

最后，通过信息 α 与物流成本 β 比值得到两个关联矩阵调节因子，以此合并两个关联矩阵，去掉关联有向图中的有向线段，通过无向线段进行连接并标度 w_{su}，得到最终的关联无向图。

$$Y_{n \times n} = \begin{Bmatrix} 0 & y_{12} & \cdots & y_{1n} \\ y_{21} & 0 & \cdots & y_{2n} \\ \cdots & \cdots & \cdots & \cdots \\ y_{n1} & y_{n2} & \cdots & 0 \end{Bmatrix} \tag{5-14}$$

$$y_{su} = \alpha h'_{su} + \beta m'_{su} \tag{5-15}$$

5.2.3.3 任务聚类重组

一个完整的子任务需要对初步分解后的元任务进行聚类重组，形成若干个元任务集，每个元任务集即可看作一个完整子任务。为使每个子任务都能高效地匹配制造资源，因此各子任务大小应均匀，且子任务之间耦合性应尽可能得小，避免任务间的相互影响，而子任务内部耦合性较大，即子任务内聚性高，子任务内部为一个整体。由元任务建立的关联无向图，是在充分考虑任务间信息交互关系的基础上，组成的一个新的任务流程图，将元任务聚类重组成多个高内聚、低耦合，且可独立执行的子任务过程，可以视为一个关联无向图分割的过程。即将关联无向图分割成多个子关联无向图，切割掉耦合性较小的元任务，保证各子关联无向图内部的元任务高度内聚。因此选取一种不依赖初始参数设置，而仅关注图整体结构，依据图上节点交互程度进行聚类的方法——图聚类算法，对元任务进行聚类重组形成若干个子任务。

由关联无向图可知，$y_{su} = y_{us}$，图聚类的目标是仅根据关联度的高低对元任务进行聚类，形成某一子任务集 $ST_i = \{st_{i1}, st_{i2}, \cdots, st_{in}\}$，$N$ 表示子任务的数量。其第一步就是建立图聚类算法的关联度矩阵。通过式（5-10）到式（5-15）得到初步分解后元任务的关联矩阵，每一个元任务均可看作制造网络中的一个节点，由加权的关联度矩阵可知，节点间的连接密度与其与之相连的节点的权重有关，该节点与其相关联节点的关系可以用各节点权重和表示，如式（5-16）所示。

$$Y_s = \{y_{su}\}, s, u = 1, 2, \cdots, n \tag{5-16}$$

利用图聚类算法对任务进行聚类，其原理是图的内部节点以及节点间连接的边应尽可能的多，图之间的节点边较少，从而度量任务聚类质量。可用图内部节点边数目与同结构网络中随机连接节点边后节点 s 和 u 之间边数的期望值之差判断。当聚类效果较好时，差值越大；相反，差值越小，聚类效果越不理想。为了解决加权图聚类效果的评价，同理以上评价思想可得，当图内联系越紧密时，节点边的权重越大，对于不同的图，图之间的联系应该较弱，节点边权重较小，遵循了任务分解聚类的原则。因此聚类的评价标准可用公式（5-17）、式（5-18）得到。

$$B = \frac{1}{1/2\sum_{s=1}^{n}Y_s}\sum_{s,u=1}^{n}\left(y_{su} - \frac{Y_sY_u}{1/2\sum_{s=1}^{n}Y_s}\right)\delta_{s,u} \qquad (5\text{-}17)$$

$$\delta_{s,u} = 1/2(k+1) \qquad (5\text{-}18)$$

$$k = \begin{cases} 1, & s,u \in A \\ -1, & else \end{cases} \qquad (5\text{-}19)$$

其中，y_{su}为式（5-15）中所得的值的加权，即为关联矩阵Y加权后的关联矩阵第s行、第u列的值，表示元任务st_{is}与st_{iu}的加权关联度，n为元任务数量，$\sum$为与元任务st_{is}有关联的节点所有权值和，k表示当两变量属于同一个集合时，即两节点位于同一图类时，取值为1，否则取值为-1。$B \in [-1/2, 1)$，通常认为当$B > 0.5$时认为图聚类效果较好，同时越接近1，任务划分越清晰，聚类结果越好。具体的聚类步骤为以下：

步骤1：将每一个元任务均看作一个聚类的节点，可形成由若干元任务构成的任务网络，计算节点边数目与同结构网络中图内期望边数之差B。

步骤2：根据任务初步分解形成的元任务结构树，选取距离较近的两元任务随机聚合，聚合后可看作任务网络的一个节点，计算因两元任务聚合而导致B值变化，所得B值增量的数值，如式（5-20）可得。

$$\Delta B = \frac{4}{\sum_{s=1}^{n}Y_s}\left(y_{su} - \frac{2Y_sY_u}{\sum_{s=1}^{n}Y_s}\right) \qquad (5\text{-}20)$$

步骤3：取ΔB最大的两节点对应的元任务进行聚合，组合成一个新的节点，由此形成新的元任务关联图，计算新的任务关联度和B值。

步骤4：重复第二步和第三步，直至整个元任务网络聚合成一个节点，且每次记录第三步中所得网络结构以及其B值。

步骤5：在记录的网络结构中，选取B值最大的网络结构，得到最优聚类效果。

步骤6：各节点团体的任务内聚系数和任务耦合系数，取两者之间的比

值集合的均值 o 作为评价任务分解结果是否满足"高内聚、低耦合"的聚类标准，如果超过制造网络平台基于同类型任务设定的阈值 o'，则顺位第二优的网络结构，直至小于制造网络平台设定的阈值，如式（5-21）所示。

$$o = \frac{\sum_{i=1}^{N} \frac{\varphi_i}{\gamma_i}}{N}, \quad o \leqslant o' \qquad (5-21)$$

高端制造业生态系统生产任务分解任务执行完毕，得到了最优且符合粒度要求以及分解原则的子任务。

5.3 双重约束下系统资源选择优化

在资源——环境的双重约束下，尤其在中美贸易争端的时代背景下，高端制造业很多关键核心技术以及操作系统需要依赖发达国家，这就会造成高端制造业很多关键性技术难题得不到有效解决，而且高端制造业生态系统资源选择时需要充分考虑贸易政策规定层面的支持和引导，贸易政策的制定和调整存在不确定性，不同贸易政策的变化会对高端制造业生态系统资源配置和投资决策产生影响，所以下面通过分析高端制造业生态系统资源选择目标与原则、系统资源评价指标建立以及构建系统资源选择优化模型来求解得到优化结果，能够提高高端制造业生态系统资源的利用效率，充分集中有效的系统资源去缓解资源和环境压力。

5.3.1 系统资源选择目标与原则

明确的目标与原则是进行高端制造业生态系统资源选择优化时的前提，系统资源选择优化时应该适应高端制造业生态系统的资源需求，继而能够保证生产任务的顺利执行，并且通过对分散的系统资源集中管理以及集中的系统资源分散使用，真正实现系统资源的有效利用，高端制造业生态系统资源选择应遵循质量与可靠性匹配原则、产能与规模匹配原则、市场供应匹配原则和历史数据匹配原则，使系统资源得到优化。

5.3.1.1 系统资源选择目标

由于受到政策环境的影响，高端制造业生态系统资源选择优化时会面临更多的不确定性，因此需要考虑多方的因素，从多方面评价高端制造业生态系统资源，从而使系统资源得到最优匹配。通过构建高端制造业生态系统资源选择优化模型，并求解可得到优化结果，这一优化问题实质上是一个多目标优化问题，因此可以用上面提到过的制造网络来加强整个高端制造业生态系统内外的联系，实现系统资源共享和流动，促进生产效率和创新能力的提升。

（1）系统资源应适应高端制造业生态系统的资源需求。系统资源的选择应符合高端制造业生态系统的资源需求，能够满足高端制造业生态系统开发、运行和维护的要求，得到资源需求方个性化需求的系统资源匹配结果。由于资源需求方需求具有不确定性，所需高端制造业生态系统资源没有可以参考的历史数据，往往根据任务评估加主观因素给出一个模糊评价，使得可匹配的高端制造业生态系统资源并未得到大幅筛选，因此可以通过制造网络集合多方数据，识别资源需求方模糊需求，进而筛选系统资源，最后根据资源需求方主观评价，综合评价系统资源，得到满足资源需求方需求的系统资源匹配方案。

（2）分散的系统资源应集中管理，集中的系统资源应分散使用。通过对分散的高端制造业生态系统资源集中管理，可以实现系统资源的规模效应和优化资源配置，提高资源利用效率，并且方便对高端制造业生态系统的生产活动整体进行监控和控制，通过对集中的高端制造业生态系统资源分散管理，可以降低系统资源集中带来的风险，增加供应链的灵活性和韧性，同时也能够激发更多的创新和竞争，促进系统资源的多样性和可持续发展，而制造网络可以充分收集各方需求，对系统资源做出综合性评价，真正实现分散的系统资源集中管理，集中的系统资源分散使用。

5.3.1.2 系统资源选择原则

为优化匹配高端制造业生态系统资源，应综合考虑资源需求方、市场供应情况和历史数据等情况，为任务匹配合适的系统资源，因此，高端制造业生态系统资源选择优化应遵循质量与可靠性匹配原则、产能与规模匹配原则、市场供应匹配原则和历史数据匹配原则。

（1）质量与可靠性匹配原则。系统资源的选择应与高端制造业生产任务对质量和可靠性的要求相匹配。因此在选择高端制造业生态系统资源时应具备严格的质量管理体系，以确保能够提供高质量的产品或服务，并确保供应的可靠性，避免出现因系统资源质量问题而导致高端制造业生态系统在发展过程中出现问题。

（2）产能与规模匹配原则。通过质量与可靠性匹配原则，已经初步筛选出能执行生产任务的系统资源，系统资源的选择应与高端制造业生态系统中的产能和规模相匹配，在保证任务可执行的前提下，能够满足高端制造业生态系统中资源需求方的需求，并且能够根据需求进行灵活的产能调整，以适应市场变化，按照资源需求方个性化需求，评价系统资源，进一步缩小系统资源筛选范围，按需为任务匹配系统资源。

（3）市场供应匹配原则。在选择高端制造业生态系统资源时应充分考虑的市场供应情况，要充分了解市场需求和趋势，灵活调整生产能力和供应策略，以确保高端制造业生态系统资源选择的稳定性和可靠性，在符合实际的情况下，按需为任务匹配系统资源，使得高端制造业生态系统资源匹配的结果更具有现实性和可行性。

（4）历史数据匹配原则。当高端制造业生态系统资源完成生产任务后，资源需求方会对资源提供方的服务效果进行评价，其评价结果会同时作为资源信息封存在制造网络平台，后续需调取同类系统资源时，会结合此数据评估系统资源，使得未来系统资源匹配结果质量更优。

5.3.2 系统资源评价指标建立

5.3.2.1 系统资源评价指标选取

在资源——环境的双重约束下，选取影响高端制造业生态系统资源选择的关键因素作为评价指标，构建评价指标体系，评价指标体系第一层包括成本、时间和质量[148]，第二层为第一层三个评价指标细分的相应指标，共选取3个一级系统资源评价指标，8个二级系统资源评价指标，高端制造业生态系统资源评价分层指标体系如图5-6所示，优化模型中涉及的数学符号及含义如表5-3所示。

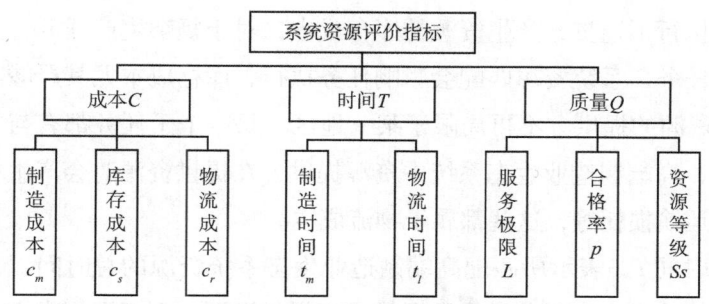

图5-6 系统资源评价分层指标体系

表5-3　　　　　　　　　　符号及含义

符号	含义
i	子任务节点
s	子任务对应的元任务节点
N	一项任务ST对应的子任务节点数
n	子任务ST_i中包含的元任务节点数
C	系统资源总成本
T	系统资源总时间
Q	系统资源质量
$c_m(st_{is})$	元任务st_{is}对应系统资源MS_{is}的制造成本
$c_s(st_{is})$	元任务st_{is}对应系统资源MS_{is}的库存成本
$c_r(st_{is})$	元任务st_{is}对应系统资源MS_{is}的物流成本
$t_m(st_{is})$	系统资源MS_{is}完成元任务st_{is}所需的制造时间
$t_l(st_{is})$	元任务st_{is}对应系统资源MS_{is}的物流时间
$L(st_{is})$	元任务st_{is}对应系统资源MS_{is}提供方的服务极限
$P(st_{is})$	元任务st_{is}对应系统资源MS_{is}的合格率
$Ss(st_{is})$	元任务st_{is}对应系统资源MS_{is}的等级
T_p	规定允许的最大完成时间限度
C_{pmax}	规定允许的最大成本支出
d	所需的系统资源数量
D_{is}	资源提供方MS_{is}的服务能力

（1）成本 C，表示所匹配系统资源的总成本，其中包括制造成本 c_m，库存成本 c_r 和物流成本 c_l。制造成本 c_m 是指与任务匹配的系统资源本身的价值成本。库存成本 c_r 是各节点的制造时间差异，资源提供方的地域差异，会导致子任务执行不连贯，产生资源的库存成本，对于复杂生产任务，分解可得到若干子任务，系统资源匹配会影响任务执行，库存成本尤其严峻。物流成本 c_l 是指资源的提供方不再局限于某一地区，每一个子任务都有与之匹配的系统资源，高端制造业生态系统中资源提供方在提供资源时会产生相应的运输费用、运输损耗等，这些都属于物流成本。

（2）时间 T，表示所匹配高端制造业生态系统资源的总时间，是指资源提供方在接收到生产任务后为资源需求方提供资源，到资源需求方接收到资源的总时间，其中包括制造时间 t_m 和物流时间 t_l。制造时间 t_m 是指资源提供方为提供相应的系统资源所需的生产时间，物流时间 t_l 是指子任务所需各类资源全部运往资源需求方所花费的运输时间。

（3）质量 Q，表示系统资源选择过程中对资源提供方所提供资源的约束，质量是评价系统资源的关键指标之一，直接影响任务执行，间接影响产品出产和返工。关于系统资源评价指标包括资源提供方服务极限 L，合格率 P，资源等级 Ss 等。服务极限 L 可以评价资源提供方的生产规模，当资源需求方对资源的需求接近其生产规模时，资源提供方接近满负荷运转，难以高效率地提供资源，因此服务极限可以作为评价系统资源质量的因素之一。合格率 P 是指系统资源历史满足条件的比率。资源等级 Ss 是由历史同类系统资源需求方通过综合评价所得，包括与资源提供方合作满意度，根据制造网络平台集合得到的投诉百分比，以及资源提供方的三废排放标率，由此确定资源提供方的资源等级。

5.3.2.2 系统资源评价指标聚合

对高端制造业生态系统生产任务分解后，得到了一组具有逻辑性和相对独立性的子任务集，构成了子任务网络，已经根据任务间交互信息得到了五种基本任务结构，分别为独立、串联、并行、选择和耦合结构。由于任务结构不同，高端制造业生态系统资源组合形式也具有多样性，一个完整的系统资源组合通常由以上五种基本结构组合而成，针对不同的基本结构，系统资源评价指标的计算方式也不尽相同。因此，充分考虑数据间依赖关系和资源提供方的业务制约关系，对资源成本、时间和质量指标进行计算，评价系统资源，以此提升系统资源优化匹配准确性，五种任务结构系统资源评价指标计算公式如表5-4所示[149]。

表 5-4　　五种结构的评价指标聚合公式

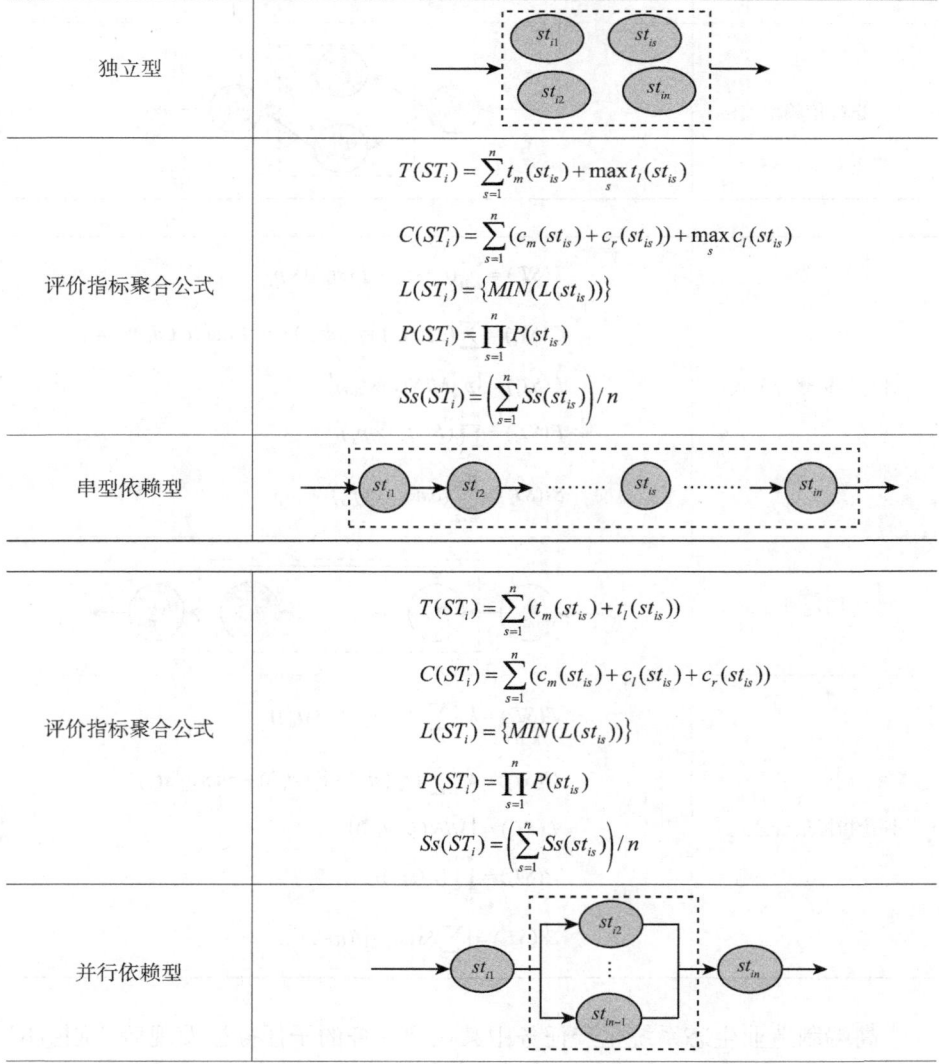

续表

评价指标聚合公式	$T(ST_i) = \max_s(t_m(st_{is}) + t_l(st_{is}))$ $C(ST_i) = \sum_{s=1}^{n}(c_m(st_{is}) + c_r(st_{is})) + \max_s c_l(st_{is})$ $L(ST_i) = \{MIN(L(st_{is}))\}$ $P(ST_i) = \prod_{s=2}^{n-1} P(st_{is})$ $Ss(ST_i) = \left(\sum_{s=2}^{n-1} Ss(st_{is})\right)/(n-1)$
选择依赖型	（图示）
评价指标聚合公式	$T(ST_i) = \sum_{s=1}^{n}(t_m(st_{is}) + t_l(st_{is})) \times p_s$ $C(ST_i) = \sum_{s=1}^{n}(c_m(st_{is}) + c_r(st_{is})) \times p_s + \max_s c_l(st_{is})$ $L(ST_i) = \{p_s | MIN(L(st_{is}))\}$ $P(ST_i) = \prod_{s=2}^{n-1}(P(st_{is}) \times p_s)$ $Ss(ST_i) = \sum_{s=2}^{n-1}(Ss(st_{is}) \times p_s)$
耦合型	（图示）
评价指标聚合公式	$T(ST_i) = k \times \sum_{s=1}^{n}(t_m(st_{is}) + t_l(st_{is}))$ $C(ST_i) = k \times \sum_{s=1}^{n}(c_m(st_{is}) + c_r(st_{is})) + \max_s c_l(st_{is})$ $L(ST_i) = \{MIN(L(st_{is}))\}$ $P(ST_i) = \prod_{s=2}^{n-1}(P(st_{is}))$ $Ss(ST_i) = \left(\sum_{s=2}^{n-1} Ss(st_{is})\right)/(n-1)$

高端制造业生态系统生产任务中某一项任务的子任务被发现后，制造网

络平台从资源需求方析取资源评价指标，得到相关指标数值。设定子任务 t_i 对应的系统资源集为 $MS_i = \{ms_{i1}, ms_{i2}, \cdots, ms_{is}, \cdots, ms_{in}\}$，则系统资源评价指标 V 表示为：

$$V(MS_i) = \begin{bmatrix} V(ms_{i1}) \\ V(ms_{i2}) \\ \vdots \\ V(ms_{is}) \end{bmatrix} = \begin{bmatrix} v_{11} & v_{12} & \cdots & v_{1n} \\ v_{21} & v_{22} & \cdots & v_{2n} \\ \vdots & \vdots & \vdots & \vdots \\ v_{s1} & v_{s2} & \cdots & v_{sn} \end{bmatrix} \qquad (5-22)$$

由于系统资源评价指标含义不同，具有成本、时间等负向指标，以及质量（合格率、资源等级）等正向指标，量纲差异较大，因此运用阈值法，对正向指标数值由式（5-23）、负向指标数值由式（5-24）进行标准化处理，转化为同量级数据，经标准化处理后资源评价指标矩阵为式（5-25），从资源需求方角度，通过5.3.2.1分析选取8个评价指标，因此 $n = 8$。

$$v_{is} = \frac{v_{is} - \min\limits_{1 \leq s \leq n} v_s}{\max\limits_{1 \leq s \leq n} v_s - \min\limits_{1 \leq s \leq n} v_s} \qquad (5-23)$$

$$v_{is} = \frac{\max\limits_{1 \leq s \leq n} v_s - v_{is}}{\max\limits_{1 \leq s \leq n} v_s - \min\limits_{1 \leq s \leq n} v_s} \qquad (5-24)$$

$$V(MS_i') = \begin{bmatrix} V(ms_{i1}') \\ V(ms_{i2}') \\ \vdots \\ V(ms_{is}') \end{bmatrix} = \begin{bmatrix} v_{11}' & v_{12}' & \cdots & v_{1n}' \\ v_{21}' & v_{22}' & \cdots & v_{2n}' \\ \vdots & \vdots & \vdots & \vdots \\ v_{s1}' & v_{s2}' & \cdots & v_{sn}' \end{bmatrix} \qquad (5-25)$$

5.3.3 系统资源选择优化模型

5.3.3.1 优化目标函数

（1）系统资源时间目标函数。高端制造业生态系统资源时间为资源提供方接受资源需求申请到资源完工所花费的时间，主要包括资源提供方 MS_{is} 从接受资源需求至资源出产执行任务花费的制造时间 t_m，以及资源提供方 MS_{is} 之间所处的空间不同，产生的物流时间 t_l。为了缩短资源响应时间和资源出产时间，追求任务执行效率的同时做到系统资源"零库存"，使生产资

源时间应与紧后资源时间差最小,因此系统资源优化匹配的时间函数T表示如下:

$$t_l = \sum_{i=1}^{N} \max_s \frac{L_{is}^o}{v} \tag{5-26}$$

$$t_l = \sum_{i=1}^{N} \left(\frac{L_{in}^o}{v} + k \times \left(\sum_{s=2}^{n} \frac{L_{i(s-1)}^{is}}{v} \right) \right) \tag{5-27}$$

$$\text{Min} T = \sum_{i=1}^{N} T(st_i) + \sum_{i=2}^{N} (T(st_{(i-1)}) - T(st_i)) \tag{5-28}$$

式(5-26)中,L_{is}^0 为任务 st_{is} 对应的资源提供方 MS_{is} 与资源需求方 MS_{is}^0 之间的距离;L_{in}^0 为任务 st_{is} 的末位资源提供方 MS_{in} 与资源需求方 MS_{is}^0 之间的距离;$L_{i(s-1)}^{is}$ 为资源提供方 $MS_{i(s-1)}$ 与资源提供方 MS_{is} 之间的距离;当任务类型为独立型或并型时,物流时间 t_l 运用式(5-26)可得;当任务类型为串型、耦合型或选择型时,物流时间 t_l 运用式(5-27)可得;$T(st_{(i-1)})$ 表示为紧前生产资源时间;$T(st_i)$ 表示为紧后生产资源时间。

(2)系统资源成本目标函数。高端制造业生态系统资源的匹配成本除了高端制造业生态系统资源本身的制造成本 c_m 外,还包括资源提供方与资源需求方之间的物流成本 c_l,以及资源提供方所需时间不平衡,导致资源闲置产生的库存成本 c_r。因此系统资源优化匹配的成本函数 C 表示如下:

$$c_l = \sum_{i=1}^{N} \sum_{s=1}^{n} c_{is}^o \tag{5-29}$$

$$c_l = \sum_{i=1}^{N} \left(c_{in}^o + k \times \left(\sum_{s=2}^{n} c_{i(s-1)}^{is} \right) \right) \tag{5-30}$$

$$c_r = \begin{cases} d \sum_{i=1}^{N} \sum_{s=1}^{n} c_{is}, & T(st_{(i-1)}) > T(st_{i^* s^*}) \\ 0, & T(st_{(i-1)}) = T(st_{is}) \\ d \sum_{i=1}^{N} \sum_{s=1}^{n} c_{i(s-1)} + d \sum_{i=1}^{i^*} \sum_{s=1}^{s^*} c_{is}, & else \end{cases} \tag{5-31}$$

$$\text{Min} C = \sum_{i=1}^{N} C(st_i) \tag{5-32}$$

式（5-31）中，$T(st_{i's'}) = \max\{T(st_{is})\}$，$T(st_{is})$ 不一定完全相等；$T(st_{i(s-1)})$ 为紧前生产资源的匹配时间；c_{is}^0 为任务 st_{is} 对应的资源提供方 MS_{is} 与资源需求方 MS_{is}^0 之间的物流成本；c_{in}^0 为任务 st_{is} 的末位资源提供方 MS_{in} 与资源需求方 MS_{is}^0 之间的物流成本；$c_{i(s-1)}^{is}$ 为资源提供方 $MS_{i(s-1)}$ 与资源提供方 MS_{is} 之间的物流成本；当任务类型为独立型或并型时，物流成本 c_l 运用式（5-29）可得；当任务类型为串型、耦合型或选择型时，物流成本 c_l 运用式（5-30）可得；$T(st_{(i-1)})$ 表示为紧前生产资源时间；$c_{i(s-1)}$ 为紧前生产资源的单位库存成本；c_{is} 为紧后生产资源的单位库存成本。

（3）系统资源质量目标函数。高端制造业生态系统资源质量主要体现在资源提供方所提供的资源对于其执行的生产任务是否满足资源需求方的质量需求，包括历史资源需求方对资源提供方主观量化评价值，取其历史评价值的均值作为评价的数值，即高端制造业生态系统资源等级 Ss 用其均值进行描述历史时间段内系统资源后，执行任务达标的次数与该资源匹配次数的比值，用合格率 P 表示，服务极限 L 表示为资源提供方可用于服务匹配的资源量与其所拥有的资源量的比值。因此系统资源优化匹配的质量函数 C 表示如下：

$$L_{is} = \frac{d}{D_{is}} \tag{5-33}$$

$$P_{is} = 1 - \frac{n_{qua}}{n_{all}} \tag{5-34}$$

$$\mathrm{Min} Q = \sum_{i=1}^{N} \sum_{s=1}^{n} (1 - L_{is} + P_{is} + Ss) \tag{5-35}$$

式（5-33）中，D_{is} 为资源提供方 MS_{is} 可用于提供服务的系统资源，即系统资源的服务能力，d 为本次资源所需的系统资源；n_{qua} 为系统资源执行任务未达标的次数；n_{all} 为系统资源匹配次数；其中 $L_{is}, P_{is} \in (0, 1)$。

5.3.3.2 模型约束

（1）时间约束。高端制造业生态系统在生产活动期间通常会约定系统资源的交期，则系统资源匹配时间 T 不能晚于资源需求方规定的系统资源交期 T_p，即：

$$T_p \geq T \tag{5-36}$$

（2）成本约束。资源需求方根据经验预估成本区间，则系统资源成本 C 不能超过资源需求方规定的支付成本上限 $C_{p\max}$，即：

$$C_{p\max} \geq C \tag{5-37}$$

（3）服务能力约束。服务能力约束为资源提供方，即资源提供方服务能力必须满足高端制造业生态系统资源匹配需求，且不得超过自身服务极限，即资源方资源提供能力阈值为：

$$\frac{d}{D_{is}} \in \{0,1\}, \quad (i=1,2,\cdots,N, \quad s=1,2,\cdots,n) \tag{5-38}$$

（4）资源匹配约束。由于只能在制造网络资源池中选择一个相对应的资源，因此任务 st_{is} 候选资源长度仅且只能为1，如式（5-39）所示：

$$len(MS_{is}) = 1 \ (i=1,\cdots,N, s=1,\cdots,n) \tag{5-39}$$

（5）需求守恒。资源提供方出产系统资源 MS_{is}，必须离开资源提供方，送资源需求方 MS_{is}^o，如式（5-40）至式（5-42）所示：

$$\sum_{i}^{N}\sum_{s}^{n} y_{(is,i^o s^o)} = r_{iis}, \quad \forall i^o, s^o \tag{5-40}$$

$$\sum_{i^o}^{N}\sum_{s^o}^{n} y_{(is,i^o s^o)} = r_{i^o s^o}, \quad \forall i, s \tag{5-41}$$

$$y_{(is,i^o s^o)} = \begin{cases} 1, & 资源提供方 MS_{is} 送至资源需求方 MS_{is}^o \\ 0, & 否则 \end{cases} \tag{5-42}$$

（6）模型约束。避免因需求守恒造成模型循环，增加条件约束如式（5-43）、式（5-44）所示：

$$Y = (y_{(is,i^o j^o)}) \in \Gamma \tag{5-43}$$

$$\Gamma = \{y_{(is,i^o j^o)} \mid \sum_{i,i^o \in R}\sum_{s,s^o \in R} y_{(is,i^o s^o)} \leq |R|-1, R \in \{1,2,\cdots,n\}\} \tag{5-44}$$

5.3.3.3 模糊需求下的理想值

系统资源的匹配首先根据资源需求方发布的生产任务，对高端制造业生态系统资源的功能性属性进行筛选，剔除完全不能执行生产任务的系统资源，集合初步符合需求的系统资源。其次建立高端制造业生态系统资源选择优化模型，进一步缩小资源搜索范围，得到基于时间、成本和质量筛选的资源池，依据资源需求方的成本和时间偏好。兼顾高端制造业生态系统资源执行的生产任务质量，得到最优的系统资源。最后与生产任务映射得到高端制造业生态系统资源匹配方案[150]。从分解生产任务、选择高端制造业生态系统资源到系统资源映射的全过程设计，是高端制造业生态系统资源匹配优化体系的内容。

5.3.3.4 基于GIOWA算子的优化模型求解

在资源——环境双重约束下，资源需求方常以自身的接受程度和经验评估所需的高端制造业生态系统资源，并给出一个大致的成本范围，同时，制造网络平台调用数据库，搜寻类似系统资源匹配记录，然后依据以往类似系统资源匹配记录给出一个推荐成本范围，即智推区间，但是随着资源提供方技术进步、经济快速发展和市场变化，其成本需求区间和智推区间均带有一定的模糊性和主观性[151]。同时，若将区间数转化为实数，会限制高端制造业生态系统资源匹配范围，提高资源匹配难度。因此，为高端制造业生态系统资源匹配方案符合制造资源提供方实际的同时能够最大限度地满足资源需求方需求，提出了一种区间型组合供应的新思路，综合评估成本供应区间、需求区间和智推区间确定理想成本区间[152]。

区间型组合供应的新思路，具体为应用系统资源匹配优化模型所得成本数值，确定资源提供方的成本区间为供应区间，将以上需求区间和智推区间与供应区间，均看作对理想区间的预测值，并结合历史类似高端制造业生态系统资源匹配的成本数据，应用组合预测思想确定出理想成本区间，以此得到基于理想成本筛选的系统资源。区间型需求决策算法将各成本区间数转化为三角模糊数，对其三角模糊数的各关键点，构建相应的点供应模型，由资源需求方需求偏好确定各点权重系数，结合多点供应模型和权重系数得到组合供应模型，以灰色趋势关联度为判定标准，该方法考虑了成本区间关键点，使得模糊数识别更加准确有效。运用初始模型对历史数据进行分析，然后引入广义诱导有序加权平均算子（GIOWA）以确定最优参数λ，使得区间型供应模型更加完善[153]。依据资源需求方对理想成本区间内资源质量和时间的重要程度确定主观权值，将包含时间、成本和质量的多目标优化模型转化为综合评价的单目标优化模型，计算得到系统资源提匹配结果。具体算法流程如图5-7所示。

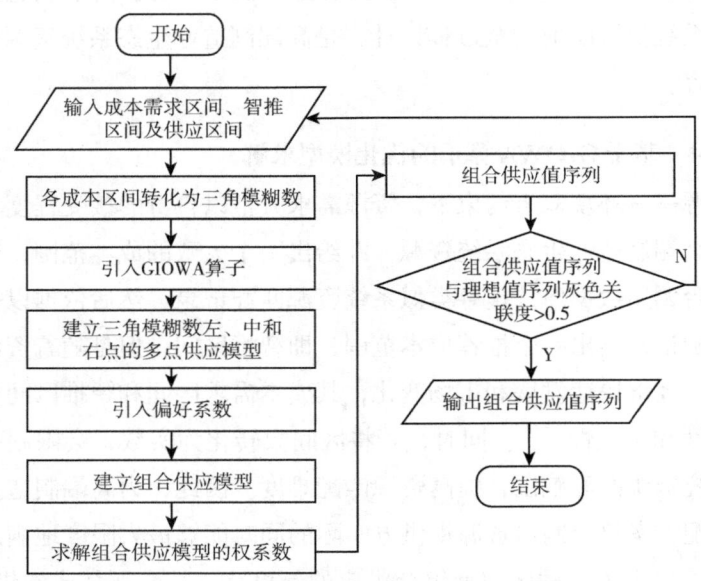

图5-7 系统资源选择优化模型求解过程

（1）三角模糊及GIOWA算子引入。

定义5-1：非负三角模糊数记为 $\tilde{O}=(O_x, O_y, O_z)$，其中，$O_y=(O_x+O_z)/2$，$O_x$ 表示模糊数的左端点，O_z 表示模糊数的右端点，O_y 表示模糊数的中点（最可能值）。

定义5-2：设导出的二维诱导有序加权平均算子（GIOWA）f_v，$f_v(<u_1, a_1>, <u_2, a_2>, \cdots, <u_z, a_z>) = \left(\sum_{s=1}^{z} w_s b_s^\lambda \right)^{1/\lambda}$。其中，某一分量 $<u_s, a_s>$ 表示 u_s 是 a_s 的诱导值，b_s 为 $a_1, a_2, \cdots, a_s$ 由诱导值 u_s 降序排列的第 s 个数（$s=1, 2, \cdots, z$），$W=(w_1, w_2, \cdots, w_z)$ 是 f_v 的加权向量，$\sum w_s = 1, w_s \in (0,1)$。

$\lambda = 1$ 时，函数 f_v 为二维诱导有序加权算术平均算子，简称IOWA算子；

$\lambda = -1$ 时，函数 f_v 为二维诱导有序加权调和平均算子，简称 IOWHA 算子；$\lambda \to 0$ 时函数 f_v 为二维诱导有序加权几何平均算子，简称 IOWGA 算子。

定义 5-3：令

$$r_s = \frac{1}{N-1}\sum_{\Delta=2}^{N}\frac{1}{1+\varphi|X_\Delta - X_{s\Delta}| + \rho|(X_\Delta - X_{s\Delta}) - (X_{\Delta-1} - X_{s\Delta-1})|} \tag{5-45}$$

式（5-44）中，$X_{s\Delta}$ 表示第 s 个单项预测方法的预测值序列，X_Δ 表示实际序列。r_s 表示 s 个单项预测方法的预测值序列与实际序列的灰色趋势关联度（$s=1,2,\cdots,z$；$\Delta=1,2,\cdots,N$）。通常分辨系数 $\varphi = 0.5$，$\rho = 1$。显然，$r_s \in (0, 1]$，因此 r_s 越大该预测方法的精度越高。

引理 5-1：

$$r_\Delta = \frac{1}{N-1}\sum_{\Delta=2}^{N}\frac{1}{1+\varphi|X_\Delta - \hat{X}_\Delta| + \rho|(X_\Delta - \hat{X}_\Delta) - (X_{\Delta-1} - \hat{X}_{\Delta-1})|} \tag{5-46}$$

r_Δ 为组合预测方法的预测值序列 $\hat{X}_\Delta$ 与实际值序列 X_Δ 的灰色趋势关联度（$\Delta=1,2,\cdots,N$）。通常分辨系数 $\varphi = 0.5$，$\rho = 1$。同理，r_Δ 越大组合预测值越接近实际值。

（2）区间型需求决策算法步骤。

步骤 1：设某一产品的理想成本区间数序列为 $\{C_\Delta = (x_\Delta, z_\Delta) | \Delta = 1, 2, \cdots, N\}$，现有 z 个成本区间对其进行供应，记第 s 个成本区间在 Δ 时期的供应值序列为 $\{C_{s\Delta} = (x_{s\Delta}, z_{s\Delta}) | s=1,2,\cdots,z; \Delta=1,2,\cdots,N\}$，第 Δ 时期的组合供应值序列为 $\{\hat{C}_\Delta = (\hat{x}_\Delta, \hat{z}_\Delta) | \Delta=1,2,\cdots,N\}$，则有 $\hat{x}_\Delta = \sum_{s=1}^{z} w_s x_{s\Delta}$，$\hat{z}_\Delta = \sum_{s=1}^{z} w_s z_{s\Delta}$（其中，$w_1, w_2, \cdots, w_z$ 为组合供应中各成本区间的权系数，且 $\sum_{s=1}^{z} w_s = 1$，$w_s \neq 0$）。将实际区间转化为三角模糊数序列 $\{\tilde{C}_\Delta = (x_\Delta, y_\Delta, z_\Delta) | \Delta=1,2,\cdots,N\}$，其中，$y_\Delta = (x_\Delta + z_\Delta)/2$。则第 s 个成本区间在 Δ 时期对应的三角模糊数序列为 $\{\tilde{C}_{s\Delta} = (x_{s\Delta}, y_{s\Delta}, z_{s\Delta}) | s=1,2,\cdots,z; \Delta=1,2,\cdots,N\}$，$\Delta$ 时期对应的三角模糊数的组合供应序列为 $\{\hat{C}_\Delta = (\hat{x}_\Delta, \hat{y}_\Delta, \hat{z}_\Delta) | \Delta=1,2,\cdots,N\}$。

步骤 2：设 $\tilde{\gamma}_{s\Delta}$、$\tilde{\xi}_{s\Delta}$、$\tilde{\eta}_{s\Delta}$ 分别为 Δ 时期第 s 个成本区间三角模糊数的左端

点、中点和右端点的匹配精度，即左精度、中间精度和右精度，具体运算为：

$$\widetilde{\gamma}_{s\Delta} = \begin{cases} 1 - \left|\dfrac{x_\Delta - x_{s\Delta}}{x_\Delta}\right|, & 0 \leqslant \left|\dfrac{x_\Delta - x_{s\Delta}}{x_\Delta}\right| < 1 \\ 0, \left|\dfrac{x_\Delta - x_{s\Delta}}{x_\Delta}\right| \geqslant 1, & \left|\dfrac{x_\Delta - x_{s\Delta}}{x_\Delta}\right| \geqslant 1 \end{cases} \quad (5-47)$$

$$\widetilde{\xi}_{s\Delta} = \begin{cases} 1 - \left|\dfrac{y_\Delta - y_{s\Delta}}{y_\Delta}\right|, & 0 \leqslant \left|\dfrac{y_\Delta - y_{s\Delta}}{y_\Delta}\right| < 1 \\ 0, & \left|\dfrac{y_\Delta - y_{s\Delta}}{y_\Delta}\right| \geqslant 1 \end{cases} \quad (5-48)$$

$$\widetilde{\eta}_{s\Delta} = \begin{cases} 1 - \left|\dfrac{z_\Delta - z_{s\Delta}}{z_\Delta}\right|, & 0 \leqslant \left|\dfrac{z_\Delta - z_{s\Delta}}{z_\Delta}\right| < 1 \\ 0, & \left|\dfrac{z_\Delta - z_{s\Delta}}{z_\Delta}\right| \geqslant 1 \end{cases} \quad (5-49)$$

以 Δ 时期第 s 个成本区间三角模糊数的左精度作为诱导值，则 Δ 时期左端点的二维数组表示为 $\{<\widetilde{\gamma}_{1\Delta}, x_{1\Delta}>, <\widetilde{\gamma}_{2\Delta}, x_{2\Delta}>, \cdots, <\widetilde{\gamma}_{z\Delta}, x_{z\Delta}>\}$。同理，$\Delta$ 时期中点和右端点的二维数组表示为 $\{<\widetilde{\xi}_{1\Delta}, y_{1\Delta}>, <\widetilde{\xi}_{2\Delta}, y_{2\Delta}>, \cdots, <\widetilde{\xi}_{z\Delta}, y_{z\Delta}>\}$，$\{<\widetilde{\eta}_{1\Delta}, z_{1\Delta}>, <\widetilde{\eta}_{2\Delta}, z_{2\Delta}>, \cdots, <\widetilde{\eta}_{z\Delta}, z_{z\Delta}>\}$。

步骤3：由定义5-2，令 $\hat{x}_\Delta$、$\hat{y}_\Delta$、$\hat{z}_\Delta$ 分别为 Δ 时期基于GIOWA算子的三角模糊数的理想成本区间的左端点、中点和右端点，由定义5-2可得：

$$\hat{x}_\Delta = f_v(<\widetilde{\gamma}_{1\Delta}, x_1>, <\widetilde{\gamma}_{2\Delta}, x_2>, \cdots, <\widetilde{\gamma}_{z\Delta}, x_z>) = \left(\sum_{s=1}^{z} w_s g_s^\lambda\right)^{1/\lambda} \quad (5-50)$$

$$\hat{y}_\Delta = f_v(<\widetilde{\xi}_{1\Delta}, y_1>, <\widetilde{\xi}_{2\Delta}, y_2>, \cdots, <\widetilde{\xi}_{z\Delta}, y_z>) = \left(\sum_{s=1}^{z} w_s h_s^\lambda\right)^{1/\lambda} \quad (5-51)$$

$$\hat{z}_\Delta = f_v(<\widetilde{\eta}_{1\Delta}, z_1>, <\widetilde{\eta}_{2\Delta}, z_2>, \cdots, <\widetilde{\eta}_{z\Delta}, z_z>) = \left(\sum_{s=1}^{z} w_s k_s^\lambda\right)^{1/\lambda} \quad (5-52)$$

其中，$g_{s\Delta}$ 是 $x_{1\Delta}, x_{2\Delta}, \cdots, x_{z\Delta}$ 根据 $\widetilde{\gamma}_{1\Delta}, \widetilde{\gamma}_{2\Delta}, \cdots, \widetilde{\gamma}_{z\Delta}$ 降序排列的第 s 个数。同理，$h_{s\Delta}$、$k_{s\Delta}$ 是 $y_{1\Delta}, y_{2\Delta}, \cdots, y_{z\Delta}$ 和 $z_{1\Delta}, z_{2\Delta}, \cdots, z_{z\Delta}$ 分别根据 $\widetilde{\xi}_{1\Delta}, \widetilde{\xi}_{2\Delta}, \cdots, \widetilde{\xi}_{z\Delta}$ 和 $\widetilde{\eta}_{1\Delta}, \widetilde{\eta}_{2\Delta}, \cdots, \widetilde{\eta}_{z\Delta}$ 降序排列的第 s 个数。$W = (w_1, w_2, \cdots, w_z)\left(\sum_{s=1}^{z} w_s = 1\right)$ 为GIOWA算子的加权向量，则 $\hat{x}_\Delta$、$\hat{y}_\Delta$、$\hat{z}_\Delta$ 是以 w_s 为自变量的函数。

步骤4：由定义5-3，设 r_x 为三角模糊成本区间的左端点序列 $\hat{x}_\Delta(\hat{x}_1, \hat{x}_2, \cdots, \hat{x}_N)$ 与理想三角模糊数左端点序列 $x_\Delta(x_1, x_2, \cdots, x_N)$ 的灰色关联度，r_y 为三角模糊成本区间的中点序列 $\hat{y}_\Delta(\hat{y}_1, \hat{y}_2, \cdots, \hat{y}_N)$ 与理想三角模糊数中点序列 $y_\Delta(y_1, y_2, \cdots, y_N)$ 的灰色关联度，r_z 为三角模糊成本区间的右端点序列 $\hat{z}_\Delta(\hat{z}_1, \hat{z}_2, \cdots, \hat{z}_N)$ 与理想三角模糊数右端点序列 $z_\Delta(z_1, z_2, \cdots, z_N)$ 的灰色关联度，计算公式为：

$$r_x(W) = \frac{1}{N-1} \sum_{\Delta=2}^{N} \frac{1}{1+\varphi|x_\Delta - \hat{x}_\Delta| + \rho|(x_\Delta - \hat{x}_\Delta) - (x_{\Delta-1} - \hat{x}_{\Delta-1})|} \quad (5-53)$$

$$r_y(W) = \frac{1}{N-1} \sum_{\Delta=2}^{N} \frac{1}{1+\varphi|y_\Delta - \hat{y}_\Delta| + \rho|(y_\Delta - \hat{y}_\Delta) - (y_{\Delta-1} - \hat{y}_{\Delta-1})|} \quad (5-54)$$

$$r_z(W) = \frac{1}{N-1} \sum_{\Delta=2}^{N} \frac{1}{1+\varphi|z_\Delta - \hat{z}_\Delta| + \rho|(z_\Delta - \hat{z}_\Delta) - (z_{\Delta-1} - \hat{z}_{\Delta-1})|} \quad (5-55)$$

$\Delta=1$，r_x、r_y、r_z 是以 w_s 为自变量的函数 $\left(\sum_{s=1}^{z} w_s = 1\right)$，分辨系数 $\varphi = 0.5$，$\rho = 1$。

步骤5：引入 α、β、θ，分别表示左端点、中点和右端点对于理想成本区间的重要程度，为各点赋以相应的权系数，由此构成基于三角模糊及GIOWA算子的组合供应模型：

$$\max r(W) = \alpha r_x + \beta r_y + \theta r_z$$

$$\text{s.t} \begin{cases} \sum_{s=1}^{z} w_s = 1 \\ w_s \neq 0, s = 1, 2, \cdots, z \\ \alpha + \beta + \theta = 1 \\ 0 \leq \alpha, \beta, \theta \leq 1 \end{cases} \quad (5-56)$$

r 仍然是以 w_s 为自变量，当 $\max r(W)$ 时，得到成本区间的最优权系数，进而可求出每个时期的实际值，并应用理想成本筛选供应区间，进一步缩小供应区间，得到待选区间。

步骤6：由定义5-3，令：

$$r_s = \frac{1}{N-1} \sum_{\Delta=2}^{N} \frac{1}{1+\varphi|C_\Delta - C_{s\Delta}| + \rho|(C_\Delta - C_{s\Delta}) - (C_{\Delta-1} - C_{s\Delta-1})|} \quad (5-57)$$

则 r_s 为 s 成本区间序列 $C_{s\Delta}$ 与实际值序列 C_Δ 的灰色关联度。分辨系数 φ

取0.5，ρ取1。显然，$r_s \in (0, 1]$，且r_s越大，该成本区间预测精度越高，越符合实际。用此公式判别需求区间与理想区间的关联度，若$r_s \geqslant 0.5$，说明所得理想区间既符合资源提供方实际又满足资源需求方需求，否则计算取得的理想区间并不符合实际，仅满足资源需求方的主观需求，制造平台上没有可与生产任务匹配的系统资源。

步骤7：在进一步缩小的供应区间内筛选出最优的高端制造业生态系统资源，即对待选区间内的资源的时间和质量属性进行约束，考虑包括时间、成本和质量等系统资源属性，综合评价资源，最终确定系统资源的最优匹配，进而得到最终的生产任务与系统资源的匹配方案。由于经过成本筛选，缩小了供应区间范围，得到待选区间，且时间和质量特征差异较小，原始数据分布特征不明显，因此采用阈值法对数据进行标准化处理，如式（5-58）、式（5-59）所示。依据资源需求方对时间和质量的偏好强度，按约定比重进行赋权，由式（5-60）综合评价高端制造业生态系统资源。

$$T' = \frac{\max\limits_{1 \leqslant k \leqslant l} T_k - T_k}{\max\limits_{1 \leqslant k \leqslant l} T_k - \min\limits_{1 \leqslant k \leqslant l} T_k} \tag{5-58}$$

$$Q' = \frac{Q_k - \min\limits_{1 \leqslant k \leqslant l} Q_k}{\max\limits_{1 \leqslant k \leqslant l} Q_k - \min\limits_{1 \leqslant k \leqslant l} Q_k} \tag{5-59}$$

$$Y = aT' + bQ' \tag{5-60}$$

5.4 本章小结

本章对制造网络的构成要素与体系要素进行了分析，构建了高端制造业生态系统生产任务与制造资源匹配的优化具体框架。明确在双重约束下高端制造业生态系统生产任务分解目标与原则，并研究了生产任务间信息交互关系，提出了度量任务内聚性与耦合性等方法，同时发现任务间交互关系会直接影响子任务的执行顺序、粒度大小以及执行成本，基于此设计了高端制造业生态系统生产任务分解优化的过程，以及生产任务分解优化的具体流程。继而分析了在双重约束下高端制造业生态系统资源选取的目标与原则，找出完全满足资源需求方的理想匹配方案，在此基础上，建立高端制造业生态系统资源的指标体系，根据任务结构和相关约束聚合评价指标，构建高端制造业生态系统资源选择优化模型，引入三角模糊及GIOWA算子针对资源需求方的模糊需求给出区间型组合供应算法，求取资源需求方模糊需求下高端制造业生态系统资源的理想值，筛选高端制造业生态系统资源的供应区间，确定最优的高端制造业生态系统资源的匹配方案。

第6章
高端制造业生态系统数智化发展实证研究与策略选择

随着科技的快速发展，高端制造业生态系统数智化转型已经成为推动产业升级、实现经济高质量发展的重要途径。在综合考虑资源和环境的双重约束下，本章对智慧城市及航天云网两个案例进行论述，智慧城市数字创新生态系统的出现和建设顺应了我国政策、社会、技术和实践发展的要求，成为了未来城市系统发展的重心与方向。通过对航天云网平台的信息进行收集及处理，建立相应的本体模型，根据行业的经验知识和关联聚类结果建立推理规则，得以在Jena数据库中实现信息的推理和检索。

6.1 智慧城市电通信数字创新生态系统

6.1.1 数字创新生态系统发展概况

智慧城市是以物联网、大数据、云计算等新兴信息技术为基础，通过协同多层次产业主体，全方位感知、收集并整合物理城市信息，全面提升城市信息化、智能化水平，促进城市规划、建设、管理与服务智慧化的高级城市形态[154]。智慧城市集政府、设备供应商、应用供应商、服务提供商以及用户的多价值共创主体于一体，以数字创新为基础，以实现城市经济、社会与环境可持续性协调发展为导向，因此智慧城市是一个典型的数字创新生态系统。基于以上分析，智慧城市数字创新生态系统是利用新一代信息技术整合、共享、应用数据资源，打通、集成城市系统与城市服务，以数字技术与数据资源为支持的多元创新主体构成的复杂经济系统[155]。

从系统结构来看，智慧城市数字创新生态系统由基础设施层、数据资源层、应用支撑层以及应用层四个基本模块构成，如图6-1所示。基础设施层主要由政务云和互联网共有云组成；城市大数据平台汇聚成数据资源层；数据服务、算法服务、应用服务、信用服务相互协调，共同为智慧城市数字创新生态系统的政务服务与城市治理提供应用支撑。

从系统特点来看，智慧城市数字创新生态系统的显著特征是生态系统领导者或者核心主体的存在，以及数据与业务协同融合。核心主体设定系统顶层目标，定义系统参与者角色，建立系统标准与接口。数据与业务协同融合则充分利用分散、闲置的数据资源，破除跨层级、跨系统、跨业务的"数据孤岛"问题，解决多主体业务协同难题[156]。

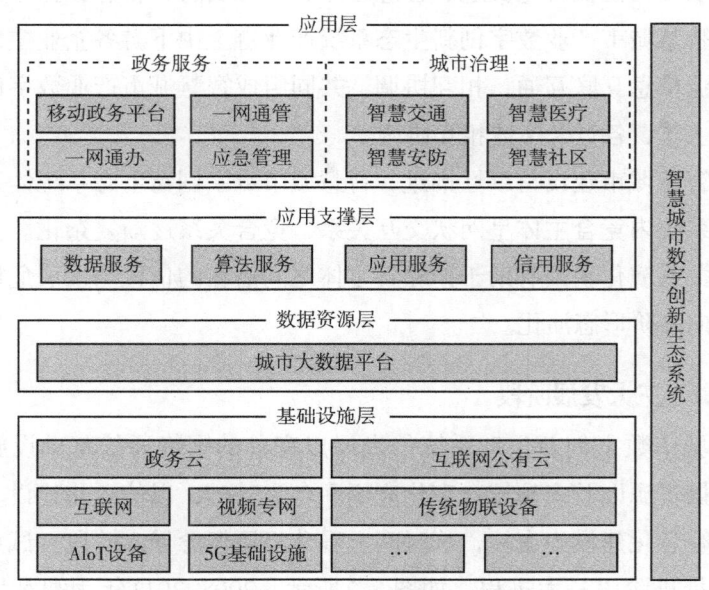

图6-1 智慧城市数字创新生态系统结构

智慧城市产业创新生态系统的健康运行需要核心主体与系统参与者之间

建立友好的竞争与合作关系，以数据融合和业务协同支持场景落地，共同推动系统整体价值创造与价值获取进程。

智慧城市产业数字创新生态系统具有涵盖范围广，发展需求大的特点，根据智慧城市应用场景的形成过程，从产业链角度对智慧城市数字创新生态系统竞合主体分类。智慧城市数字创新生态系统产业链上游主体由硬件设备供应商和通用软件供应商构成，其中硬件主要包括用于安防、交通等领域的视频采集硬件设施以及芯片等，代表主体有海康威视、华为与中兴等，软件主要包括先进制造、智慧医疗、商业影像等办公程序、生产系统等，如东华软件、旷世科技、文安智能等[157]。产业链中游主体由智慧城市建设运营商组成，主要包括对整个智慧城市进行顶层设计的政府和设计院，进行系统集成的智能制造和物联网产品企业，提供运营服务的通信运营服务商，以及提供行业解决方案的智能终端制造商，代表主体有日海智能、科大讯飞、中科曙光等[158]。产业链下游主体则是将智能化信息技术应用到城市运行发展的各个智慧场景，涵盖智慧交通、智慧医疗、智慧安防、智慧教育等数十个应用场景。智慧城市产业数字创新生态系统产业链上中下游各企业主体间数据资源、行业信息互联互通，相互协调，共同组成智慧城市产业数字创新生态系统竞合主体，各竞合主体相互协调。

随着智慧城市建设持续性推进，智慧城市数字创新生态系统体系构建逐渐完善，系统内竞合主体呈网状交互关系，竞合关系逐渐复杂化。分析各主体间竞合关系演化动因有助于排除各主体之间潜在的信任与发展危机，促进竞合关系向高阶形态演化。

6.1.1.1　三大发展阶段

智慧城市数字创新生态系统的发展以完善的网络通信基础设施、海量异质性数据资源以及多领域数字化应用平台为基础，以信息化建设、数字化建设以及智慧化建设为支柱，从时间上看共经历概念导入阶段、试点探索阶段、统筹推进阶段三大进程，如图6-2所示。2008~2011年为智慧城市数字创新生态系统的概念导入阶段。这一时期，无线通信、光纤宽带等行业应用技术驱动各主体通过自身所拥有的数字化技术自发形成独立个体，在此基础上个别主体自发共享数字技术,零散完成智慧城市产业数字创新生态系统的搭建工作[159]。2012~2015年为新兴技术驱动的智慧城市数字创新生态系统的试点探索阶段。随着城镇化步伐加快,以及RFID、2G到3G再到4G通信技术的逐步实现,国家部委对智慧城市建设的重视度提高,国内掀起了智慧城市建设热潮[160]。系统内部各主体在数字技术领域出现因智慧城市重点项目或应用导致的横纵分割,并在数据资源应用、数据资源共享以及数据决策方面取得了较大进步。2016年至今,国务院出台的《"十三五"国家信息化规划》标志着智慧城市数字创新生态系统正式进入统筹规划期。5G、大数据、人工智能、大数据、区块链等新一代数字技术的应用,使得系统内部各主体之间纵横联合、高效集成,形成了由政府指导、市场主导、各互联网企业、运营商、软件商、集成商有机融合的智慧城市生态系统[161]。

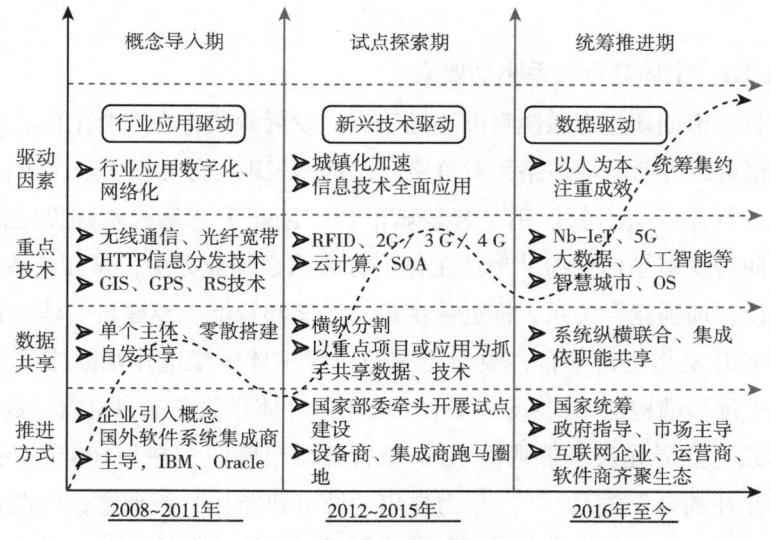

图6-2 智慧城市数字创新生态系统发展历程

6.1.1.2 三大发展特征

当前,智慧城市数字创新生态系统在"城市+数字化"阶段已取得阶段性成果,并呈现以下三大发展特征。第一,深化应用政务服务场景,部门协同加强。目前政务服务场景呈现多元化发展,政务服务已进入应用落地期,并实现在数据资源纵向贯通的基础上,实现跨部门、跨层级的业务横向流动。各地政府正逐步加强政务云建设,完成"政务上云"向"云上应用"的转型升级,从源头打破"信息孤岛",助力上层应用的实质性落地。第二,城市治理注重垂直场景硬件结合,逐步实现单一场景的局部集成。目前硬件设施已完成城市治理数字化大部分应用场景部署,正逐步完善垂直场景上层应用与底层硬件系统的结合,实现软硬一体的整体系统顺畅运行。第三,系统主体发展以"顶层设计"为基础,发展重心由建设转向运营。各主体已基本实现智慧城市向"数字化城市"的演进,结合"新基建"的发展要求,以顶层设计为基础,实现硬件、数据与场景的立体互动,构建城市"大脑"与城市生态的运营机制。

6.1.2 数智化驱动要素与驱动体制

6.1.2.1 主体竞合关系驱动要素

智慧城市创新生态系统目前正处于高速发展阶段,在竞合主体、竞合过程、数据资源方面呈现多路径竞争格局,具体表现可分为以下三个方面。

(1)行业巨头引领作用。智慧城市数字创新生态系统基础设施的逐步完善,使得众多主体纷纷从单个主体业务融入系统业务中,紧扣"数字+生态"建设,加强竞合关系,推进数字技术底座和智能中枢建设,建立良好的应用服务开发与运营平台,吸引更多的边缘主体围绕应用场景丰富业务能力。如中国移动构建"网+云+平台+应用"一体化服务能力,以"数字+生态"模式与业界龙头企业成立5G新型智慧城市联盟,并与100余家企业建立优势互补的合作关系[162]。华为提出"城市智能化"新理念,以混合云底座、AI智能和开放生态为核心,聚合包含跨投融资、集成交付、解决方案等多领域近百家合作伙伴,开放智能平台、构建联合解决方案[163]。

(2)数字基建支撑作用。"新基建"作为智慧城市数字创新生态系统可持续发展的基石,驱动了新一代信息技术的广泛应用,促进了各参与主体间竞合过程不断迭代。为推动云、AI、5G等不同技术与领域联合创新,不断稳固智慧城市数字创新生态系统数字底座,各主体积极开展生态联合,持续推进云网边端智协同建设。如华为云发起"5G+X"联创营计划,通过5G、云计算等数字技术的全方位赋能和联合创新作用,助力互联网主体快速入局5G新基建,帮助合作主体打造基于新市场差异化的竞争优势[164]。但随着系统核心主体发力智能计算行业,抢占算力市场,以算力、算法为核心的先进数据处理能力成为智慧城市数字创新生态系统主体发展的新动能。

(3)隐私计算赋能作用。数据资源作为驱动智慧城市数字创新生态系统建设的重要抓手,如何在保证数据资源安全的前提下,加快数据资源的全面汇聚、深度共享、高效利用,是提高各层次主体竞争能力、实现主体智能化转型的焦点问题。以多方安全计算、可信执行环境等为代表的隐私计算技术,为破解数据资源与数据保护之间的矛盾,实现数据资源"可用不可见、可控可计量"提供了解决方案。此外政府发布的"隐私计算政策"也明确指出要充分发挥隐私计算在数字化转型中的潜在优势,丰富隐私计算基数应用场景,推动主体间数据资源有序流通与利用,扩大主体数据平台运营收入空间,撬动主体数据与计算竞争优势[165]。

6.1.2.2 主体竞合关系演化驱动机制

智慧城市数字创新生态系统运行活跃、热点频现,主体竞合关系主要受政府调控、核心主体调节以及主体自身数字能力的影响,依据对主体竞合关系演化动因的研究结果,主体间竞合关系演化受到竞合收益、竞合成本以及创新补贴、违约惩罚的制约。因此,智慧城市数字创新生态系统需要加强热点与技术创新双轮驱动,创新体竞合关系演化驱动机制,促进主体间竞合关系活力发展,具体内容如下[166]。

(1)核心主体引导机制。核心主体应充分发挥引导作用,加强技术创新与跨界合作,加大热点领域解决方案供给,聚焦人工智能关键算法等核心领域,团结相关主体加快通用基础设施建设进程,为合作主体提供云边端算力支持,帮助中小主体解决业务创新难、算法投资贵、应用开发慢等问题,进而实现系统主体基础算法、装备材料等研发突破与迭代应用,促进智慧城市数字创新生态系统的更深层次发展。

(2)政产学研合作机制。政产学研合作模式作为激发数据资源潜在价值的有力手段，对加快数据资源流动、优化资源结构、清除主体合作障碍有关键作用。政府作为数据资源的支配者与管理者，需要积极推进"科研院所+领军企业"以及"政府+科研单位+领军企业"合作模式的联合共建，如华为、百度、阿里巴巴、腾讯等互联网领军企业，商汤科技、旷世等人工智能独角兽企业等，都在促进数字资源在系统内的高效运转，提升主体综合效益[167]。

（3）政府引进机制。政府需要创造更多市场机会，吸引多元主体参与智慧城市数字创新生态系统建设。首先，政府需定期开展智慧城市建设需求摸查，依托专业第三方机构开展智慧城市成熟度评价，了解自身发展水平，明确智慧城市数字创新生态系统建设短板与建设方向。其次，开放智慧城市数字创新生态系统建设项目机会清单、需求清单，指导企业研发投入方向，为企业参与系统建设提供契机。

（4）创新合作交易机制。为推进智慧城市数字创新生态系统健康可持续发展，构建互利共赢的系统生态，各主体需创新合作交易机制，以组建技术联盟、产业联盟的方式，在区域和系统重点项目推进过程中，鼓励以联盟形式参与建设，打造示范智慧城市示范工程。其中核心主体可作为联盟"领头羊"，开放自身平台架构吸引各细分领域优势企业，以"平台+生态"模式提供售前、售中、售后服务，构建有机融合的智慧城市一体化解决方案。

6.1.3 数智化关系重塑策略

6.1.3.1 主体数据资源收益分析

智慧城市数字创新生态系统综合运用信息和通信技术手段观测、分析、整合系统核心的各项关键数据资源，进而对民生、环保、公共安全、城市服务、工商业活动在内的各种需求迅速做出智能响应。其中数据资源的价值转化形式主要表现为通过专利布局，综合利用新一代信息技术，解决城市发展难题，实现系统智慧式管理和运行。因此，了解目前全国范围内关于智慧城市的专利布局概况，有助于明晰智慧城市数字创新生态系统内主体数据资源收益概况，为下一步竞合关系重塑策略打下基础[118]。

第6章 高端制造业生态系统数智化发展实证研究与策略选择

以中国专利公布公告网、Patenthub及智慧芽科技创新情报平台为专利检索平台，使用"智慧城市"为检索词对国内专利数据进行初步检索及扩展检索，由相关专利的IPC统计分析可知[168]，智慧城市领域大部分专利与电通信技术（H04）相关，尤其是数字信息的传输（H04L）；其次较多涉及物理计算、推算、计数（G06）；另外还有少量涉及照明装置和其他结构组合物（F21V）。为精准化分析系统主体在专有领域的竞合关系，在以上专利搜索结果的基础上，添加"IPC：H04L""申请年2012~2020""中国受理局"的过滤关键词，得出智慧城市数字创新生态系统TOP13主体数字信息传输专利发明情况，如表6-1所示[169]。

依据年度统计数字信息传输专利申请量可知，自2012年起专利申请数量呈逐年快速上升趋势，且上升速度不断加快，智慧城市数字创新生态系统正处于快速成长阶段，未来发展空间十分广阔[170]。从专利分布情况来看，系统竞争格局已初步确立，以华为、中兴、腾讯为代表的行业巨头抢占先发优势，在竞合关系网络中处于核心位置，形成了以行业巨头为核心节点的发散状网络拓扑结构网络。各竞合主体类别由单一化向多元化发展，主体竞合关系由松散联结向紧密耦合转变，彼此之间数据互通存在密切的技术研发与数字创新合作。

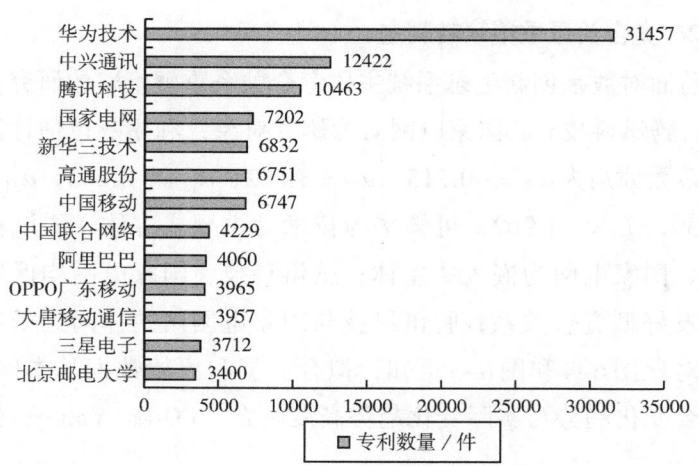

图6-3 主体数字信息传输专利申请情况

表 6-1　　2012~2020 年主体数字信息传输专利申请情况

公司名称	合计/件	2020年	2019年	2018年	2017年	2016年	2015年	2014年	2013年	2012年
华为技术	31457	3958	4304	4102	4046	3618	3195	2960	2781	2493
中兴通讯	12422	598	688	1087	1632	1974	1681	1577	1051	2174
腾讯科技	10463	1673	1406	1162	1172	1155	1188	960	878	869
国家电网	7202	1074	940	857	863	837	721	749	723	438
新华三技术	6832	238	402	1007	949	896	851	962	922	605
高通股份	6751	827	597	1068	977	894	709	631	541	507
中国移动	6747	1090	1080	1087	1218	710	467	378	375	342
中国联合网络	4229	754	778	637	435	456	307	336	302	224
阿里巴巴	4060	365	353	593	629	799	705	239	147	230
OPPO广东移动	3965	397	590	808	856	630	421	107	80	76
大唐移动通信	3957	368	627	640	602	434	331	263	255	437
三星电子	3712	323	264	367	390	537	497	480	450	404
北京邮电大学	3400	513	532	444	363	417	230	334	320	247

6.1.3.2　竞合关系重塑策略制定

基于前面对数字创新生态系统主体竞合关系重塑策略的研究，选取华为技术 x_1、腾讯科技 x_2、国家电网 x_3 为研究对象，利用灰色估计法求得三者的竞合系数分别为 $\alpha_{12} = -0.215$，$\alpha_{21} = 3.682$，$\alpha_{13} = -0.203$，$\alpha_{31} = 2.541$，$\beta_{23} = -2.739$，$\beta_{32} = -1.902$，可知华为技术为主导式主体，腾讯科技为合作式主体，国家电网为嵌入式主体；腾讯科技、国家电网均保持与华为技术间的友好型竞合关系，腾讯科技与国家电网两主体间处于冲突型竞合关系。对比图 6-4 和图 6-5 可知，拟合数据和原始数据基本保持一致，各主体拟合变化趋势与实际变化趋势高度吻合，LOtka-Volterra 模型切实可行。

第 6 章 高端制造业生态系统数智化发展实证研究与策略选择

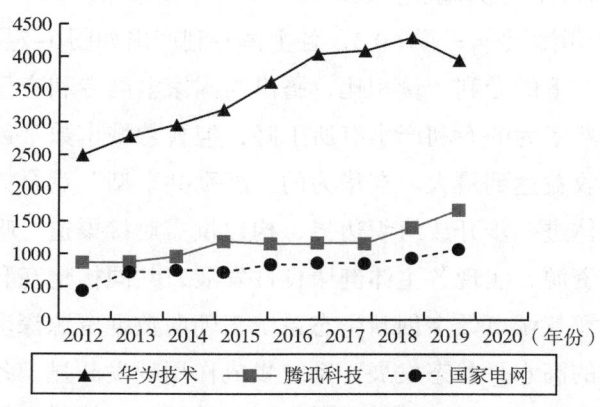

图6-4 主体专利产出趋势

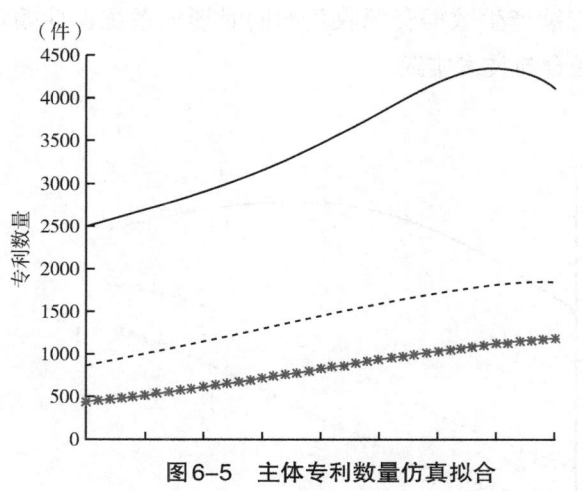

图6-5 主体专利数量仿真拟合

由前面理论分析可知，合作式与嵌入式主体间建立"协同型竞合关系"、主导式主体施行"激励共享型"竞合关系重塑策略时，系统数据资源产出实现最大。调整腾讯与国家电网为协同型竞合关系，竞合系数改为$\beta_{23} = 2.739$，$\beta_{32} = 1.902$，各主体专利产出如图6-6所示。腾讯与国家网点竞合关系由冲突型向协同型转换后，二者数字与信息产量呈现明显上升趋势，数据资源产出大幅提升，由此可见，协同型竞合关系能够促进智慧城市数字创新生态系统主体提供多元化产品与服务,为主体发展带来强大助力。在此基础上,华为施加"激励共享型"重塑策略,调节华为对二者竞合强度的协调作用,令 $\gamma_2 = \gamma_3 = 0.3$,各主体专利产出如图6-7所示。与"协同型竞合关系"下的专利产量相比,腾讯与国家电网专利产量又实现了进一步提升,虽然华为的专利产出有所下降,但智慧城市数字创新生态系统数据资源总体收益达到最大。在华为的"激励共享型"竞合关系重塑策略作用下,各主体进一步开放组织边界,构建供需对接渠道,吸引各细分领域优势主体与资源,实现各主体健康良性发展,共同构建互利共赢的系统生态。目前,智慧城市数字创新生态系统正朝向数据资源深度融合、竞合主体共建共享的高水平状态发展,系统集成作用越发凸显。各主体发展理念、信息技术与数据应用,需要由低水平的单场景个体平台转向,与其余竞合主体实现深层次互联耦合、数据资源再处理、全面融合与多场景覆盖的精益化应用,持续产生数据资源收益的同时形成系统良性循环,更新迭代全局性的数据融合与技术实践。

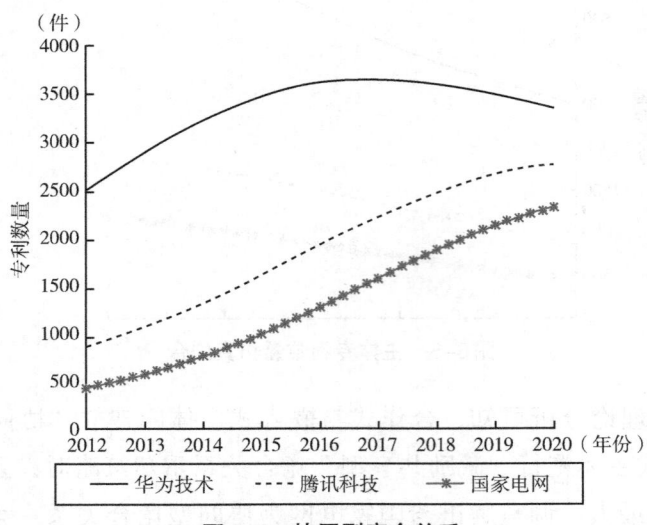

图6-6　协同型竞合关系

第6章 高端制造业生态系统数智化发展实证研究与策略选择

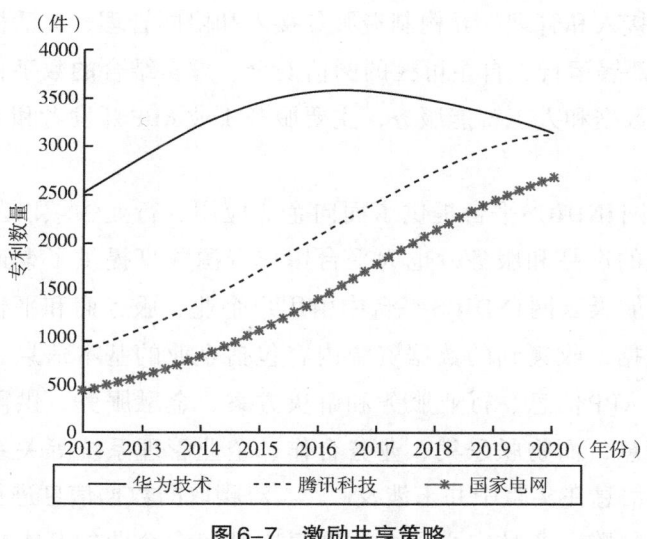

图6-7 激励共享策略

6.2 航天云网INDICS创新生态系统

6.2.1 航天云网INDICS信息本体建模

INDICS（Industrial intelligent cloud system）是中国航天科工集团公司发布的工业互联网平台，提供了包含IaaS、DaaS、PssS、SaaS在内的完整的工业互联网服务能力，可以为多种行业、不同规模的企业用户提供丰富的产品和服务[171]。航天云网围绕企业设备和产品服务、研发设计优化、智能生产管控、采购供应协同、企业运营管理、社会化协同制造六大业务场景，构建了分层云——微核心平台架构。平台通过发展基于数据驱动的APP快速开发技术、虚实结合的数字化建模与优化技术、基于边缘计算的异构资源接入技术、APP云化迁移和改造技术、大数据和人工智能与工业知识相结合的模型构建技术、多云架构的统一运行环境技术、面向第三方的平台开放生态技术和基于区块链的自主可控安全技术八大核心技术，能够实现海量多源设备接入和管理、异构制造服务接入和协同管理、灵活快速的工业APP构建与部署运行、自主可控的网信安全、虚实结合的数字化建模与优化、工业大数据和人工智能服务，主要服务工业APP开发者和工业企业两类用户[172]。

航天云网INDICS平台提供了面向企业应用、行业领域以及企业工业化生态体系的产品和服务，也为平台用户资源共享提供了渠道。使用爬虫工具采集航天云网INDICS平台中由用户企业、服务商和平台提供的产品和服务数据，收集到的数据资源内容包括企业的基本信息、应用商店提供的工业APP信息、行业服务和解决方案、金融服务、供需对接中的各类产品信息，而物联采集、业务合作、企业管理系统等关系到企业机密和安全的信息在实验中并未涉及[173]。对爬取的数据信息进行处理，易物、租赁、采购、产品中心几个数据集中都包含企业的基本信息，从中提取出用户企业信息，对收集的数据信息进行筛选，删除重复、无意义的信息，最终得到56733条数据。结构化的信息直接以表的形式收集和存储。

根据工业互联网平台信息资源的种类或来源建立相应的局部本体，在此依据采集的信息种类建立出解决方案、供需资源等方面的本体，通过这些局部本体体现工业互联网平台服务能力。收集到的航天云网INDICS平台中的供需资源主要包括供应信息、易物信息、租赁信息和采购信息，从以上数据中可抽取得到主体和类别信息表，将这些数据存储到MySQL数据库中，同时建立相关关系表。如采购关系表中包含企业id和采购产品id，通过设置外键关联到相应的主体表和采购需求表，表明企业与产品具有hasDemand关系，同样建立供应、租赁、产品、类别等对应的关系表。按照从关系型数据库到本体模型的映射和匹配规则建立如图6-8所示的供需资源本体，其中，主体类下的平台企业、企业用户和个人用户通过hasSupply属性与供应产品建立关联，表示主体类与供应产品的供应关系，hasBeSupplied表示被供应关系，与hasSupply互逆。

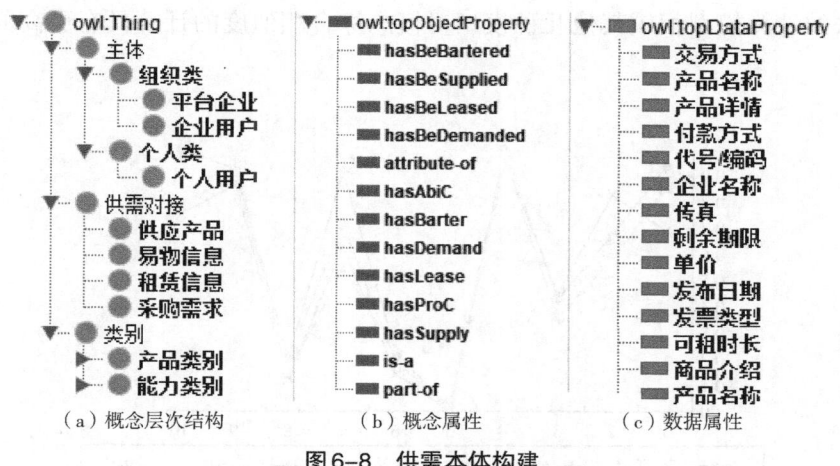

图6-8 供需本体构建

6.2.2 航天云网INDICS信息融合策略

6.2.2.1 本体映射

（1）概念相似度计算。

为检验本书所提出的基于GA-SA-BP概念综合相似度计算模型的效果，从供需本体、解决方案本体等局部本体和工业互联网平台信息本体中选取130组概念对，其中120组用作训练集对模型进行训练，10组用为测试集检验效果。模型相关参数设置为：输入层节点为4，隐藏层节点为10，输出节点为1，种群规模为10，交叉概率0.85，变异概率0.4，初始温度100，最终温度0.1，退火速率为0.95。同时，采用基于SA-BP和GA-BP的模型计算概念综合相似度。

三种模型的计算结果与人工判定的数值进行对比，折线图如图6-9所示，图6-10为几种计算模型的误差结果，包括最大误差、平均绝对误差MAE和均方误差MSE。

从实验结果图6-9中可以看出，基于GA和SA混合优化的BP神经网络算法的计算结果与人工判定的概念相似度数值最为接近，图6-10中基于GA-SA-BP算法的最大误差、MAE、MSE均为最小，因此，基于GA-SA-BP

算法的计算模型相较其他几种模型对概念综合相似度的计算具有更高的准确性。

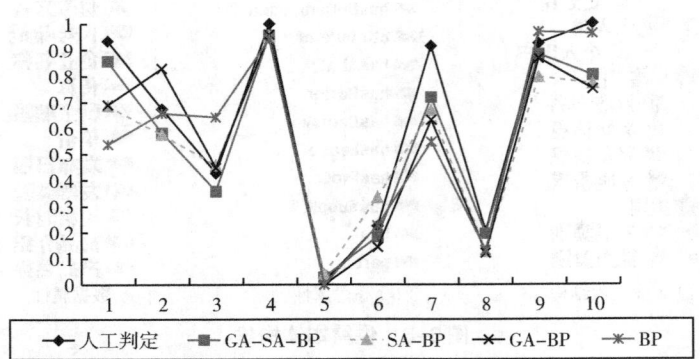

图6-9　几种算法相似度计算结果与人工判定对比

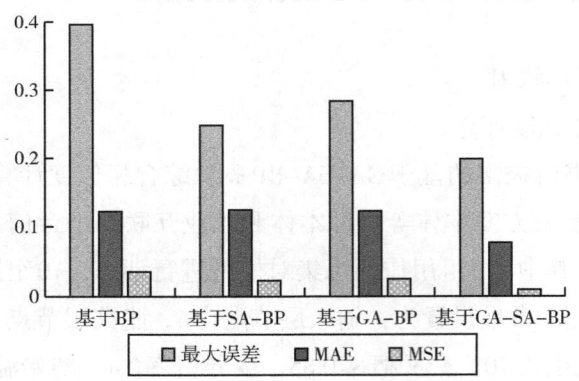

图6-10　几种算法的误差结果对比

Pearson相关系数（Pearson Correlation Coefficient）能够度量两个变量之间的相关程度，故引入Pearson相关系数来衡量概念综合相似度计算模型的准确性，具体如式（6-1）所示。

$$\rho_{X,Y} = \frac{cov(X,Y)}{\sigma_X \sigma_Y} = \frac{E\big[(X-E(X))(Y-E(Y))\big]}{\sigma_X \sigma_Y} \qquad (6-1)$$

其中：$cov(X,Y)$是变量X、Y之间的协方差，σ_X、σ_Y分别代表X、Y的标准差，E是数学期望。

几种算法的计算结果与人工判定值的 Pearson 相关系数如表 6-2 所示。

表 6-2　　　　　　　　不同模型的 Pearson 相关系数

算法	基于BP	基于SA-BP	基于GA-BP	基于GA-SA-BP
Pearson 相关系数	0.8777	0.9613	0.9337	0.9887

Pearson 相关系数的绝对值越大，代表两个变量相关程度越强。根据表 6-2 可知，基于 BP 神经网络算法的结果与人工判定具有强相关性，另外三种改进的算法对综合相似度的计算结果与人工判定的结果具有极强的相关性。其中，基于 GA-SA-BP 算法的 Pearson 相关系数最大，明显高于其他算法，说明基于此方法的概念综合相似度模型计算结果更接近人工判定的数值，计算准确性更高。

（2）本体映射。

结合基于 GA-SA-BP 算法的计算模型所得的概念综合相似度，通过遍历本体中的概念节点，进行工业互联网平台信息本体与基于数据源的平台相关本体之间的映射，部分结果如表 6-3 所示。

表 6-3　　　　　　　工业互联网平台领域本体映射部分结果

本体 O_1	本体 O_2	O_1 的概念节点	O_2 的概念节点	综合相似度
供需本体	工业互联网平台信息本体	供需对接	供需资源	0.8568
		供应产品	供应信息	0.8482
		采购信息	需求信息	0.8207
产品应用本体		产品应用	产品服务	0.7380
		领域类别	领域	0.9702
		主体	主体	0.9558
解决方案本体		解决方案	解决方案	0.9892
		领域类别	领域	1
生态服务本体		平台生态服务	生态服务	0.8810
		金融服务	金融服务	0.8018

6.2.2.2　信息本体整合

依据工业互联网平台中信息资源的种类或不同系统来源建立的本体，在内容或者结构上难免存在差异,以前面建立的工业互联网平台信息本体为基础,按照融合步骤进行其与各局部本体的融合,当概念综合相似度大于阈值 θ 时,合并概念节点,调整节点的属性和关系,并进行实例信息的融合[174]。

以工业互联网平台信息本体和供需本体为例,相似度阈值 θ 取 0.8,供需对接和供需资源的综合相似度大于阈值,具有相等的映射关系,这两个节点为融合点,在它们的子节点中,供应产品和供应信息具有相等关系的映射,而易物信息、采购信息和租赁信息在供需资源的子节点中未匹配到相等的概念,但这三个节点与供需资源有从属关系的映射,故添加到供需资源的子节点中。概念节点合并之后,分析并调整融合节点的关系和属性,如将易物信息、租赁信息同主体的 hasBater、hasLease 等关系与相关类的数据属性添加到融合后的本体中。

表 6-4 本体元素概况

本体	类	对象属性	数据属性	实例
工业互联网平台信息本体	85	34	126	—
供需本体	43	14	63	38226
解决方案本体	28	7	14	33
生态服务本体	22	12	29	12
产品应用本体	17	9	25	17432
信息本体 IIPIO	149	44	174	55689

融合供需本体、解决方案本体、生态服务本体、产品应用本体与工业互联网平台信息本体,为进一步消除信息异构,对融合后本体中的概念集合进行综合概念相似度检验,根据结果合并产品应用和产品服务、采购信息和需求信息、节能环保行业和环保行业等节点对,最终得到一个较为完善的工业互联网平台信息本体 IIPIO。最后在数据层面融合各节点的实例信息,补充和完善实例的同时也能减少信息冗余。融合前后各本体中的元素情况如表 6-4 所示,融合后的信息本体 IIPIO 中包含 149 个概念节点,44 种关系,55689 条实例信息。

将存储在 MySQL 中的实例数据利用 D2RQ 映射转换为 RDF 数据,基于平台信息本体IIPIO更改映射文件中的类和属性关系，实现工业互联网平台各类信息的关联和融合。利用本书所提到的信息融合方法得到的信息库中，包含工业互联网平台的用户信息、平台企业信息、各主体提供的资源共享信息、应用于不同领域的解决方案、工业APP等各类信息资源，同时包含各类资源之间的关联关系，由于所能获取的信息有限，未融合资源交易、设备诊断等信息，后续研究和应用时可根据具体的需求添加更全面、更广泛的信息资源，使信息检索结果更完善，提高检索效率，也为信息挖掘和推理提供支持，用SPARQL检索的示例如图6-6所示。

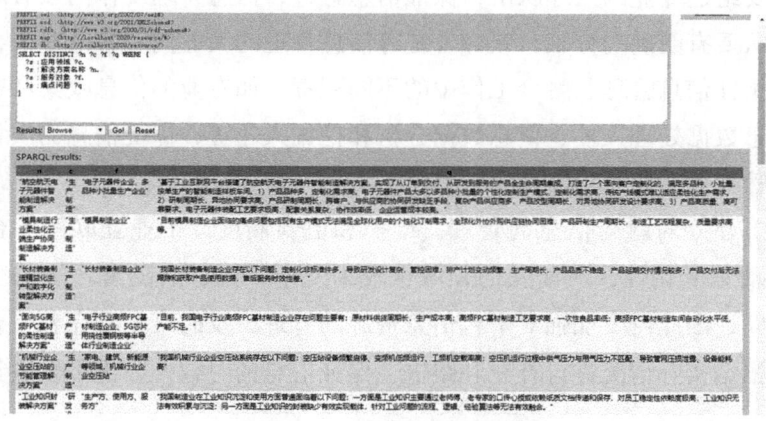

图6-11　SPARQL查询界面

6.2.2.3　信息融合保障策略

为了保障工业互联网平台信息融合工作的顺利进行，提高信息融合的效率，保证融合效果，提出以下几点策略。

（1）建立并完善信息共享的激励制度。工业互联网平台信息资源来源于平台企业、用户企业、科研机构等不同的主体，为了保障信息融合所需资源的全面性、丰富性，平台需要调动信息提高主体对信息共享的积极性，因此，需要平台建立和完善相关激励机制，视情况对信息共享者给予奖励。

（2）建立信息使用与知识产权的监督和保护制度。工业互联网平台中信息资源的来源广泛，种类多样，且数量庞大，也包含不少企业的核心数据，是企业的重要资产。因此，工业互联网平台在进行信息融合的过程中，需要重点注意对信息的使用和监督，应保证严格遵守信息的获取和使用权限，不侵犯信息主体的商业机密和知识产权，保护信息主体的权益。

（3）建立信息安全防护制度。工业互联网平台信息融合的信息库涉及诸多企业或平台的核心数据，因此需要加强工业互联网平台的安全防护，应用有效的信息安全防护技术手段，保障信息数据的安全，防止信息外泄或因恶意攻击而造成不可挽回的损失。

（4）建立有效的专业人才引进和培养制度。工业互联网平台信息资源的管理需要组建专业的人才队伍，保证信息融合、信息管理工作高效有序的进行。团队要有明确的分工，领导者统筹信息管理的大方向和各个环节，各专业人才担任信息管理、融合工作中的不同职责，如专业的信息收集和获取人才、信息数据处理人才、信息数据分析和挖掘人才等，保证信息的质量，提高信息管理的专业性和信息的应用效率。

（5）建立对融合信息的管理、维护和更新制度。工业互联网平台的信息具有动态变化性，所涉及的领域也较为复杂广泛，会随着环境的变化而不断更新，因此需要加强对平台信息资源的管理，及时维护和完善平台的信息库，根据实际情况进行补充和跟进，保证信息的时效性，为平台决策提供保障。

6.3 生态系统数智化发展策略选择体系

高端制造业生态系统数智化发展策略选择应基于对产业互联网、大数据、人工智能、物联网等技术的深入理解和应用。建立网络化多级协同供应链体系，利用大数据、人工智能、物联网等技术，实现全产业链协同的最优能力配置。推动制造业数字化转型，建立健全符合行业特点的全链条智能制造标准体系[175]。支持"数字领航"企业典型示范。这些策略的选择和实施，可以帮助高端制造业在数智化发展方面取得进展，提升产业生态系统的效率和竞争力。需要注意的是，这些策略的实施需要高端制造业与各方合作伙伴共同参与，协同作战，只有这样，才能真正实现高端制造业的数智化发展。

6.3.1 策略选择体系遵循原则

在高端制造业生态系统数智化发展策略选择体系中，策略选择是至关重要的环节。要根据生态系统的实际情况，结合数据智能等技术手段，对各种策略进行选择和优化。具体来说，策略选择体系应遵循以下原则。

（1）战略导向原则。数智化发展策略选择应该紧密围绕企业战略目标，以提升企业核心竞争力为导向，注重科技创新和研发，推动技术进步和产业升级，强调产品的质量和性能，追求高精尖和差异化竞争优势，明确数智化发展的关键要素和优先级。

（2）需求优先原则。以企业实际需求为导向，选择最能解决实际问题、最能满足企业需求的数智化技术、系统和解决方案。数智化发展策略应与企业的整体战略相匹配，在制定策略时，应考虑企业战略目标、市场需求、核心竞争力等因素，确保数智化发展策略能够支持企业战略的实现。应注重数据的收集、分析和利用，通过数据挖掘和分析，可以了解市场需求、产品优化、生产效率等方面的信息，为企业决策提供科学依据。要关注市场趋势和客户需求变化，不断优化产品和服务。

（3）技术可行性原则。选择数智化技术时，要考虑技术的可行性和成熟度。选择成熟可靠的技术平台和解决方案，以确保数智化转型的稳定性和可持续性。同时应考虑技术的适用性和针对性，以满足企业的实际需求和提高业务效率。应具备成本效益，在选择技术时，考虑技术的成本效益和投资回报率，确保数智化发展的可持续性和经济效益。

（4）综合效益原则。数智化发展不仅要关注技术本身，还要考虑其带来的综合效益。这包括提高生产效率、降低成本、优化库存管理、提升客户体验等多个方面。通过优化生产流程、降低成本、提高生产效率等方式，可以提高企业的盈利能力，实现经济效益的最大化。通过技术创新、绿色生产等方式，可以推动产业升级、促进就业和区域经济发展，同时应提高企业的社会责任感和形象，注重环境效益，不断进行技术创新，提高产品质量、实现产品升级和开发新产品，同时推动企业持续创新和发展。

（5）可持续发展原则。数智化发展要注重可持续发展，关注绿色环保、资源高效利用、社会责任等方面。通过采用绿色生产方式、环保材料和节能技术，降低环境污染和排放，实现绿色制造和可持续发展。同时，要注重数智化系统的可扩展性和可维护性，以适应未来发展需求；应注重资源的节约和高效利用；通过技术创新和优化生产流程，降低资源消耗和能源浪费，提高资源利用效率。

（6）创新驱动原则。高端制造业生态系统数智化发展需要不断创新，引入新技术、新模式、新业态。数智化发展带来新的商业模式和商业机会。在制定策略时，应注重模式创新，探索新的商业模式和商业机会，提高企业的竞争力和盈利能力。数智化发展需要借助外部资源进行创新。在制定策略时，应注重开放式创新，借助外部资源进行技术创新和模式创新，提高企业的创新能力。在策略选择中要注重创新驱动，鼓励尝试和冒险，为企业的创新发展提供支持。

（7）合作共赢原则。高端制造业生态系统数智化发展需要产业链上下游企业的协同合作。在制定策略时，应注重与供应商、客户等合作伙伴的协同合作，实现资源共享、优势互补和协同发展，注重与不同行业的企业和机构进行合作，共同探索新的商业模式和合作机会，实现跨界合作和共赢。注重与国际先进企业和机构的合作，引进国际先进技术和管理经验，推动企业国际化发展和提升国际竞争力。需要创新链各环节的协同合作，应注重与高校、科研机构等创新链上游企业的合作，共同推动技术创新和产业升级。

（8）数据安全原则。数智化发展离不开数据的收集、处理和应用。因此，要注重数据的安全性和隐私保护，采取必要的安全措施和合规策略，确保数据的安全性和完整性，防止数据泄露和滥用。要对数据进行分类管理，并制定相应的访问控制策略。只有经过授权的人员才能访问敏感数据，并应采取适当的加密和安全措施。同时制订完善的数据泄露应急响应计划，以便在发生数据泄露事件时迅速采取措施，减轻后果影响。

综上所述，高端制造业生态系统数智化发展策略选择体系应该综合考虑企业的实际情况和发展需求，制定科学合理的数智化发展策略和方案，以实现企业的可持续发展，提高其核心竞争力。以上原则不是孤立的，而是相互联系、相互制约的。在构建高端制造业生态系统数智化发展策略选择体系时，应该全面考虑各个方面的因素，注重协调和平衡，以推动企业实现持续发展和提升竞争力。

6.3.2 构建生态系统数智化发展策略选择体系

高端制造业生态系统数智化发展策略选择体系旨在通过运用数据智能和信息技术，实现生态系统的智能化发展和优化升级。这一体系具有重要意义，可以为生态系统中的各个主体提供更加科学、高效的决策支持和优化方案，推动整个生态系统的协同发展和持续繁荣。

6.3.2.1 体系构建的定位目标

企业在构建生态系统数智化发展策略选择体系时，需要全面分析自身现状和需求，对策略选择体系进行合适的定位。具体来说，需要考虑企业的商业模式、运营策略、技术策略、生态协同等情况，明确哪些环节需要进行数智化转型以及具体的转型目标是什么[176]。在构建生态系统数智化发展策略选择体系时，企业需要对自身的现状和需求进行深入分析。

（1）技术。企业需要了解自身的技术实力，包括对数字技术和智能技术的应用情况和掌握程度。对于那些已经进入工业3.0阶段的企业来说，他们可能已经具备了一定的技术基础，但仍需要对现有的技术进行优化和升级，以适应不断变化的市场需求。根据自身的技术需求，企业可以引入先进的数字技术和智能技术，优化和升级现有的技术和设备，以提高企业的技术实力和竞争力。

（2）业务。企业需要明确自身的业务需求，包括市场需求、客户需求、产品定位等方面。例如，企业需要了解客户对产品的需求和期望，以便能够提供更加优质的产品和服务。此外，企业还需要了解市场趋势和竞争对手的情况，以便能够做出更加明智的决策。根据自身的业务需求和市场趋势，企业可以开展创新业务和跨界合作，开拓新的市场领域和业务模式，以提高企业的市场占有率和盈利能力。

（3）管理。企业需要评估自身的管理水平，包括对业务流程、组织结构、人力资源管理等方面的管理和协调水平。对于那些存在管理问题的企业来说，他们需要改进管理方式，提高管理效率和质量，以促进企业的可持续发展。根据自身的管理需求，企业可以优化业务流程和管理模式，建立科学的管理体系和激励机制，以提高企业的管理效率和质量。

（4）人才。企业需要了解自身的人才需求，包括对高端人才、技术人才、市场营销人才等方面的需求。对于那些缺乏人才的企业来说，他们需要制订相应的人才引进和培养计划，以提高企业的整体竞争力。根据自身的人才需求，企业可以引进和培养高端人才和技术人才，建立完善的人才梯队和培训机制，以提高企业的整体竞争力和创新力。

企业在构建生态系统数智化发展策略选择体系时，需要对自身的现状和需求进行深入分析，并制定相应的策略和措施，以实现可持续发展和提高企业的综合竞争力。

6.3.2.2 体系构建的结构

数智化转型，简单来说就是企业利用新一代数字与智能技术进行全域、全场景、全链路的改造过程，以此驱动企业经营管理、业务流程场景变革与重塑。其核心是数字化、网络化、智能化，目标是实现企业的质量变革、效率提高、动力提升[177]。数智化转型是未来企业发展的必然趋势，是推动经济高质量发展的重要途径。数智化转型利用新一代数字与智能技术，将网络协同、数据智能、资源连接、流程重组、组织赋能、交易处理、决策执行等经营环节融入数字经济，推进企业在技术、业务、运营、管理等方面的变革，达到降本增效、收入增长、风险控制等目的，最终实现企业发展的转型升级。这需要企业以顾客为核心，通过数字技术与业务、运营、管理等环节的深度结合，实现数据流的加速传递、价值的深挖和创造，迭代循环，重构新的价值链条和数字生态。

根据体系构建的原则及定位目标，制定数智化转型策略选择体系的路线图。包括明确具体的数智化转型目标、关键任务、时间表以及预期的成果。为高端制造业生态系统制定数智化体系构建路线图,可以包括以下几个步骤:

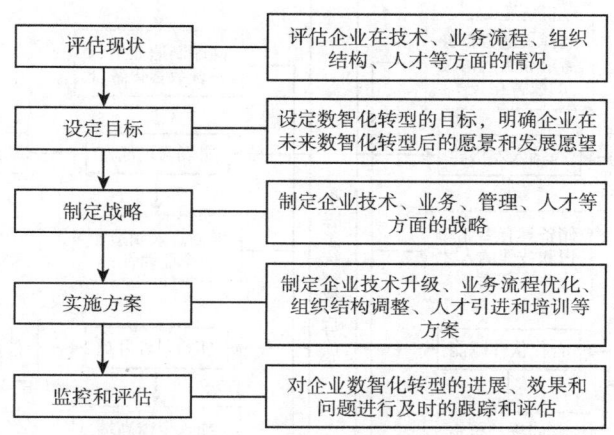

图6-12 高端制造业生态系统制定数智化体系构建路线

构建生态系统数智化发展策略选择体系需要企业全面分析自身需求,制定科学可行的数智化体系构建路线图,并选择合适的数智化技术来支持转型。同时,高端制造业生态系统数智化发展需要不断关注市场变化、技术创新、人才培养、可持续发展等方面,不断优化和改进数智化发展策略和方案,以实现持续发展和提升竞争力。

6.3.3 策略体系的选择路径

在高端制造业领域,生态系统数智化发展策略体系的选择路径至关重要。随着科技的飞速发展和全球竞争的日益激烈,如何利用数智化技术提升制造业的效率和竞争力已成为业界关注的焦点[178]。根据智慧城市电通信数字创新生态系统和航天云网INDICS创新生态系统两个实证及社会实践中相关实例的研究,高端制造业生态系统数智化发展策略体系的选择路径如图6-13所示。

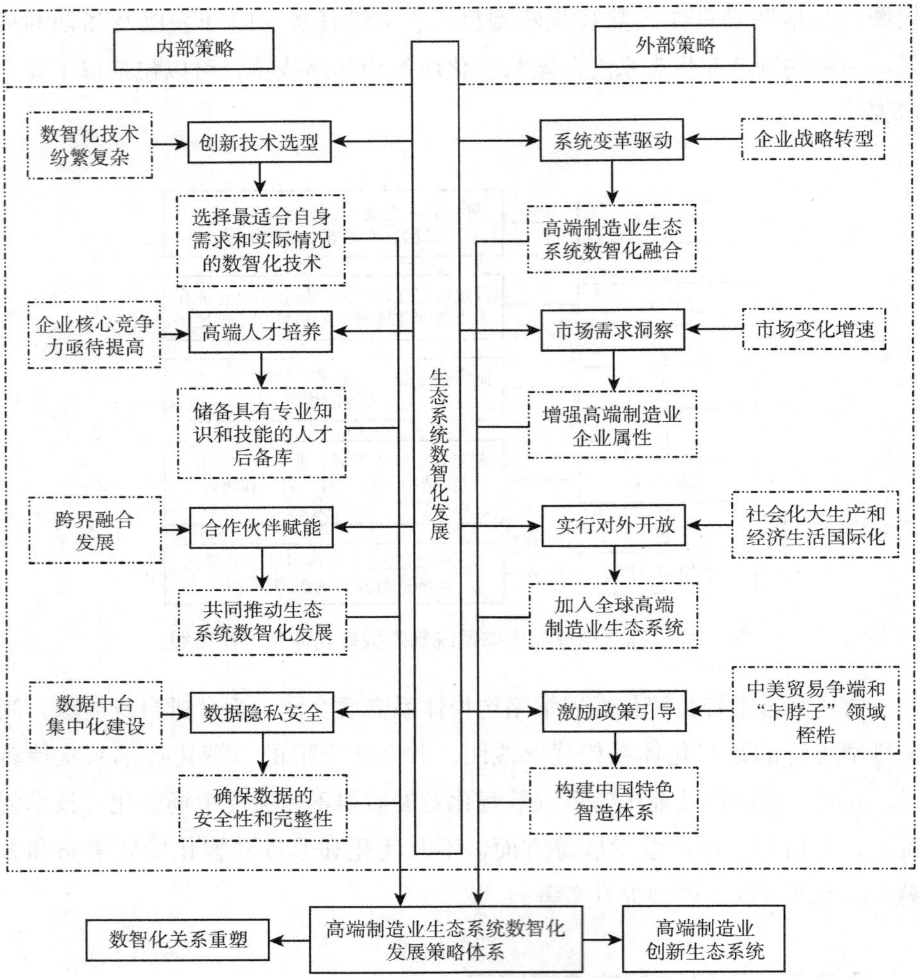

图6-13 生态系统数智化发展策略选择路径

高端制造业生态系统数智化发展策略选择重点在于数智化关系重塑及创新生态系统，生态系统数智化发展分为内部策略及外部策略两大方面，内部策略需注重创新技术选型、高端人才培养、合作伙伴赋能及数据隐私安全。外部策略应注重系统变革驱动，市场需求洞察，实行对外开放及激励政策引导。高端制造业是全球经济的重要支柱，通过数智化发展策略，可以帮助本土制造业提升全球竞争力，抢占全球制造业价值链的高端。数智化发展策略可以通过技术手段，推动制造业的转型升级，提高生产效率、降低成本、优化资源配置，实现制造业的高质量发展。

（1）路径选择的方法。

①以企业为主体。充分考虑企业的实际情况和发展需求，确保路径的可操作性和实用性。要深入了解企业的核心能力、市场环境、竞争态势、资源状况等，并对企业未来的发展趋势进行准确的预测。同时，需要认真分析企业的独特优势和潜在风险，以便在企业数智化发展路线图中充分体现企业的特点和需求。

②注重创新和跨界合作。企业需要积极探索新的业务模式和合作伙伴，开拓新的市场领域和业务模式，不断进行技术创新和业务创新，以适应市场的变化和需求。同时，企业也需要加强对市场趋势的研究和分析，制定有针对性的市场策略，以提高市场占有率和盈利能力。通过跨界合作，企业可以借助外部资源和技术力量，拓展自身的业务范围和市场空间，实现互利共赢。

③以客户为中心。关注客户需求和反馈，提升客户体验和服务质量，以满足客户需求和期望。通过不断改进和优化产品和服务，可以更好地满足客户的个性化需求。

④注重数据驱动。通过数据分析和挖掘，优化企业的业务流程和管理决策，提高企业的效率和竞争力。帮助企业提高效率、降低成本、提升客户满意度，进而提高企业的整体竞争力。例如，企业可以通过对销售数据的分析，发现产品的最佳销售渠道和销售策略，制定更加精准的市场营销策略；同时，通过对生产数据的分析，可以优化生产流程，提高生产效率和质量，从而降低成本和提高产品质量。

高端制造业生态系统数智化发展策略在选择体系路径时，需要企业根据自身实际情况和市场需求，选择最能实现企业目标的项目进行数智化转型，并不断优化和调整数智化发展策略，以实现企业的可持续发展，提高其核心竞争力。

（2）路径选择的流程。

①明确目标。第一，企业需要明确数智化发展的目标，包括提高生产效率、降低成本、优化库存管理、提升客户体验等多个方面。第二，企业可以

根据自身情况和市场需求，选择最能实现企业目标的项目进行数智化转型。

②制定战略。根据目标，企业需要制定数智化发展的战略，包括数智化进程的时间表、关键任务、里程碑等。同时，企业需要明确自身的优势和不足，制定有针对性的数智化发展策略。

③技术选型。在制定战略后，企业需要进行技术选型，选择最适合自身需求和实际情况的数智化技术，包括数字化产品设计和工艺设计软件工具、数字化装备、工业物联网技术、人工智能技术等。

④制定实施方案。在选择技术后，企业需要制定具体的实施方案，包括技术实施的时间表、技术实施的关键环节、技术实施的风险和成本等。

⑤建设团队。企业需要建立专门的数智化团队，负责数智化发展的实施和管理。同时，企业需要对员工进行数智化培训，提高员工的数智化素质和能力。

⑥引入合作伙伴。在数智化发展过程中，企业可以引入合作伙伴，共同推动数智化发展，包括供应商、合作伙伴、高校和研究机构等，共同推动产业发展和创新。

⑦监控和评估。在数智化发展过程中，企业需要对项目进行监控和评估，及时发现问题并进行调整。同时，企业需要根据项目实施的实际情况，不断优化和调整数智化发展策略。

以上可以帮助高端制造业生态系统实现数智化发展，提升企业的竞争力和可持续发展能力。同时，企业需要不断关注市场变化和科技发展，持续优化和改进数智化发展策略，以保持企业的竞争优势。

6.3.4 策略选择体系升级与优化

随着技术的不断进步和应用的不断深化，高端制造业生态系统数智化发展策略选择体系将迎来更加广阔的发展空间和更加丰富的应用场景[179]，企业需要在实践中不断改进和优化策略选择体系，包括对数智化技术的持续研究和更新、对生态系统的不断调整和优化等，可以采取以下措施。

（1）持续关注市场动态和科技发展趋势。高端制造业生态系统数智化发展是一个不断发展的过程，需要时刻关注市场动态和科技发展趋势，保持敏锐的市场洞察能力，了解客户需求和竞争对手的情况，以便及时调整和优化数智化发展策略。

（2）引入新技术和创新思维。在数智化发展过程中，需要不断引入新技术和创新思维，以保持竞争力和创新力。智能制造技术是当前制造业的重要发展方向。高端制造业生态系统应积极引入智能制造技术，实现制造过程的自动化、智能化和数字化，提高生产效率和产品质量。例如，可以引入人工智能、物联网、云计算、区块链等新兴技术，以提升企业研发、生产和服务的效率和质量。

（3）强化信息安全和隐私保护。在数智化发展过程中，需要强化信息安全和隐私保护，采取必要的安全措施和合规策略，确保数据的安全性和完整性。企业应建立健全信息安全管理体系，制定严格的信息安全规章制度和操作流程，确保信息的保密性、完整性和可用性。应加强网络安全防护，采取多层次、多手段的安全措施，防范网络攻击和数据泄露等风险。强化数据备份和恢复能力，确保在发生意外情况时能够迅速恢复数据和恢复正常运营。

（4）加强人才培养和团队建设。高端制造业生态系统数智化发展需要具备专业知识和技能的人才支持。企业应制订人才培养计划，针对不同层次和岗位的员工提供定制化的培训课程和培训计划，提高员工的技能水平和专业素质。企业可以建立人才库和人才流动机制，让人才在企业内部实现合理流动和优化配置。同时，也可以通过人才库了解企业人才的总体状况和缺口，及时补充和调整人才队伍，提高企业的人才素质和创新能力。

（5）建立科学的决策和管理机制。在数智化发展过程中，高端制造业生态系统发展需要制定明确的发展战略，包括发展方向、发展目标、重点任务等。在制定发展战略时，应充分考虑市场需求、技术趋势、资源状况等因素，确保战略的科学性和可行性。需要建立科学的决策和管理机制，确保项目的顺利实施和管理。例如，可以建立科学的风险评估机制、项目管理制度、质量控制制度等，以确保项目的顺利实施和管理。

（6）加强与供应商、合作伙伴等的协同合作。在数智化发展过程中，需要加强与供应商、合作伙伴等的协同合作，与供应商、销售渠道、科研机构等建立紧密的合作关系，共同推动产业数智化的发展和创新。例如，可以建立合作伙伴关系，共同推动技术创新、市场拓展等，实现互利共赢。

（7）推动产业升级和转型升级。在数智化发展过程中，需要推动产业升级和转型升级，以适应市场需求和未来发展趋势。大技术创新和研发的投入，提高自主创新能力，是推动产业升级和转型升级的关键。企业应注重科技创新，加强与高校、研究机构等的合作，共同推动技术进步和产业升级。同时，加快产业结构调整和优化，推动产业向高端化、智能化、绿色化方向发展，是推动产业升级和转型升级的重要途径。企业应积极调整产业结构，优化资源配置，提高产业附加值和竞争力。

（8）关注可持续发展。在高端制造业生态系统中，需要重视资源的保护和合理利用，推动绿色制造和循环经济发展。企业应制订相应的计划，采取节约能源和资源的管理措施，如使用绿色能源和循环利用废弃物等。通过提高资源利用效率，降低对环境的负面影响。应制定相应的环保政策，采用更加环保的生产技术，以降低生产过程对环境的影响。同时，积极参与环保公益事业，为社会的可持续发展做出贡献。发展循环经济是高端制造业生态系统实现可持续发展的重要途径，企业应建立循环经济体系，实现生产过程中的废弃物回收、再利用和资源化，提高资源利用效率。

高端制造业生态系统数智化发展策略选择体系的升级与优化是一个持续不断的过程，需要企业根据市场变化、技术进步和自身发展需求，不断调整和完善。同时，企业需要根据自身实际情况和发展需求，制定科学合理的数智化发展策略和方案，以实现可持续发展和提高核心竞争力。政府、行业组织和企业之间也需要加强合作，共同推动高端制造业生态系统数智化发展策略选择体系的持续升级和优化。

6.4　本章小结

本章以智慧城市数字创新生态系统和航天云网INDICS平台为实证研究

对象，依据理论研究，对主体竞合关系演化动因与重塑策略进行实证检验，并给出对策与建议。实证结果表明，智慧城市数字创新生态系统主体竞合关系驱动要素主要体现在"行业巨头引领作用""数字基建支撑作用""隐私计算赋能作用"三个方面，需建立核心主体引导机制、政产学研合作机制、政府引进机制、创新合作交易机制，以促进主体竞合关系持续健康发展。

在此基础上，采用数据分析与仿真模拟相结合的方法对智慧城市数字创新生态系统主体竞合关系重塑策略进行分析，验证了"协同型竞合关系"与"激励共享型"重塑策略能有效促进主体间数据资源深度融合与产出，对数字创新生态系统主体竞合关系研究具有现实指导意义。通过对航天云网INDICS平台的信息进行收集及处理，建立相应的本体模型，利用前面所提及的本体映射方法进行信息本体与局部本体的整合及实例信息的融合，并对融合后的信息进行关联聚类分析，根据行业的经验知识和关联聚类结果建立推理规则，在Jena数据库中实现信息的推理和检索。

参考文献

[1] 胡亚男.高质量发展导向下中国制造业的技术路径选择研究[D].济南：山东大学，2022.

[2] 单子丹，邹映，李雲竹.基于云计算的服务型制造网络流程优化与决策模型[J].计算机集成制造系统，2019，25（12）：3139-3148.

[3] Zhang Y，Zhao C. The Fostering Policies of the World-Class Advanced Manufacturing Industrial Innovation Ecosystem Based on Knowledge Advantage Perspective[J]. International Journal of Innovation, Management and Technology，2023，14（1）.

[4] 罗序斌."互联网+"驱动传统制造业创新发展的影响机理及提升路径[J].现代经济探讨，2019（9）：78-83.

[5] 中国高端制造业上市公司发展报告2023[R].北京：中国上市公司协会，2023：1-136.

[6] 戚聿东，郝越，侯娜等.装备制造企业数智化转型的模式与路径探索——基于山河智能的案例研究[J].经济管理，2022，44（11）：25-45.

[7] 梅子.2022企业服务、科技互联网案例TOP100（1-50）[J].互联网周刊，2023（1）：34-42，44-45.

[8] 吕长顺.从人口红利到工程师红利，发展高端制造业和现代服务业[J].财富时代，2023（2）：30-33.

[9] 李学工，王晓.我国中高端制造业全球供应链双循环机制构建及话语权提升[J].开发研究，2022（3）：70-78.

[10] 刘相锋.环境与资源双重约束下的中国制造业产业结构优化研究[D].沈阳：辽宁大学，2017.

[11] Chersbrough H. Open Platform Innovation: Creating Valuefrom Internal and External Innovation[J]. Intel Technology Journal, 2003, 7（3）：5-9.

[12] Chesbrough H, Crowther A K. Beyond High Tech: Early Adopters of Open Innovation in Other Industries [J]. R&D Management, 2010, 36 (3): 229-236.

[13] Bianchi M, Cavaliere A, Chiaroni D, et al. Organisational Modes for Open Innovation in The Bio-pharmaceutical Industry: An Exploratory Analysis- sciencedirect [J].Technovation, 2011, 31 (1): 22-33.

[14] 蔡剑, 朱岩. 数字经济的开放式创新模式 [J]. 清华管理评论, 2021 (6): 14-20.

[15] 陶小龙, 刘珊, 钟雨芮等. 大数据应用与企业开放式创新的协同演化——基于扎根理论的对比性案例研究 [J]. 科技进步与对策, 2021, 38 (5): 69-78.

[16] Ye J, Kankanhalli A. Exploring Innovation through Open Networks: A Review and Initial Research Ques-tions [J]. IIMB Management Review, 2013, 25 (2): 69-82.

[17] 张林. 双循环新发展格局下制造业企业开放式创新研究 [J]. 企业经济, 2021, 40 (1): 32-38.

[18] 杨震宁, 赵红. 中国企业的开放式创新: 制度环境、"竞合"关系与创新绩效 [J]. 管理世界, 2020, 36 (2): 139-160.

[19] Obradovi T, Vlai B, Dabi M. Open Innovation in The Manufacturing Industry: A Review and Research Agenda [J]. Technovation, 2021 (3): 102221.

[20] 王莉, 金曼慧. 开放式创新社区中激励机制对消费者创新行为的影响研究 [J]. 科学学与科学技术管理, 2018, 39 (6): 58-71.

[21] 王莉, 李沁芳, 马云龙. 基于改进网络志方法的开放式创新社区中领先用户识别研究 [J]. 科研管理, 2019, 40 (10): 259-267.

[22] Cavallo A, Burgers H, Ghezzia A, et al. The Evolving Nature of Open Innovation Governance: A Study of A Digital Platform Development in Collaboration with A Big Science Centre [J]. Technovation, 2021 (4): 102370.

[23] Aftab A M, Rooney D, Taylor M. Measuring Inter-firm Openness in Innovation Ecosystems [J]. Journal of Business Research, 2022 (138): 436-456.

[24] Barile S, Lusch R, Reynoso J, et al. Systems, Networks, and Ecosystems in Service Research [J]. Journal of Service Management, 2016, 27 (4): 652-674.

[25] Vargo S L, Lusch R F. It's All B2B and Beyond: Toward A Systems Perspective of the Market [J]. Industrial marketing management, 2011, 40 (2): 181-187.

[26] Polese F, Payne A, Frow P, et al. Emergence and Phase Transitions In Service Ecosystems [J]. Journal of Business Research, 2021 (127): 25-34.

[27] 黄定轩, 吴永娇, 佘升翔. 服务生态系统价值共创单元共生演化分析 [J]. 生态经济, 2017, 33 (7): 121-126, 139.

[28] 孙凤娇, 何霆, 晋川明等. 服务生态系统价值共创单元的共生演化模型 [J]. 计算机集成制造系统, 2022, 28 (5): 1549-1561.

[29] 陈菊红, 王昊, 张雅琪. 服务生态系统环境下利益相关者价值共创的演化博弈分析 [J]. 运筹与管理, 2019, 28 (11): 44-53.

[30] 王昊, 陈菊红, 姚树俊. 服务生态系统利益相关者价值共创分析框架研究 [J]. 软科学, 2021, 35 (3): 108-115.

[31] 苏昕, 牟春兰, 张正. 服务型制造价值共创机理与实现路径研究——基于服务生态系统视角 [J]. 宏观经济研究, 2021 (1): 96-104, 130.

[32] 令狐克睿, 简兆权, 李雷. 服务生态系: 源起、核心观点和理论框架 [J]. 研究与发展管理, 2018, 30 (5): 147-158.

[33] 彭建仿, 孙在国, 杨爽. 供应链环境下龙头企业共生合作行为选择的影响因素分析——基于105个龙头企业安全农产品生产的实证研究 [J]. 复旦学报 (社会科学版), 2012 (3): 128-140.

[34] Afshari H, Tosarkani B M, Mohamad Y. J, et al. The Effect of Environmental and Social Value Objectives on Optimal Design in Industrial Energy Symbiosis: A Multi-objective Approach [J]. Resources, Conservation &

Recycling，2020，158（C）：104825.

[35] 王发明，刘丹.产业技术创新联盟中焦点企业合作共生伙伴选择研究[J].科学学研究，2016，34（2）：246-252.

[36] Thomas L D W，Autio E. the Fifth Facet：The Ecosystem as Organizational Field[J].DRUID，Copenhagen，Denmark，2014：1-34.

[37] Hengstler M，Enkel E，Duelli S. Applied Artificial Intelligence and Trust—the Case of Autonomous Vehicles and Medical Assistance Devices[J].Technological Forecasting & Social Change，2016（105）：105-120.

[38] 仉瑞，杨晓彤，权锡鉴.智能网联商业生态圈共生关系构建与演化研究[J].山东大学学报（哲学社会科学版），2020（3）：110-119.

[39] 薛伟贤，张娟.高技术企业技术联盟互惠共生的合作伙伴选择研究[J].研究与发展管理，2010，22（1）：82-89.

[40] 朱秀梅，林晓玥，王天东.数字创业生态系统动态演进机理——基于杭州云栖小镇的案例研究[J].管理学报，2020，17（4）：487-497.

[41] 高素英，张烨，金相杉.技术赋能视角下企业服务生态系统动态演化机理研究[J].科学学与科学技术管理，2021，42（4）：104-126.

[42] 鲁圣鹏，翟凯，杜欢政.基于改进BA模型的城市废弃物资源化共生网络动态演化研究[J].生态经济，2020，36（4）：82-87，99.

[43] 张司飞，王琦."同归殊途"区域创新发展路径的探索性研究——基于创新系统共生体理论框架的组态分析[J].科学学研究，2021，39（2）：233-243，374.

[44] 张雷勇，冯锋，肖相泽等.产学研共生网络：概念、体系与方法论指向[J].研究与发展管理，2013，25（2）：37-44.

[45] Schlüter L，Mortensen L，Kørnøv L. Industrial Symbiosis Emergence and Network Development through Reproduction[J].Journal of Cleaner Production，2020，252（C）：119631.

[46] Zhang X P，Chai L H. Structural Features and Evolutionary Mechanisms of Industrial Symbiosis Networks：Comparable Analyses of Two Different Cases[J].Journal of Cleaner Production，2019（213）：528-539.

［47］Fraccascia L，Yazan D M. The Role of Online Information-sharing Platforms on The Performance of Industrial Symbiosis Networks［J］. Resources，Conservation & Recycling，2018（136）：473-485.

［48］范玉顺. 网络化制造的内涵与关键技术问题［J］. 计算机集成制造系统，2003，9（7）：576-582.

［49］CHARLES S S，PAUL K W. CyberCut：A World Wide Web based design-to-fabrication tool［J］. Journal of Manufacturing Systems，1996，15（6）：432-442.

［50］BRANDL，DENNIS. Manufacturing in the clouds［J］. Control Engineering，2008，55（7）：28.

［51］VAN ARNUM. Optimizing a Supply Network：And the role of external manufacturing［J］. Pharmaceutical Technology，2011，48（4）：12-16.

［52］MOHSEN MOGHADDAM，SHIMON Y，et al. Manufacturing-as-a-Service——From e-Work and Service-Oriented Architecture to the Cloud Manufacturing Paradigm［J］. IFAC PapersOnLine，2015，48（3）：828-833.

［53］DAVIDE TUMINO，GABRIELE ADAMO，ANDREA ALAIMO. An Applicative Method to Evaluate the Geometric Correspondence of a Manufactured Sweep Object to its CAD Model by Means of Point Cloud Manipulation［J］. Procedia Manufacturing，2015（2）：258-262.

［54］LANE THAMES，DIRK SCHAEFER. Software-defined Cloud Manufacturing for industy4.0［J］. Procedia CIR P，2016（52）：12-17.

［55］OLIVER FISHER，NICHOLAS WATSON，et al. Cloud manufacturing as a sustainable process manufacturing route［J］. Journal of Manufacturing Systems，2018（47）：53-68.

［56］李伯虎，张霖，王时龙. 云制造——面向服务的网络化制造新模式［J］. 计算机集成制造系统，2011，16（1）：1-7.

［57］李伯虎，张霖，任磊. 云制造典型特征，关键技术与应用［J］. 计算机集成制造系统，2012（7）：1345-1356.

［58］赵道致，杜其光，徐春明. 物联网平台上两制造商间的制造能力共

享策略[J]. 天津大学学报（社会科学版），2015，17（2）：97-102.

[59] 黄海松，姚立国，田野. 云制造环境下农机供应链云制造平台架构研究[J]. 科技管理研究，2017，37（2）：182-185.

[60] 孙晓琳，金淳，马琳等. 云制造环境下基于本体和模糊QoS的供应商匹配方法[J]. 中国管理科学，2018，26（1）：128-138.

[61] 盛磊，林宏权，刘继红. 面向区域产业集群的云制造平台架构与模式研究[J]. 科技管理研究，2012，32（11）：206-209，237.

[62] 盛步云，张成雷，卢其兵等. 云制造平台供需智能匹配的研究与实现[J]. 计算机集成制造系统，2015，21（3）：822-830.

[63] 杜兰，陈琳琳，戴丽丽. 基于区块链的云制造平台系统架构模型[J]. 信息技术与网络安全，2019（1）：101-105.

[64] 程臻，战德臣. 云制造环境下的云企业资源优化匹配[J]. 高技术通讯，2015，25（5）：453-462.

[65] 汪勇，徐琼，张凌等. 基于遗传分层序列法的云制造资源优化匹配[J]. 统计与决策，2016（20）：80-83.

[66] 吴启迪，王中杰. 大数据驱动的智能云制造：以起重机为例[J]. 系统仿真技术，2017，13（2）：79-82.

[67] 吴燕霞，贾国柱，栾世超等. 基于云制造的资源优化匹配模型[J]. 系统工程，2018，36（3）：122-128.

[68] 肖莹莹，李伯虎，庄长辉等. 面向用户多品种定制的分布式供应链调度[J]. 计算机集成制造系统，2015，21（3）：800-812.

[69] 郑炜，王时龙，康玲等. 基于双层蚁群算法的云制造服务组合研究[J]. 计算机集成制造系统，2017，23（10）：2269-2278.

[70] 章振杰，张元鸣，徐雪松等. 基于动态匹配网络的制造服务组合自适应方法[J]. 软件学报，2018，29（11）：3355-3373.

[71] 任磊，任明仑. 基于学习与协同效应的云制造任务动态双边匹模型[J]. 中国管理科学，2018，26（7）：66-73.

[72] White F. Data Fusion Lexicon[M]. Virginia USA：Defense Technical Information Center，1991：16.

［73］Hall D L，Llinas J. An Introduction to Multisensor Data Fusion［J］. Proceedings of the IEEE，1997，85（1）：6-23.

［74］Valet L，Mauris G，Bolon P. A Statistical Overview of Recent Literature in Information Fusion［J］. IEEE Aerospace & Electronic Systems Magazine，2001，16（3）：7-14.

［75］潘泉，王增福，梁彦等. 信息融合理论的基本方法与进展（Ⅱ）［J］. 控制理论与应用，2012，29（10）：1233-1244.

［76］化柏林，李广建. 大数据环境下多源信息融合的理论与应用探讨［J］. 图书情报工作，2015，59（16）：5-10.

［77］Li T，Fei M. Information Fusion in Wireless Sensor Network Based on Rough Set［C］. IEEE International Conference on Network Infrastructure & Digital Content，Beijing，China，2009：129-134.

［78］Rato T J，Reis M S. Optimal Fusion of Industrial Data Streams with Different Granularities［J］. Computers & Chemical Engineering，2019，130（2）：106564.

［79］Che X，Mi J，Chen D. Information Fusion and Numerical Characterization of a Multi-source Information System［J］. Knowledge-Based Systems，2018（145）：121-133.

［80］Huang Y，Li T，Luo C，et al. Dynamic Fusion of Multisource Interval-Valued Data by Fuzzy Granulation［J］. IEEE Transactions on Fuzzy Systems，2018，26（6）：3403-3417.

［81］Sza B，Ltya C，Jf A，et al. A Tensor-network-based Big Data Fusion Framework for Cyber–Physical–Social Systems（CPSS）［J］. Information Fusion，2021（76）：337-354.

［82］Meng T，Jing X，Yan Z，et al. A Survey on Machine Learning for Data Fusion［J］. Information Fusion，2020（57）：115-129.

［83］Xu X，Tao Z，Ming W，et al. Intelligent Monitoring and Diagnostics Using a Novel Integrated Model Based on Deeplearning and Multi-Sensor Feature Fusion［J］. Measurement，2020（165）：108086.

［84］黄漫国，樊尚春，郑德智等．多传感器数据融合技术研究进展［J］．传感器与微系统，2010，29（3）：5-8，12．

［85］任泽裕，王振超，柯尊旺等．多模态数据融合综述［J］．计算机工程与应用，2021，57（18）：49-64．

［86］陈英，董思羽．基于可信度小波神经网络的多传感器数据融合方法［J］．吉林大学学报（理学版），2020，58（4）：953-959．

［87］吴会会，高淑萍，彭弘铭等．自适应模糊C均值聚类的数据融合算法［J］．计算机工程与应用，2019，55（5）：26-35，82．

［88］李政，祝利，高志扬．基于领域本体的电子目标情报信息融合方法［J］．电子信息对抗技术，2016，31（3）：25-29，71．

［89］唐旭丽，张斌，傅维刚．情境本体驱动的多源知识融合框架［J］．图书情报工作，2018，62（22）：109-117．

［90］Jiang S, Yang W, Wu Z, et al. Theoretical Framework of Energy Internet Demand Forecasting Based on Internal and External Information Fusion［J］. Journal of Physics Conference Series，2021，1769（1）：012028．

［91］Xue B. Information Fusion and Intelligent Management of Industrial Internet of Things under the Background of Big Data［C］. 2021 13th International Conference on Measuring Technology and Mechatronics Automation（ICMTMA），2021：68-71．

［92］操玉杰，李纲，毛进等．大数据环境下面向决策全流程的应急信息融合研究［J］．图书情报知识，2018（5）：95-104．

［93］郑晓敏，田富俊．基于大数据的食品安全应急管理多源信息融合治理研究［J］．科技管理研究，2021，41（6）：173-178．

［94］化柏林，李广建．大数据环境下多源信息融合的理论与应用探讨［J］．图书情报工作，2015，59（16）：5-10．

［95］化柏林，李广建．大数据环境下的多源融合型竞争情报研究［J］．情报理论与实践，2015，38（4）：1-5．

［96］覃松涛，黄超，田君杨等．电网多源大数据融合方法的研究与应用［J］．电子器件，2021，44（2）：480-485．

［97］曹佳钰，冷甦鹏，张科. 面向自动驾驶应用的车联多智能体信息融合协同决策机制研究［J］. 物联网学报，2020，4（3）：69-77.

［98］Zhang Z, Xu XB, Gong WF, et al. Efficient Federated Convolutional Neural Network with Information Fusion for Rolling Bearing Fault Diagnosis［J］. Control Engineering Practice, 2021（116）: 104913.

［99］Wu J, Hu K, Cheng Y, et al. Data-driven Remaining Useful Life Prediction Via Multiple Sensor Signals and Deep Long Short-term Memory Neural Network［J］. ISA Transactions, 2019（97）: 241-250.

［100］Zhang Y, Congbo L, Wang R, et al. A Novel Fault Diagnosis Method Based on Multi-level Information Fusion and Hierarchical Adaptive Convolutional Neural Networks for Centrifugal Blowers［J］. Measurement, 2021: 109970.

［101］陶鹏，张洋瑞，李兵等. 基于D-S理论多源信息融合的电气设备故障诊断模型［J］. 计算机应用与软件，2021，38（7）：73-79.

［102］胡启国，白熊，杜春超. 基于KPCA-BLSTM的航空发动机多信息融合剩余寿命预测［J］. 航空工程进展，2022，13（3）：157-163，170.

［103］黄林，龚立，姜伟等. 基于多源信息融合与HMM的剩余寿命预测［J］. 系统工程与电子技术，2022，44（5）：1747-1756.

［104］Vargo S L, Lusch R F. Service-dominant Logic 2025［J］. International Journal of Research in Marketing, 2016, 34（1）: 46-67.

［105］令狐克睿，简兆权，李雷. 服务生态系统：源起、核心观点和理论框架［J］. 研究与发展管理，2018，30（5）：147-158.

［106］袁纯清. 共生理论及其对小型经济的应用研究（上）［J］. 改革，1998（2）：100-104.

［107］Wu W W, Lee Y T. Developing Global Managers' Competencies Using The Fuzzy DEMATEL Method［J］. Expert Systems with Applications, 2007, 32（2）: 499-507.

［108］Opricovic S, Tzeng G H. Defuzzification within A Multicriteria Decision Model［J］. International Journal of Uncertainty, Fuzziness and

Knowledge-Based Systems, 2003, 11 (5): 635-652.

［109］刘国巍, 邵云飞. 产业链创新视角下战略性新兴产业合作网络演化及协同测度——以新能源汽车产业为例［J］. 科学学与科学技术管理, 2020, 41 (8): 43-62.

［110］Barney J. Firm Resources and Sustained Competitive Advantage［J］. Journal of Management: Official Journal of the Southern Management Association, 1991, 17 (1): 3-10.

［111］Pfeffer J, Salancik G R. The External Control of Organizations: A Resource to Dependence Perspective［M］. New York: Harper & Row, 1978.

［112］李君, 邱君降, 窦克勤. 工业互联网平台参考架构、核心功能与应用价值研究［J］. 制造业自动化, 2018, 40 (6): 103-106, 126.

［113］魏津瑜, 马骏. 数据治理视角下的工业互联网发展对策研究［J］. 科学管理研究, 2020, 38 (6): 58-63.

［114］郑晓敏, 田富俊. 基于大数据的食品安全应急管理多源信息融合治理研究［J］. 科技管理研究, 2021, 41 (6): 173-178.

［115］黄新平. 政府网站信息资源多维语义知识融合研究［D］. 吉林: 吉林大学, 2017: 54-56.

［116］张云中, 李佳佳. 基于社会化标签的电影资源本体构建研究［J］. 图书情报工作, 2016, 60 (12): 130-138.

［117］王芳, 杨京, 徐路路. 面向火灾应急管理的本体构建研究［J］. 情报学报, 2020, 39 (9): 914-925.

［118］郑姝雅, 黄奇, 张戈等. 面向用户生成内容的本体构建方法［J］. 情报科学, 2019, 37 (11): 43-47.

［119］Tartir S, Arpinar I B. Ontology Evaluation and Ranking using OntoQA［C］. International Conference on Semantic Computing, Irvine, CA, USA, 2007: 185-192.

［120］许飞翔, 叶霞, 李琳琳等. 基于SA-BP算法的本体概念语义相似度综合计算［J］. 计算机科学, 2020, 47 (1): 199-204.

［121］郑志蕴, 阮春阳, 李伦等. 本体语义相似度自适应综合加权算法

研究[J].计算机科学,2016,43(10):242-247.

[122] Forsati R, Shamsfard M. Symbiosis of Evolutionary and Combinatorial Ontology Mapping Approaches[J]. Information Sciences, 2016 (342): 53-80.

[123] Rangel C R, Altamiranda J, Cerrada M, et al. Procedure Based on Semantic Similarity for Merging Ontologies by Non-Redundant Knowledge Enrichment[J]. International Journal of Knowledge Management, 2018, 14(2): 16-36.

[124] Tversky A. Features of Similarity[J]. Readings in Cognitive Science, 1988, 84(4): 290-302.

[125]黄亚驹,陈福集,游丹丹.基于混合算法和BP神经网络的网络舆情预测研究[J].情报科学,2018,36(2):24-29.

[126]梁林,赵玉帛,刘兵.国家级新区创新生态系统韧性监测与预警研究[J].中国软科学,2020(7):92-111.

[127] BOSCHMA R. Towards an evolutionary perspective on regional resilience[J]. Regional studies, 2015, 49(5): 733-751.

[128] BIE Z, LIN Y, QIU A. Concept and research prospects of power system resilience[J]. Automation of Electric Systems, 2015, 39(22): 1-9.

[129] TIERNEYK, BRUNEAUM. Conceptualizing and measuring resilience: A key to disaster loss reduction[J]. Tr News, 2007, (250): 14-15, 17.

[130]关盟,李玉林,宋海草等.云制造环境下基于i-NSGA-Ⅱ-JG算法的制造资源服务组合优选[J].计算机应用研究,2020,37(S2):119-122,125.

[131] TAO F, ZHAO D, HU Y, et al. Correlation-aware resource service composition and optimal-selection in manufacturing grid[J]. European journal of operational research, 2010, 201(1): 129-143.

[132] SIMON D. Biogeography-based optimization[J]. IEEE transactions on evolutionary computation: A publication of the IEEE neural networks council,

2008，12（6）：702-713.

[133] MA H. An analysis of the equilibrium of migration models for biogeography-based optimization[J]. Information sciences，2010，180（18）：3444-3464.

[134] 单子丹，王玡琦，陈琳等. 数字化赋能下制造业服务生态系统共生模式演化[J]. 科技与管理，2022，24（3）：16-28，39.

[135] 朱桂菊，游达明，黄福华等. 参考价格效应下食品供应链溯源投入的微分博弈分析[J]. 系统工程，2020，38（1）：55-65.

[136] 程明宝，王影，邹美萍等. 考虑消费者具有质量和价格偏好的双渠道供应链最优决策[J]. 运筹与管理，2022，31（6）：74-81.

[137] 杨茜，许茂增. 制造商主导下的不同双渠道零售商渠道定价策略与渠道选择[J]. 计算机集成制造系统，2022，28（1）：307-324.

[138] Zhang J，Cao Q，He X. Contract and product quality in platform selling[J]. European Journal of Operational Research，2019，272（3）：928-944.

[139] Wang W，Ding J，Sun H. Reward-penalty mechanism for a twoperiod closed-loop supply chain[J]. Journal of cleaner production，2018（203）：898-917.

[140] 刘仙纯. 考虑惩罚机制的产品质量控制策略研究[J]. 中国集体经济，2022（8）：60-62.

[141] Wang W，Ding J，Sun H. Reward-penalty mechanism for a twoperiod closed-loop supply chain[J]. Journal of cleaner production，2018，203：898-917.

[142] 单子丹，陈琳，曾燕红等. 数字化导向下柔性种群共生演化机理研究——基于服务生态系统视角[J]. 科技与管理，2021，23（5）：75-84.

[143] 李雲竹. 云制造网络下CHQC公司生产任务与资源匹配的优化研究[D]. 哈尔滨：哈尔滨理工大学，2021：20-57.

[144] 陈友玲，王龙，刘舰等. 基于i-NSGA-II-JG算法的云制造资源服务组合优选[J]. 计算机集成制造系统，2019，25（11）：2892-2904.

[145] 李益兵, 宋东林, 王磊. 基于混沌遗传算法的集团分布式制造工序资源匹配[J]. 控制与决策, 2019, 34（6）: 1178-1186.

[146] 李洋, 贾梦迪, 杨文彦等. 基于树分解的空间众包最优任务分配算法[J]. 软件科学, 2018, 29（3）: 824-838.

[147] ARI, ADO ADAMOU ABBA ARI, et al. Resource allocation scheme for 5G C-RAN: a Swarm Intelligence based approach[J]. Computer Networks, 2019（165）.

[148] ORAZIO T, DOMENICOC, Giuseppe D. Cloud resource orchestration in the multi-cloud landscape: a systematic review of existing frameworks[J]. Journal of Cloud Computing, 2020, 9（1）: 1-24.

[149] 王闯, 江平宇, 杨小宝. 智能车间RFID标签有效识别及制造信息自动关联[J]. 中国机械工程, 2019, 30（2）: 149-158.

[150] PAPRTTI A, MENGHI R, DI DOMIZIO G, et al. Resources value mapping: A method to assess the resource efficiency of manufacturing systems[J]. Applied Energy, 2019（249）: 326-342.

[151] 单子丹, 李雲竹, 盛晨辉. 云制造模式下差异化产品多时序生产优化[J]. 计算机集成制造系统, 2021, 27（6）: 1681-1692.

[152] 吴悦文, 吴恒, 任杰等. 面向大数据分析作业的启发式云资源供给方法[J]. 软件学报, 2020, 31（6）: 1860-1874.

[153] CHIDA T, KAIHARA T, KOKURYO D, et al. Stability analysis on resource matching in crowdsourced manufacturing[J]. Procedia CIRP, 2019（81）: 405-410.

[154] 曾燕红. 数字创新生态系统主体竞合关系协同与重塑研究[D]. 哈尔滨: 哈尔滨理工大学, 2023: 55-91.

[155] 李海舰, 赵丽. 数据成为生产要素: 特征、机制与价值形态演进[J]. 上海经济研究, 2021（8）: 48-59.

[156] 焦豪, 杨季枫, 王培暖等. 数据驱动的企业动态能力作用机制研究——基于数据全生命周期管理的数字化转型过程分析[J]. 中国工业经济, 2021（11）: 174-192.

[157] 单子丹, 曾燕红, 李慧敏等. 数据资源如何重塑数字创新生态系统多主体竞合关系?——基于智能驾驶数字创新生态系统的解构与重组[J]. 研究与发展管理, 2022, 34(6): 79-91.

[158] Müller O, Fay M and Vom B J. The Effect of Big Data and Analytics on Firm Performance: An Econometric Analysis Considering Industry Characteristics[J]. Journal of Management Information Systems, 2018, 35(2): 488-509.

[159] 刘业政, 孙见山, 姜元春等. 大数据的价值发现: 4C模型[J]. 管理世界, 2020, 36(2): 129-138, 223.

[160] 李海舰, 李燕. 企业组织形态演进研究——从工业经济时代到智能经济时代[J]. 经济管理, 2019, 41(10): 22-36.

[161] Ghasemaghaei M and Calic G. Does Big Data Enhance Firm Innovation Competency? The Mediating Role of Data-driven Insights[J]. Journal of Business Research, 2019, 104(C): 69-84.

[162] 张昕蔚, 蒋长流. 数据的要素化过程及其与传统产业数字化的融合机制研究[J]. 上海经济研究, 2021(3): 60-69.

[163] Zhang Xueli, Guo Peng. Research on E-Commerce Logistics and Traditional Industry Integration Mode Based on Big Data[J]. Journal of Physics: Conference Series, 2021, 1744(4): 42-52.

[164] Barney J. Firm Resources and Sustained Competitive Advantage[J]. Journal of Management: Official Journal of the Southern Management Association, 1991, 17(1): 3-10.

[165] Pfeffer J, Salancik G R. The External Control of Organizations: A Resource to Dependence Perspective[M]. New York: Harper &Row, 1978.

[166] 魏津瑜, 马骏. 数据治理视角下的工业互联网发展对策研究[J]. 科学管理研究, 2020, 38(6): 58-63.

[167] 王芳, 杨京, 徐路路. 面向火灾应急管理的本体构建研究[J]. 情报学报, 2020, 39(9): 914-925.

[168] Tartir S, Arpinar I B. Ontology Evaluation and Ranking using

OntoQA［C］. International Conference on Semantic Computing, Irvine, CA, USA, 2007: 185-192.

［169］许飞翔, 叶霞, 李琳琳等. 基于SA-BP算法的本体概念语义相似度综合计算［J］. 计算机科学, 2020, 47（1）: 199-204.

［170］Rangel C R, Altamiranda J, Cerrada M, et al. Procedure Based on Semantic Similarity for Merging Ontologies by Non-Redundant Knowledge Enrichment［J］. International Journal of Knowledge Management, 2018, 14（2）: 16-36.

［171］Tversky A. Features of Similarity［J］. Readings in Cognitive Science, 1988, 84（4）: 290-302.

［172］黄亚驹, 陈福集, 游丹丹. 基于混合算法和BP神经网络的网络舆情预测研究［J］. 情报科学, 2018, 36（2）: 24-29.

［173］王玮, 杜书升, 曹溪. 工业互联网引发的"颠覆式"管理变革［J］. 清华管理评论, 2019（3）: 62-72.

［174］宋培彦, 王晋明. 公共卫生领域多本体知识融合方法及其实证研究［J］. 图书与情报, 2021（5）: 39-45.

［175］刘淑春, 金洁. 数字化重塑专精特新企业价值创造力——理论、机理、模式及路径［J/OL］. 财经问题研究, 2023: 1-15.

［176］刘海曼, 龙建成, 申尊焕. 数字化转型对企业绿色创新的影响研究［J］. 科研管理, 2023, 44（10）: 22-34.

［177］陈江, 郭惠武. 数字化转型如何促进企业创造共享价值［J/OL］. 调研世界, 2023: 1-12.

［178］易颖, 何星辉. 拥抱数字化转型激活制造业引擎［N］. 科技日报, 2023-10-19（8）.

［179］韩姣. 工业互联网平台信息融合机制研究［D］. 哈尔滨: 哈尔滨理工大学, 2023.